Écrire l'histoire scolaire

Collection « Paideia – Éducation, Savoir, Société »

Dirigée par Gérard SENSEVY et Patrick RAYOU

Paideia publie des ouvrages centrés sur l'étude des processus éducatifs, formels et informels, à l'œuvre dans la circulation de savoirs socialement construits.

Denise ORANGE RAVACHOL,
Didactique des sciences de la vie et de la Terre. Entre phénomènes et événements, 2012, 170 p.

Brigitte GRUSON, Dominique FOREST et Monique LOQUET (dir.),
Jeux de savoir. Études de l'action conjointe en didactique, 2012, 376 p.

Fanny RENARD,
Les lycéens et la lecture. Entre habitudes et sollicitations, 2011, 338 p.

Jean-Yves ROCHEX et Jacques CRINON (dir.),
La construction des inégalités scolaires. Au cœur des pratiques et des dispositifs d'enseignement, 2011, 214 p.

Claire DOQUET,
L'écriture débutante. Pratiques scripturales à l'école élémentaire, 2011, 324 p.

Sylvain DOUSSOT,
Didactique de l'histoire. Outils et pratiques de l'enquête historienne en classe, 2011, 316 p.

Bertrand DAUNAY (dir.),
Les écrits professionnels des enseignants. Approche didactique, 2011, 202 p.

Marie-Pierre CHOPIN,
Le temps de l'enseignement. L'avancée du savoir et la gestion des hétérogénéités dans la classe, 2011, 188 p.

Ghislaine GUEUDET et Luc TROUCHE (dir.),
Ressources vives. Le travail documentaire des professeurs en mathématiques, 2010, 372 p.

Brigitte LOUICHON et Annie ROUXEL (dir.),
Du corpus scolaire à la bibliothèque intérieure, 2010, 244 p.

Patrick RAYOU (dir.),
Faire ses devoirs. Enjeux cognitifs et sociaux d'une pratique ordinaire, 2010, 178 p.

Bernard SCHNEUWLY et Joaquim DOLZ,
Des objets enseignés en classe de français, 2010, 456 p.

Yves MATHERON,
Mémoire et étude des mathématiques. Une approche didactique à caractère anthropologique, 2009, 222 p.

Sophie MORLAIX,
Compétences des élèves et dynamique des apprentissages, 2009, 124 p.

Brigitte LOUICHON,
La littérature après coup, 2009, 186 p.

Isabelle VINATIER,
Pour une didactique professionnelle de l'enseignement, 2009, 250 p.

Virginie ALBE,
Enseigner des controverses, 2009, 226 p.

Joël CLANET (dir.),
Recherche/formation des enseignants. Quelles articulations ?, 2009, 188 p.

Jean-Claude FORQUIN,
Sociologie du curriculum, 2008, 202 p.

Didier Cariou

Écrire l'histoire scolaire

Quand les élèves écrivent en classe pour apprendre l'histoire

Collection « Paideia »

Presses Universitaires de Rennes
2012

UHB Rennes 2 – Campus de La Harpe
2, rue du Doyen Denis-Leroy
35044 Rennes Cedex

www.pur-editions.fr

Mise en page : Bénédicte Flouriot

Dépôt légal : 2e semestre 2012
ISBN : 978-2-7535-2121-6

INTRODUCTION

> « L'histoire est faite pour amuser les historiens.
> C'est tout. » (Veyne, 1976, p. 12.)

Ce livre est un ouvrage de didactique de l'histoire. Le lecteur n'y trouvera pas de prescriptions sur la mise en œuvre pédagogique des programmes d'histoire du cycle 3, du collège ou du lycée. Ce livre prétend contribuer à la connaissance de quelques-unes des modalités d'apprentissage de l'histoire scolaire, quand les élèves sont placés dans des situations qui s'y prêtent. À son échelle, il participe du large champ de la *didactique de l'histoire*, qui étudie les situations d'enseignement et d'apprentissage des savoirs historiques scolaires, mais aussi les finalités civiques, la fonction sociale et les usages publics de l'histoire scolaire, comme le montrent les principales synthèses sur le sujet (Moniot, 1993 ; Lautier, 1997b ; Heimberg, 2002 ; Pinson, 2007).

Didactique de l'histoire, historiographie et épistémologie de l'histoire

L'ouvrage fondateur de H. Moniot (1993) a fermement arrimé la didactique de l'histoire à l'historiographie et à l'épistémologie de l'histoire. À sa suite, N. Lautier (1997a ; 1997b ; 2001a) a montré à quel point ces dernières étaient nécessaires aux recherches de terrain portant sur les modalités de la « rencontre de l'histoire » par les élèves. L'histoire scolaire enseigne souvent dans les classes les résultats de la recherche historique comme le montre l'intégration, dans les programmes d'enseignement, de thématiques historiographiques récentes, qu'il s'agisse de la « culture de guerre » ou des « questions socialement vives » (Legardez, 2003). Le didacticien de l'histoire accorde donc une grande attention aux débats historiographiques et aux conditions de production savante des savoirs historiques transmis ensuite par l'école, sans lesquels on ne comprend ni l'organisation, ni les attendus des programmes scolaires, ni la structure des savoirs à enseigner. Cependant, l'écart reste considérable entre les savoirs que la société considère comme nécessaires à enseigner et les savoirs effectivement acquis par les élèves. En effet, l'histoire apprise n'est pas la copie conforme de l'histoire savante et, dans cet écart, se déploie la didactique de l'histoire.

Le didacticien de l'histoire se réfère également à l'épistémologie de l'histoire qui analyse le régime de scientificité de l'histoire, son discours, ses méthodes et ses démarches d'intelligibilité du passé.

Or, depuis plus de deux millénaires, l'histoire est aux prises avec la célèbre remarque d'Aristote qui, dans *La poétique* (1451a-1451b), opposait le poète et le philosophe à l'historien. Les premiers exprimeraient le *général* qui obéit à la nécessité tandis que l'historien dirait ce qui s'est réellement passé et s'intéresserait au *particulier*, « ce qu'Alcibiade a fait ou ce qui lui est arrivé ». L'histoire tournerait le dos aux généralisations pour expliquer l'événement singulier. Étant entendu que l'on ne saurait penser qu'au moyen de catégories générales, l'histoire se situerait donc à la limite du pensable et peut-être ne serait-elle même pas une science (Certeau, 1975, p. 99). Comme le signale G. Noiriel (2003), qui nous guide sur cette épineuse question, la remarque d'Aristote nous installe avant l'heure dans une définition positiviste de la science : à l'instar des sciences de la nature, toute science devrait produire des connaissances considérées comme toujours vraies et obéissant à des lois générales vérifiées expérimentalement par la communauté scientifique concernée. À partir d'une définition unique de la science, des philosophes établirent ainsi les critères universels de la connaissance par la définition de l'objet de chaque domaine scientifique et par l'évaluation de son degré de généralité, ce qui jette le doute sur la scientificité de l'histoire.

G. Noiriel nous rappelle que ceux qu'il nomme les « historiens-épistémologues » en France – R. Aron, H.-I. Marrou, P. Veyne, jusqu'à M. de Certeau – avaient développé une réflexion philosophique sur l'histoire qui introduisait une séparation entre la théorie et la pratique. Selon eux, seule une culture philosophique permettrait de comprendre la pratique historienne. Leur posture surplombante plaquait des critères théoriques *a priori* sur la pratique de l'historien, pour considérer parfois que l'histoire n'est pas une science (Noiriel, 1996, p. 102-107). Fort heureusement, les historiens se soucient peu du statut exact de la discipline qu'ils pratiquent quotidiennement et ce type d'épistémologie de la science n'est pas leur préoccupation centrale.

L'entreprise des historiens-épistémologues visait notamment le pragmatisme de l'ouvrage posthume de Marc Bloch (1949) sur le « métier d'historien ». Ce dernier considérait pourtant comme stériles et dépassés ces débats sur l'objet et le statut de l'histoire. En effet, le modèle positiviste de la science ne tient plus depuis que la théorie de la relativité a jeté à bas la conception d'une science euclidienne fondée sur la répétition de lois générales toujours vraies (Bloch, 1949, p. 45). En outre, selon Marc Bloch, il ne sert à rien de chercher à établir des critères universels de scientificité, et la philosophie n'a pas à fournir les garanties susceptibles de valider les connaissances produites par les historiens. Ce qui fonde la vérité historique, c'est la mise en œuvre scrupuleuse de la méthode historique validée par le jugement des pairs. Il revient donc à la communauté des scientifiques de la discipline concernée d'élaborer ses propres normes de scientificité et de vérité (Bloch, 1949, p. 66). La scientificité de l'histoire n'est pas une donnée théorique, elle est le processus social des pratiques professionnelles propre aux scientifiques du domaine concerné. Un fait historique est considéré comme vrai quand la communauté des historiens le reconnaît comme tel et il n'est pas de vérité scientifique sans communauté savante dans le champ disciplinaire concerné (Noiriel, 1996, p. 83-85 et Noiriel, 2003, p. 63-79).

Cette posture était partagée par P. Bourdieu (1995 ; 2001) qui appelait à s'opposer à deux visions également erronées de la science. Il récusait la « vision réaliste naïve », selon laquelle le discours scientifique serait le reflet direct de la réalité, tout comme la « vision constructiviste relativiste », selon laquelle le discours scientifique serait le produit d'une construction subjective de la réalité, relative aux modes de pensée d'un groupe donné. La science – qu'elle fût « dure » ou « douce » – ne se construit pas dans un rapport entre le savant et son objet, mais dans un rapport entre l'ensemble des savants engagés dans un champ de la recherche. La connaissance élaborée par un scientifique est soumise au jugement de ses pairs, dans le cadre d'une expérience collective réglée par des normes de communication et d'argumentation scientifiques, si bien que « la connaissance scientifique est l'ensemble des propositions qui ont survécu aux objections » (Bourdieu, 2001, p. 163). La connaissance scientifique est le produit d'une validation collective et le fruit d'un consensus social qui garantit son objectivité et conduit à son universalisation en tant que vérité scientifique. En résumé, l'histoire, c'est ce que font les historiens (Noiriel, 2003, p. 57). Marc Bloch résumait la question de la construction d'une communauté scientifique historienne par cette manière de slogan : « L'essentiel est que l'esprit d'équipe vive parmi nous. » (Bloch, 1949, p. 146.)

Pierre Bourdieu et Marc Bloch rejoignent ainsi la position de Max Weber pour qui la pratique d'une communauté de savants est le seul fondement de la définition d'une science : « En effet, est vérité scientifique seulement celle qui prétend valoir pour tous ceux qui veulent la vérité. » (Weber, 1904, p. 164.) Dès lors, une science ne se définit pas par les « relations matérielles entre les choses » (le temps, la société, etc.) qui constitueraient l'objet des recherches menées dans un domaine scientifique particulier, mais par les *problèmes* que les scientifiques se donnent pour envisager des méthodes et des horizons de recherche nouveaux (Weber, 1904, p. 142-143 ; Noiriel, 1996, p. 80).

Au final, tous ces auteurs partagent une même conception pragmatiste de la science, telle qu'elle fut développée par le philosophe américain John Dewey (1938). Ce dernier récusait tout dualisme hérité des conditions socio-politiques des cités grecques antiques : aux esclaves et aux artisans l'empirique, le pratique et le sens commun, aux citoyens le rationnel, le théorique et la science. Le savant philosophe oisif exerçait sa pensée sur des objets rationnels et théoriques libérés des contraintes de la pratique. Or, comme le montre J. Dewey, la science moderne a sonné le glas de ce dualisme puisque le scientifique produit ses résultats par l'expérimentation pratique dans son laboratoire et leur validation vient de la réitération de l'expérience par des pairs. La pensée dualiste nous apparaît alors comme pré-scientifique, inégalitaire et anti-démocratique. Dès lors, la question n'est plus de savoir si, par son objet, l'histoire est une science, mais si les procédures et les pratiques des historiens présentent un caractère scientifique (Dewey, 1938, p. 535). Loin de tout dualisme, l'enquête scientifique part en effet d'un problème concret qui appelle la vérification empirique d'une théorie considérée alors comme une hypothèse à vérifier par l'expérimentation. Le problème décide du choix de la théorie et sélectionne le matériau empirique de l'enquête. C'est précisément ce que Lucien Febvre nous a expliqué en rappelant que toute enquête historique découlait du *problème* posé par l'historien pour réaliser « une étude scientifiquement conduite » qui formule des hypothèses et qui construit les faits nécessaires à son enquête (Febvre, 1941, p. 22-23). Cette histoire-problème n'était pas attachée à des objets pris pour eux-mêmes mais à la manière de les aborder.

Malgré les apparences, nous ne nous sommes pas éloignés de notre sujet. Ce développement nous rappelle que l'épistémologie utile pour nous n'est pas celle qui, depuis

Aristote, assigne à l'objet de l'histoire une place dans le/en dehors du domaine scientifique, mais celle qui nous renseigne sur les pratiques et les démarches scientifiques des historiens. Ce savoir nous est précieux pour comprendre les démarches mobilisées à leur niveau par les élèves quand ils sont engagés dans un processus d'apprentissage de l'histoire.

Certains didacticiens de l'histoire considèrent que les démarches d'enseignement et d'apprentissage de l'histoire scolaire ont en effet quelque chose à voir avec certaines des démarches de pensée des historiens qui interprètent des sources à partir d'une problématique, qui dégagent les caractéristiques de périodes historiques, qui conceptualisent et expliquent les faits ainsi construits. Bien sûr, les élèves travaillent sur des documents fabriqués selon une logique scolaire et non sur des sources, ils ne produisent pas la preuve matérielle de ce qu'ils avancent car ils s'appuient sur le discours de l'enseignant et du manuel scolaire, et l'écriture de l'histoire scolaire diffère largement de celle de l'histoire savante. En outre, les finalités civiques de l'histoire scolaire supposent une reconstruction disciplinaire et une logique scolaire d'exposition des savoirs pour les rendre enseignables (Heimberg, 2002, p. 29).

Pourtant, l'histoire scolaire participe d'une formation intellectuelle et critique des élèves qui trouve ses racines dans l'histoire savante. Elle introduit un rapport spécifique au temps historique et au passé humain qui délivre « une méthode pour le commerce du passé, une méthode d'apprivoisement et d'usages des connaissances historiennes » (Moniot, 1993, p. 41). Science du changement, l'histoire enrichit notre expérience en nous enseignant la diversité des situations du présent et du passé (Bloch, 1946, p. 150-151). Nous montrerons donc que la logique des exercices réalisés en classe d'histoire s'éclaire par la connaissance des démarches de pensée historienne de la conceptualisation, de l'explication et de la périodisation. Parmi d'autres, R. Martineau (1999) au Québec, M. Hassani Idrissi (2005) au Maroc ou S. Plá (2005) au Mexique ont montré que, lorsque les élèves entrent dans une logique de pensée historienne, ils deviennent capables de résoudre des problèmes historiques complexes. Il est bien plus formateur d'introduire les élèves aux démarches de la pensée historienne que de leur imposer la seule mémorisation de données factuelles. Dans une société démocratique, le citoyen éclairé n'est pas celui qui maîtrise des objets et qui récite par cœur les grandes dates de l'histoire de France, il est un citoyen pragmatique capable de rechercher les informations dont il a besoin et qui mobilise divers registres de savoirs dans des situations qui ne sont pas toujours celles des apprentissages scolaires (Martineau, 1999, p. 23).

Selon un dispositif pédagogique spécifique passant par l'organisation d'un débat, des collègues didacticiens ont constitué des classes en « communautés de recherche » analogues à celle de la communauté des historiens. Il s'agit de rapprocher les pratiques de classe des pratiques historiennes en permettant aux élèves de s'emparer de problématiques historiennes pour proposer des hypothèses explicatives pertinentes, selon la théorie de la problématisation développée par M. Fabre et C. Orange (Le Marec et Vezier, 2006 ; Le Marec *et al.*, 2009 ; Doussot, 2010 et 2011). Pour notre part, nous montrerons que l'initiation des élèves au langage historien et aux démarches de pensée qu'il recouvre, leur permet de construire du savoir historique quand ils sont placés en situation d'écrire l'histoire scolaire. Notre objectif est de comprendre à quelles conditions les élèves peuvent s'emparer des démarches de pensée historienne pour écrire l'histoire scolaire et dans quelle mesure la mobilisation de ces démarches leur permet de réussir en histoire.

En nous en tenant à la ligne de conduite énoncée plus haut, nous irons malgré tout chercher chez les uns et les autres tout ce qui nous permettra d'atteindre une meilleure connaissance des démarches de pensée historiennes susceptibles de rendre compte des pratiques scolaires. En conséquence, nous nous référerons aussi bien aux historiens-épistémologues, tels H. I. Marrou, P. Veyne, M. de Certeau et jusqu'au philosophe P. Ricoeur, qu'aux historiens empiristes, tels C. Seignobos ou M. Bloch. Bien entendu, l'ouvrage d'Antoine Prost, *Douze leçons sur l'histoire* (1996), constitue pour nous une référence épistémologique essentielle.

Didactique de l'histoire et sciences sociales

En didactique, les liens à la science de référence ne suffisent pas. L'étude des situations d'apprentissage dans leur globalité suppose la connaissance des savoirs disciplinaires en jeu mais aussi des activités des élèves pour s'approprier ce savoir (Brousseau, 1998, p. 50). Pour analyser les dimensions à la fois cognitives et sociales des interactions entre l'enseignant, les élèves et le savoir (le fameux « triangle didactique ») en classe d'histoire, les didacticiens de l'histoire importent des modèles divers depuis des champs hétérogènes car le nomadisme des concepts et des modèles caractérise la didactique de l'histoire plus que toute autre discipline sans doute (Tutiaux-Guillon, 2007). Les commentaires autorisés signalent que, sur ce point, la didactique de l'histoire est un domaine scientifique flou et peu structuré (Gerin-Grataloup et Tutiaux-Guillon, 2001 ; Lautier et Allieu-Mary, 2008). Quand ils analysent les situations d'enseignement, les didacticiens de l'histoire se réfèrent au modèle de la *transposition didactique* (Chevallard, 1985) forgé par la didactique des mathématiques, et surtout au modèle de la *discipline scolaire* (Chervel, 1998) importé de l'histoire de l'éducation et qui insiste sur l'autonomie du savoir scolaire. Quand ils analysent les situations d'apprentissage, ils se réfèrent aux modèles explicatifs des sciences sociales, ceux de la sociologie compréhensive de Max Weber, de la psychologie culturelle de Jerome Bruner elle-même héritée de la psychologie de Vygotski, ou de la psychologie sociale de S. Moscovici. La théorie des *représentations sociales* de S. Moscovici (1976) est l'une des plus fécondes puisqu'elle donna lieu aux travaux essentiels de N. Lautier (1997a) sur le modèle d'apprentissage de l'histoire. L'apprentissage est alors envisagé comme une mise en œuvre des modes de pensée de l'histoire par des élèves, acteurs d'une relation didactique participant d'une multiplicité de relations sociales (Heimberg, 2002 ; Plá, 2005, p. 50).

La diversité des références théoriques souligne la diversité des questions abordées en didactique de l'histoire, mais le propos de cet ouvrage se situe d'emblée dans la seconde configuration, celle des modèles explicatifs des sciences sociales.

On le voit, la didactique de l'histoire ne constitue pas réellement une discipline scientifique structurée par un paradigme partagé par la communauté des didacticiens de l'histoire (Tutiaux-Guillon, 2001). C'est peut-être l'une des raisons pour lesquelles elle ne bénéficie pas d'une réelle reconnaissance institutionnelle sur le plan universitaire : elle paraît peu crédible aux yeux des historiens et elle occupe une place marginale dans le champ des sciences de l'éducation qui l'hébergent – les chercheurs en didactique de l'histoire sont très souvent qualifiés dans cette discipline – car elle semble à la fois trop peu scientifique et trop spécialisée dans une seule discipline. Elle suscite également une forte défiance chez les professionnels de l'enseignement qui perçoivent difficilement son intérêt et sa fonction. Pour les enseignants en effet, la référence à l'histoire savante est la seule acceptable et la légitimité de l'exercice du métier sur « le terrain » l'emporte sur celle de la didactique perçue comme une théorisation des situations d'enseignement/apprentissage de l'histoire déconnectée de toute dimension pratique. À titre d'exemple, le n° 412 de la revue *Historiens et géographes* éditée par l'Association des professeurs d'histoire et de géographie célébrait le centenaire de l'association en novembre 2010 avec un « abécédaire du centenaire » de près de 125 pages, où ne figure pas l'entrée « didactique de l'histoire » (ni de la géographie) alors que des articles évoquent le baccalauréat, l'histoire de l'éducation, la liberté pédagogique, la mémoire et l'histoire, etc. Pourtant, cette revue avait publié en 2006 un gros et passionnant dossier sur la didactique de l'histoire piloté par A. Bruter et H. Moniot.

Ces difficultés tiennent également au fait que l'histoire scolaire – et la didactique de l'histoire à sa suite – se trouve à la croisée de références diverses et apparemment contradictoires (Moniot, 2001). Depuis son institutionnalisation à la fin du XIXe siècle, l'histoire scolaire répond à une demande sociale et politique de transmission d'une représentation partagée du passé supposant l'adhésion des élèves (Héry, 1999 ; Garcia et Leduc, 2003 ; Bonafoux *et al.*, 2007, p. 36-43). Développée au moment où s'affirme l'idée de nation dans un cadre républicain, elle devait présenter à tous les petits Français une histoire commune consensuelle – mais largement imaginée – pour forger du lien social par-delà les divisions occasionnées par la Révolution française. Elle faisait des futurs citoyens les héritiers des grands personnages de l'histoire de France qui trouvait son aboutissement dans l'institution de la République. Comme tous les Français étaient les dépositaires d'un passé commun, alors ils pouvaient vivre ensemble et adhérer à l'État-nation glorifié dans le « récit national » dispensé par l'histoire scolaire. Aujourd'hui encore, ce modèle perdure et les programmes d'histoire insistent toujours sur la fonction civique de cet enseignement (Legris, 2010). L'histoire scolaire fonde toujours une mémoire et une identité sociales qui donneraient du sens au passé et au « vivre ensemble » dans la République, même si nous savons bien que tous les Français ne partagent pas une histoire commune et que la société française est diverse et multiculturelle. L'histoire scolaire participe des « usages publics » de l'histoire qui lui confèrent une originalité au milieu des autres sciences sociales (Lautier et Allieu-Mary, 2008, p. 96 ; Bonafoux *et al.*, 2007, p. 9-10).

Didactique de l'histoire et modèles pédagogiques

L'enseignement de l'histoire en France opère souvent par une transmission frontale qui semble la plus naturelle et la plus évidente, celle du cours « magistral dialogué » qui succéda dans les années 1970 au cours simplement « magistral ». Cette pratique repose sur une conception transmissive de l'apprentissage : il suffirait d'exposer clairement les savoirs, selon une programmation et une progression bien maîtrisées, pour qu'ils soient acquis par les élèves, pourvu que ces derniers restent attentifs en classe, écoutent, prennent quelques notes et les mémorisent. La logique d'apprentissage se confond alors avec la logique d'exposition des savoirs car, dans un grand nombre de pays, les enseignants du secondaire ne sont formés ni en psychologie des apprentissages ni pour assister l'élève dans le processus de construction du savoir. Ils sont donc contraints de dispenser magistralement un savoir factuel déjà construit par ailleurs (Lautier, 1997a, p. 161-169; Martineau, 1999, p. 96).

Des recherches menées dans le cadre de l'INRP et réalisées à partir d'observations de situations de classe ont modélisé le cours « normal » d'histoire qui se déroule sous la forme d'une succession de *boucles didactiques* (Audigier *et al.*, 1996; Lautier, 1997b, p. 108-111). L'enseignant produit un énoncé général qui est explicité puis justifié ou illustré par un document à partir duquel il sollicite les réponses des élèves. La conclusion de l'enseignant reformule les réponses des élèves et produit un nouvel énoncé général redondant, celui que les élèvent doivent retenir, et ainsi de suite. Les élèves sont seulement invités à identifier des informations dans des documents et à remobiliser éventuellement des savoirs antérieurs alors que les compétences attendues dans les évaluations sont bien plus complexes. Sans compter que les élèves – en général toujours les mêmes – répondent bien souvent par des borborygmes aux sollicitations de l'enseignant qui cherche plus à susciter la « participation » de la classe qu'à motiver des réelles activités intellectuelles. Ce modèle pédagogique conduit les élèves à percevoir le savoir historique comme une vérité énoncée par l'enseignant et validée par des exemples ou des documents. Le savoir historique ne saurait à leurs yeux être le fruit d'une construction sans cesse questionnée par les historiens ni d'une reconstruction à la fois savante et pédagogique par l'enseignant.

La IIIe République nous a donc légué un modèle qui imprègne toujours l'enseignement de l'histoire, même s'il est parfois infléchi aujourd'hui. Ce *modèle disciplinaire* républicain met en tension des logiques diverses (Audigier, 1995, p. 65). La *logique du contenu disciplinaire* organise l'enseignement en fonction des savoirs construits par la discipline de référence. La *logique d'exposition* orale ou écrite impose sa marque à la mise en forme des savoirs, à leur simplification et à leur enchaînement, en fonction de contraintes institutionnelles et locales souvent fortes. La *logique des apprentissages* suppose de son côté une organisation de l'enseignement selon une progression liée à la manière dont les élèves sont supposés apprendre l'histoire. Si ces logiques se retrouvent dans toutes les disciplines scolaires, elles sont complétées en histoire par la *logique des finalités* civiques de la discipline. Au cœur des tensions entre ces différentes logiques, l'enseignement de l'histoire peut alors se résumer par le *modèle des 4 R* mis en évidence par F. Audigier (1995, p. 71-72). Selon ce modèle, les savoirs enseignés sont présentés comme les *résultats* de la recherche historique. Ces savoirs sont présentés – notamment dans les manuels scolaires – comme un *référent* lisse et consensuel, recevable par tous, des sommets de l'institution jusqu'aux professeurs et aux parents. Il suppose donc un *refus* des débats scientifiques et politiques à l'occasion desquels ces savoirs ont pourtant été élaborés. En conséquence, l'enseignement de l'histoire prétend exposer la *réalité* de ce que fut le passé.

Ce modèle disciplinaire produit un enseignement factuel, peu conceptualisé et peu problématisé, en contradiction avec les modalités de construction du savoir dans la discipline de référence. Discipline « réaliste », l'histoire scolaire donnerait à voir la réalité du monde en oubliant les démarches de construction et d'interprétation des données, et l'argumentation des historiens qui les fonde. Bien plus, les documents utilisés en classe – du CE2 à la classe de terminale – constitueraient également des substituts à la réalité, ils représenteraient le monde tel qu'il est (Leduc *et al.*, 1994; Audigier et Tutiaux-Guillon, 2004, p. 110-111). La recherche d'informations dans les documents conduirait simplement à faire apparaître le réel à travers eux. Paradoxalement, ce modèle disciplinaire structure également la conception de l'histoire la plus partagée dans la société : quand certains grands esprits, forts de leur méconnaissance des programmes d'enseignement, expliquent que l'histoire est peu ou mal enseignée aujourd'hui, ils se focalisent sur l'ignorance par les élèves de savoirs factuels supposés fondateurs de la mémoire nationale, mais souvent obsolètes en réalité et présentant assez peu d'intérêt pour la formation intellectuelle des élèves (Prost, 2005).

À l'école, ce modèle disciplinaire produit une série de *malentendus*. Les élèves sont persuadés que l'histoire n'existe que par les témoignages de ceux qui ont vécu les événements (Audigier, 1995, p. 83). L'observation directe du passé, à travers des documents étudiés en classe qui donneraient à voir le réel du passé, devient critère de vérité, si bien que l'histoire n'est plus une construction à partir d'un point de vue critique. Les élèves s'imaginent en outre que le professeur d'histoire-géographie prépare son cours à partir d'un manuel unique qui lui donnerait toutes les informations sur le sujet traité. Paradoxalement, cette représentation de l'histoire introduit un soupçon quant au discours du professeur dont les élèves peuvent se demander s'il est légitime quand il relate des événements qu'il n'a pas vécus directement (expérience vécue par l'auteur). Pourtant, ce modèle s'infléchit aujourd'hui en raison de la complexification du savoir historique, de la multiplication des problématiques et des points de vue, en raison également de la diversification de la société, de la pluralité des mémoires et des identités sociales qui interdisent désormais tout discours univoque et uniforme (Audigier, 1995, p. 73-74). C'est pourquoi les lignes qui précèdent peuvent sembler caricaturales à nombre d'acteurs du système éducatif déjà engagés dans cette complexité. Les modèles construits par les chercheurs ne rendent pas compte de toutes les situations d'enseignement/apprentissage, ils traduisent des tendances lourdes qui n'excluent jamais les écarts.

Mais ce malentendu pèse directement sur l'apprentissage de l'histoire. L'enquête de l'INRP déjà citée signale la complexité et l'opacité des attentes des enseignants d'histoire-géographie aux yeux des élèves. Dans les évaluations, ces derniers doivent fournir la preuve qu'ils ont *appris* leur leçon, ce qui suppose la reproduction de noms, de faits, de dates, de savoir-faire dont le volume constitue une part importante de la note attribuée. Mais ils doivent également, surtout à partir de la classe de seconde, montrer qu'ils ont *compris* ce qu'ils ont appris. Cela suppose une production d'écrits différents de ceux du cahier ou du livre (Audigier *et al.*, 1996, p. 70). Les élèves doivent lier les exemples particuliers fournis par la mémorisation des connaissances aux idées générales favorisant l'explication, ils doivent articuler la restitution d'un savoir mémorisé à une activité intellectuelle autonome. Pour qu'un élève réussisse en histoire, il doit donc outrepasser la consigne apparente, puisqu'il est impossible dans une consigne de détailler la complexité des opérations supposées par les écrits attendus des élèves. Les auteurs de l'enquête remarquent que cette démarche et ces écrits ne font guère l'objet d'un apprentissage explicite en classe, comme si le travail sur les documents et la délivrance de savoirs ponctuels devaient automatiquement guider les élèves sur la voie d'une réflexion historienne et critique (Audigier *et al.*, 1996, p. 112-113).

Pour reprendre les termes des didacticiens des mathématiques (Brousseau, 1998), les termes du *contrat didactique* – qui décrit les attentes respectives du professeur et des élèves pour traiter un objet de savoir dans une situation d'enseignement/apprentissage – produisent des malentendus et l'échec des élèves en classe d'histoire.

Dans ce contexte brouillé, les recherches de terrain sur les modalités d'apprentissage de l'histoire supposent donc une modification du contrat didactique passant souvent par l'organisation de situations pédagogiques obéissant au modèle *constructiviste* pour construire le savoir, et inspiré par une psychologie piagétienne ou vygotskienne. Il ne s'agit évidemment pas d'alimenter ici la querelle stérile entre le cours magistral et la mise en activité des élèves. Ces deux modalités pédagogiques ont chacune leur raison d'être si elles sont conçues dans la complémentarité : une séquence magistrale peut introduire ou compléter une séquence d'activité des élèves qui pour sa part donnera du sens à l'apport magistral. Rappelons simplement que ce modèle de la « mise en activité », prôné par Lavisse dans ses instructions de 1890 pour l'enseignement secondaire (Héry, 1999 ; Audigier, 2008), défendu par Langlois et Seignobos (1898) et constamment réitéré dans les instructions officielles jusqu'à la fin du XXe siècle, vise à mettre les élèves en contact avec des documents afin de les initier à une méthode intellectuelle critique et formatrice. Il suppose une réduction de la parole magistrale pour laisser de l'espace au tâtonnement et à la construction du savoir par les élèves, dans une autonomie encadrée et réglée par des interactions entre les élèves travaillant en groupe, mais aussi entre les élèves et le professeur. Citons ce que Langlois et Seignobos en disaient, il y a plus d'un siècle :

> « Pour que l'enseignement fasse une impression efficace il faut sinon écarter tous ces procédés passifs, du moins les renforcer par des exercices qui mettent l'élève en activité. On en a déjà expérimenté quelques-uns et on peut en imaginer plusieurs. On peut faire analyser des gravures, des récits, des descriptions pour dégager les caractères des faits : ce petit exposé écrit ou oral donnera la garantie que l'élève a vu et compris, il sera une occasion de l'habituer à n'employer que des termes précis. On peut demander à l'élève un dessin un croquis géographique, un tableau synchronique. On peut lui faire dresser un tableau de comparaison entre des sociétés différentes et un tableau de l'enchaînement des faits. » (Langlois et Seignobos, 1898, p. 269.)

Fidèle en cela à son maître Seignobos, Marc Bloch, dans *L'étrange défaite*, fustigeait également la seule mémorisation et les épreuves de contrôle des connaissances qualifiées de « perroquetage » (Bloch, 1946, p. 265). Il ajoutait : « Un enseignement qui n'a été que passivement reçu risque toujours de laisser seulement des traces un peu fugaces. » (Bloch, 1946, p. 147.)

Certes, nous n'ignorons pas les dérives occasionnées par la méthode pédagogique de la « mise en activité » qui, bien souvent, vise seulement à occuper les élèves selon une stricte logique de gestion de la classe. Il s'avère également qu'une pédagogie constructiviste accroît les malentendus et les différenciations scolaires quand elle conduit les élèves à interpréter différemment les tâches scolaires qui leur incombent. Par exemple, un élève peut remplir un tableau en préalable à l'observation d'un phénomène et à la construction d'un savoir, il peut le remplir pour satisfaire la demande de l'enseignant hors de toute situation d'apprentissage, il peut enfin remplir quelques cellules au hasard pour faire semblant de travailler et ainsi « donner le change ». Contrairement à ce qu'affirme la vulgate constructiviste, ce n'est pas toujours « en faisant » que les élèves apprennent (Bautier, 2006). En classe d'histoire, la « mise en activité » des élèves se résume trop souvent à leur faire remplir des fiches d'activité, à leur faire répondre à des questions fragmentaires de prélèvement d'informations dans des documents, tandis que le professeur endosse, seul, les activités intellectuellement formatrices de confrontation des informations et de production de la « trace » écrite. Ce constat établi pour le secondaire est identique à celui d'un rapport de l'inspection générale de 2005 sur l'enseignement élémentaire.

Si l'on veut faire de ce cadre pédagogique l'occasion d'une réelle appropriation du savoir par les élèves, il faut plutôt considérer le savoir comme le fruit d'une construction par laquelle les élèves mobilisent, à leur niveau, les compétences disciplinaires et les modes de pensée de l'histoire pour affronter un point qui fait question. Le cadre constructiviste semble pertinent quand le professeur, après avoir outillé les élèves, leur fait *dévolution* d'un problème afin qu'ils construisent activement des savoirs et des compétences, à partir des informations fournies par les documents (Brousseau, 1998). Ce qui est premier, ce n'est pas la recherche d'informations, c'est le problème qui suppose conceptualisation et explication pour donner du sens à celles-ci. Le cadre constructiviste est également pertinent quand les élèves ne sont pas laissés seuls face à cette activité car les interactions sociales sont primordiales dans le processus d'apprentissage (Reuter, 1996, p. 79). Ces interactions se réalisent principalement par la *régulation* ou par le processus de *l'étayage* popularisé par le grand psychologue américain J. Bruner (1986, p. 263). Il consiste pour un enseignant à « prendre en main » les éléments de l'activité à réaliser qui outrepassent pour le moment les compétences actuelles de l'élève, afin d'aider l'élève à mener l'activité jusqu'à son terme. Ce faisant, l'élève développe des compétences qui lui seraient restées étrangères en l'absence d'une aide de l'enseignant.

La « mise en activité » favorise en outre un réel processus d'apprentissage de l'histoire quand ce cadre pédagogique est garanti par de solides références épistémologiques. Dans le secondaire comme à l'école primaire, c'est moins l'opposition entre les modèles d'apprentissage que le clivage entre une vision cohérente des finalités et des pratiques de la discipline et une vision brouillée de cette dernière, qui rend compte de la mise en place de situations d'enseignement/apprentissage pertinentes (Audigier et Tutiaux-Guillon, 2004, p. 173). En classe d'histoire, il n'y a pas de « mise en activité » qui vaille si elle ne conduit pas les élèves à « penser historiquement » (Plá, 2005). Cette orientation correspond à une évolution profonde de l'enseignement de l'histoire et de la recherche en didactique de l'histoire. Officiellement, l'histoire scolaire a abandonné la « pédagogie du récit national » léguée par la IIIe République et désormais intenable, pour la « pédagogie de la pensée historienne ». Elle vise l'apprentissage des compétences nécessaires à l'usage d'une pensée historienne garante de l'exercice d'une citoyenneté autonome et responsable dans un cadre démocratique et qui transparaît derrière la construction de « l'esprit critique » à laquelle adhère la majorité des professeurs d'histoire-géographie (Lautier, 2006b ; Laville, 2003).

La pensée historienne peut être alors sollicitée dans l'articulation de *trois niveaux complémentaires de modulation* (Martineau et Déry, 2002) que l'on peut déceler dans le préambule des programmes de la classe de seconde en 2010 et de première en 2011. Le premier niveau d'initiation à la pensée critique repose sur des exercices de prélèvement d'information dans des documents variés. Le deuxième niveau se réfère ponctuellement au travail de l'historien (analyser un document, établir des faits, etc.). Le troisième et dernier niveau initie les démarches qui permettent la résolution de problèmes historiques, comme nous l'avons vu plus haut avec L. Febvre. En effet, la connaissance n'est pas cumulative, elle ne procède pas de l'empilement, elle est organisée par des problèmes. Penser historiquement en classe d'histoire suppose de conduire les élèves à (se) poser un problème face à une situation historique concrète et à le résoudre en proposant une explication. C'est le problème qui donne sens à la démarche de l'élève en classe d'histoire, qui l'organise et la structure (Martineau, 1999, p. 146-147 ; Le Marec *et al.*, 2009, Doussot, 2011).

La difficulté porte alors sur la nature des exercices d'apprentissages de la discipline pour résoudre des problèmes historiques (Lautier, 1997b, p. 111-114). En effet, alors que les autres disciplines scolaires disposent d'exercices nombreux, légitimes et codifiés, ceux-ci font défaut en histoire. Entre le relevé d'informations dans les documents – dans le cadre d'un cours magistral dialogué ou de consignes écrites destinées à « mettre » les élèves en activité – et l'écriture d'un texte achevé – paragraphe « argumenté », récit, synthèse ou composition – rien n'existe ou presque dans les cours d'histoire. Dans le vide de cet entre-deux, il est pourtant nécessaire d'imaginer des exercices et des écrits aux statuts variés qui conduisent les élèves à « s'exercer à la pensée historienne » et à articuler les trois niveaux de sollicitation de la pensée historienne (Lautier, 1997b, p. 124-128 ; Cariou, 2009). Quand ces exercices prennent racine dans l'épistémologie de l'histoire, ils sont susceptibles d'organiser une réelle activité des élèves et ils donnent à voir des modalités d'apprentissage de l'histoire.

Précisons à nouveau que la description de ce dispositif pédagogique ne présente nulle valeur normative, il s'agit seulement d'indiquer au lecteur les conditions de recueil du matériau qui nourrit notre propos. Il nous semble important cependant de tenir ensemble deux des dimensions de la didactique. Science à part entière, elle a pour vocation première de produire du savoir sur les situations d'enseignement/apprentissage. Mais ne négligeons pas non plus sa fonction sociale et professionnelle qui vise à comprendre pourquoi un apprentissage fonctionne ou ne fonctionne pas et d'en informer les acteurs concernés.

Méthodologie des enquêtes

Pour appréhender l'apprentissage de l'histoire à travers un objet accessible, nous travaillons ici à partir des écrits des élèves produits en classe d'histoire, au collège et au lycée – et exceptionnellement à l'école primaire – dans un cadre pédagogique socio-constructiviste inspiré de la psychologie de Vygotski. Ces écrits ont été recueillis soit de manière informelle soit à l'occasion de recherches menées dans des établissements « difficiles » de la proche banlieue parisienne (Cariou, 2003, 2004, 2006a, 2006c, 2006d). À quelques exceptions près, le chercheur étant également le professeur de la classe, la démarche de recherche est proche de celle de « l'observation participante ». Pour recueillir un matériau d'une ampleur suffisante, on a parfois introduit dans le déroulement de la classe des variables didactiques (contraintes d'écriture diverses, raisonnement analogique, récit historique) destinées à vérifier leur effet sur l'apprentissage des élèves. Il fallut donc modifier les termes du *contrat didactique*. Enfin, la constitution parallèle de classes témoins, qui n'étaient pas soumises à ces contraintes d'écriture, a permis de vérifier la validité des résultats obtenus.

Cet intérêt pour les écrits des élèves s'inspire des travaux de la didactique du français et donne lieu désormais à des recherches en didactique de l'histoire (Doussot, 2009, 2010, 2011 ; Kessas, 2007 et 2008 ; Plá, 2005 ; Tutiaux-Guillon et Fourmond, 1998b). Ces recherches envisagent la fonction de l'écriture dans le développement de la pensée historienne quand elle conduit les élèves à construire et à s'approprier le savoir historique. La démarche trouve sa source dans les recherches sur la fonction cognitive du langage inspirées notamment par les travaux de L. Vygotski (1934) et de J. Goody (1979). On se situe dans la logique de l'ouvrage sur *La maîtrise de la langue au collège* (Baudry *et al.*, 1997), qui montre que, écrire, cela sert à penser dans chaque discipline. La question du langage n'est pas la chasse gardée du français et il convient de s'interroger sur la fonction du langage historien par rapport aux démarches de pensée qu'il recouvre. Nous entendons l'expression « maîtrise de la langue » non pas comme la seule maîtrise de l'orthographe et de la syntaxe, mais comme la maîtrise du langage historien par laquelle les élèves construisent le savoir et apprennent (de) l'histoire. On cherchera à comprendre comment les voies de cet apprentissage se construisent et apparaissent dans les productions écrites des élèves en classe d'histoire.

Bien entendu, les écrits recueillis ne sont pas de simples transcriptions de la parole magistrale telles que le résumé dicté ou recopié au tableau, ou la prise de notes. Les écrits d'élaboration du savoir sont la marque d'un long processus autonome, certes, mais structuré par des exercices précis, étayé par l'enseignant et au cours duquel les élèves tâtonnent en écrivant des textes longs et aux statuts fort différents. Nous verrons comment ils donnent à voir la manière dont les élèves s'approprient, ou non, le savoir historique.

Ce type de recherche suppose une méthodologie spécifique d'analyse des productions d'élèves qui sera détaillée dans cet ouvrage puisque notre propos reposera constamment sur des exemples concrets (Cariou, 2006b). On s'appuiera sur une méthodologie qualitative d'analyse de contenu d'écrits jugés significatifs, sans exclure une méthodologie quantitative. Les écrits d'élèves retenus dans cet ouvrage le sont en raison de leur caractère exemplaire voire même paradigmatique. Ces écrits sont transcrits littéralement, les noms de leurs auteurs ayant tous été modifiés. Il s'agit généralement d'écrits d'élèves apparemment « fautifs » sur le plan de la langue et des apprentissages car ils sont davantage évocateurs que les écrits mieux formalisés des élèves en réussite. Nous considérons en effet que l'erreur ne signifie pas l'échec ou l'insuffisance de l'élève (Astolfi, 1997). Notre méthode consiste précisément à repérer la logique de l'élève quand il écrit en histoire et ses erreurs signalent bien souvent les points d'achoppement sur lesquels bute sa pensée. L'erreur gît au cœur du processus d'apprentissage, elle signale l'activité tâtonnante de l'élève qui, progressivement, trouve son chemin sur la voie de la connaissance. On observera comment, au fil d'écrits successifs et parfois au fil de l'écriture d'un texte unique, l'élève surmonte ces difficultés en mobilisant les démarches de pensée historienne. Les écrits cités, tout en étant apparemment déficients, nous renseignent finalement sur une logique d'apprentissage commune à tous les élèves. Ils en grossissent les traits pour nous montrer comment les élèves en général s'approprient les savoirs historiques enseignés, en vertu du principe selon lequel le pathologique n'est pas le contraire, mais un autre état de la normalité (Canguilhem, 1966). Nous considérons donc les écrits présentés ici comme des études de cas à valeur générale.

Plan de l'ouvrage

La première partie de cet ouvrage (chapitre I à V) est essentiellement théorique même si l'exposé repose sur des exemples concrets. Nous y présenterons les raisons pour lesquelles on peut raisonnablement penser que l'écriture de l'histoire par les élèves est pour eux un outil au service de la construction du savoir historique quand elle les conduit à penser historiquement. Nous nous appuierons sur les apports de l'épistémologie de l'histoire pour comprendre la nature de ces démarches de pensée historienne, sur la psychologie de Vygotski pour envisager la fonction du langage écrit dans l'apprentissage et sur la psychologie sociale à partir de laquelle N. Lautier a construit son modèle d'apprentissage de l'histoire. Ce dernier irrigue l'ensemble de notre propos car, comme toutes les sciences, la didactique de l'histoire a besoin de modèles heuristiques qui permettent de lire un réel qui échappe bien souvent au sens commun, même si l'on s'imagine bien le connaître par sa pratique quotidienne.

La seconde partie de l'ouvrage (chapitre IV à IX) s'appuie sur des dispositifs pédagogiques concrets. Elle montrera comment des écrits bien spécifiques – écrits intermédiaires, écrits réflexifs, récits historiques – renvoyant chacun à une démarche de pensée historienne, structurent les apprentissages disciplinaires des élèves.

Cet ouvrage est le fruit de travaux en commun, de rencontres et d'échanges depuis plus d'une décennie. L'occasion m'est donnée de remercier ici mes anciens collègues formateurs de l'IUFM de Créteil qui ont initié, encouragé et enrichi par leurs remarques et leurs propres travaux cette réflexion sur les liens entre écriture et apprentissage de l'histoire : Marie-France Faure, Loïc Doléans, Marie-Laure Gache, Servane Savier, Jean-Marcel Guigou et Camille Canteux. Ces apports furent développés, théorisés et formalisés lors de ma recherche pour le doctorat menée sous la direction remarquable, toujours bienveillante et constamment enrichissante de Nicole Lautier. Je dois évidemment beaucoup aux collègues didacticiens de l'histoire et aux collègues didacticiens des autres disciplines dans mon laboratoire actuel qui me donnent largement matière à penser : cet ouvrage se voudrait une modeste contribution à la construction d'une science du didactique dont l'absence de visibilité pèse lourdement dans la crise actuelle de l'école. N'oublions pas nous plus les élèves qui subirent les tâtonnements du chercheur et produisirent un matériau d'une richesse incomparable. Enfin, ce livre est dédié à mes deux enfants. Depuis qu'ils me comblent de leur présence, ils me font chaque jour comprendre que l'une des plus belles expériences dans la vie d'un homme, c'est la transmission.

Chapitre I

RÉUSSIR OU ÉCHOUER À L'ÉCOLE ET EN HISTOIRE

Pour envisager les modalités de l'apprentissage de l'histoire, il convient de rechercher auparavant les raisons pour lesquelles certains élèves réussissent en histoire là où d'autres échouent. Pour avancer dans cette voie, examinons tout d'abord ce que l'on entend par la notion *d'échec scolaire* en général puis en classe d'histoire. Nous nous appuierons dans ce chapitre inaugural sur les analyses socio-historiques qui déconstruisent cette notion.

Une dimension historico-sociale de l'échec scolaire

Démocratisation, massification, échec scolaire

La notion d'échec scolaire est apparue dans le domaine scolaire au cours des années 1960, en lien avec les concepts contemporains de *démocratisation* et de *massification* (ou de *diffusion*) de l'enseignement secondaire (Merle, 2009 ; Prost, 2007).

Auparavant, le système scolaire de la IIIe République était séparé en deux ordres bien distincts. L'école primaire, la « communale », prolongée éventuellement après le certificat d'études par l'enseignement primaire supérieur ou par les cours complémentaires – l'enseignement général court assuré par des instituteurs –, scolarisait les enfants des milieux populaires. La scolarité y était gratuite, laïque et obligatoire depuis les lois Jules Ferry de 1881-1882. Les lycées et les collèges – à savoir les « petites classes » des lycées, mais aussi l'enseignement primaire supérieur quand il fut transformé en « collège moderne » et rattaché à l'enseignement secondaire par le ministre de l'Éducation nationale Carcopino en 1941 – où enseignaient des professeurs spécialistes d'une seule discipline, dispensaient un enseignement général long aux enfants des milieux favorisés et ensuite à certains enfants des milieux populaires, à savoir les boursiers et ceux qui avaient passé l'examen d'entrée en sixième. Cet examen – instauré en 1933 en même temps que la gratuité de l'enseignement secondaire et supprimé seulement en 1956 – substituait officiellement une sélection scolaire par le mérite à une sélection par l'argent. Les élèves de l'enseignement long, « héritiers » ou « méritants », avaient donc tous intégré les règles du jeu scolaire et ils étaient disposés à les respecter.

Ce dualisme scolaire excluait au départ toute passerelle d'un ordre scolaire à l'autre. Cette « école de classe » était perçue à l'époque comme juste et égalitaire dans la mesure où elle dispensait à tous une formation élémentaire. La question de la sélection ou de l'orientation ne se posait pas, puisque le destin scolaire de chaque élève était tracé d'avance en fonction de son origine sociale. En outre, la question de l'échec scolaire était impensée et impensable : les enfants étant à leur place, le manque de réussite de certains n'était imputable ni à l'institution ni à une quelconque déficience personnelle mais à leur absence de travail.

Les années 1960-1970 virent l'unification de ce système d'enseignement dual car la demande d'un seuil minimum de formation se déplaça de l'école primaire au collège. L'unification fut réalisée au nom de la *démocratisation*, à savoir la possibilité offerte à tous d'accéder à l'enseignement secondaire long (Prost, 1992, p. 50-56). L'élargissement de cet accès répondait aux besoins de formation suscités par la croissance économique, l'industrialisation et la tertiairisation de la société de la période gaullienne. Elle répondait également à une forte demande sociale de scolarisation secondaire des enfants des milieux populaire, dans une perspective d'ascension sociale. Toutefois, même si le niveau général de formation s'éleva considérablement, on augmenta surtout le taux d'accès des classes populaires à certains diplômes, sans se préoccuper de favoriser un accès égal de tous à tous les savoirs. En outre, on exposait aux enfants des milieux populaires des savoirs réservés jusque-là aux enfants des milieux favorisés, sans tenir compte des spécificités de ce nouveau public scolaire. Pour utiliser les termes d'aujourd'hui, il s'agissait moins d'une démocratisation que d'une *massification* de l'enseignement. Nous y reviendrons.

Par l'ordonnance du 6 janvier 1959, la réforme Berthoin portait la scolarité obligatoire de 14 à 16 ans. Par le décret du 3 août 1963, la réforme Fouchet créait les collèges d'enseignement secondaire (CES) qui devaient à terme réunir les collèges d'enseignement général – les CEG, créés en 1959, issus des cours complémentaires et conduisant à un CAP – et les premiers cycles des lycées, afin d'accueillir tous les enfants de la sixième à la troisième dans une structure scolaire unique, mais avec des filières différenciées. À une organisation horizontale en deux ordres scolaires parallèles (enseignement primaire court/enseignement secondaire long) succédait une organisation verticale par degrés successifs (école/collège/lycée) scolarisant tous les élèves dans les mêmes locaux.

Cet énorme effort d'enseignement se traduisit par la construction – à coût réduit et sans toujours tenir compte des normes de sécurité, comme l'a montré l'incendie du CES Pailleron – de 2354 collèges entre 1965 et 1975, soit l'équivalent d'une inauguration par jour ouvrable pendant dix ans, selon A. Prost. La création du collège unique par la réforme Haby de 1975 paracheva cette évolution en unifiant le cursus de tous les collégiens par la suppression des filières d'enseignement. Plus près de nous, la politique des zones d'éducation prioritaire en 1982 était censée « donner plus à ceux qui ont moins » pour restaurer une certaine égalité des chances. Enfin, le mot d'ordre des 80 % d'une classe d'âge au niveau du baccalauréat et la loi d'orientation de 1989 produisirent la massification scolaire dans les lycées.

Ces réformes fondamentales offraient désormais à tous les élèves des chances égales d'accéder au lycée général, technique ou professionnel. Elles occultaient les différenciations sociales au fondement des deux ordres anciens d'enseignement et transformèrent l'école en un vaste système méritocratique : les élèves furent désormais « orientés » non plus selon des considérations sociales, mais en fonction de leur « mérite » scolaire, seul critère désormais acceptable de classification et de hiérarchisation des élèves. Les réformes institutionnelles, en instaurant « l'égalité des chances », annuleraient, pensait-on, l'effet scolaire des inégalités sociales. Alors que, auparavant, on devenait ouvrier parce que l'on était fils d'ouvrier, on devenait désormais ouvrier par manque de « don » ou de travail, par l'échec qui conduit dans une filière professionnelle, c'est-à-dire une filière de relégation (Lahire, 1993, p. 44-46). Dans ce contexte nouveau de massification, de rassemblement et de confrontation de populations scolaires qui évoluaient jusque-là dans des contextes séparés, on forgea la notion d'« échec scolaire ». Le terme apparut en 1960 précisément dans le fichier analytique de la Bibliothèque nationale (Prost, 1992, p. 57). Il désignait le destin scolaire des élèves auparavant confinés dans l'enseignement court qui accédaient, par le biais des réformes de structures, à l'enseignement général long, mais qui ne parvenaient pas au terme d'une scolarité secondaire.

On constate pourtant que le niveau global d'instruction des jeunes a considérablement augmenté depuis près de cinquante ans. En 1960-1961, l'Éducation nationale scolarisait au total 9 794 000 élèves de la maternelle à l'université, et 13 324 000 en 1985-1986, le nombre des étudiants passant quant à lui de 214 000 à 949 000 (Prost, 1992, p. 158). En 2006, ces derniers étaient au nombre de 2,2 millions (Merle, 2009, p. 38). Ces chiffres bruts montrent une indéniable réussite sur le plan de la massification de l'enseignement et de l'élévation du niveau global d'instruction des jeunes. Cependant, les différenciations sociales demeurent et la démocratisation, elle, reste en panne. Les écarts sociaux de scolarisation se sont maintenus en se déplaçant vers l'aval, du collège aux différentes filières du lycée et de l'enseignement supérieur. Si aujourd'hui près de 60 % d'une classe d'âge obtient le baccalauréat, les différenciations sociales et scolaires entre les élèves des séries les plus prestigieuses et les élèves des séries technologiques et professionnelles restent très marquées et tendraient même à s'aggraver depuis vingt ans (Merle, 2009, p. 64-66). Le niveau global d'instruction monte, mais les écarts scolaires se creusent. Les statistiques globales tendent donc à corréler les différenciations scolaires aux critères sociaux. D'ailleurs, les enquêtes internationales PISA montrent que le système scolaire français est l'un de ceux qui creusent les différenciations scolaires entre les élèves.

Pour sortir de cette logique, l'enjeu pour l'école aujourd'hui serait de transformer le processus de massification quantitative en un réel processus de démocratisation, que l'on pourrait définir comme la garantie d'un accès égal pour tous aux différentes filières et aux différents savoirs (Bautier et Rochex, 1998, p. 25-29).

Échec scolaire et reproduction sociale

Travaillant sur un autre niveau d'enseignement, celui de l'enseignement supérieur lui aussi confronté à une première massification dans les années 1960, Bourdieu et Passeron, dans *Les héritiers* (1964), recherchèrent les raisons de l'échec de certains étudiants à l'université. Ces sociologues critiques, attachés à déconstruire la « naturalisation » de toute construction sociale, montrèrent que ce n'était pas la possession d'un « don » naturel spécifique pour les études qui permettait à certains étudiants de réussir. Leur réussite était plutôt liée à l'immersion familiale des étudiants des milieux favorisés dans une culture par laquelle ils avaient intégré les règles implicites du travail universitaire. Ils s'étaient approprié la culture légitime « tout naturellement », par des discussions familiales, les voyages, la fréquentation des musées, des concerts, des théâtres, etc. Prolongeant leurs analyses dans *La reproduction* (1970), Bourdieu et Passeron montrèrent que le système scolaire dans son ensemble ne faisait que reproduire les modes d'appropriation classiques de la culture légitime puisque les méthodes et les contenus d'enseignement favorisaient les enfants des milieux favorisés dotés d'un capital culturel en adéquation avec la culture scolaire. La culture scolaire aurait alors résulté d'un arbitraire culturel renvoyant à la culture de la classe dominante, quand bien même l'école nierait cette proximité et se proclamerait neutre socialement. Si l'école de la démocratisation et de l'égalité des chances se montre apparemment indifférente aux différenciations sociales et culturelles, elle cultiverait en réalité un implicite pédagogique sur les valeurs, les méthodes et les présupposés de la culture scolaire qui favoriserait les élèves bien dotés culturellement. À tous les niveaux d'enseignement, l'école reproduirait les hiérarchies sociales au profit des « héritiers ». À l'inverse, les élèves en échec seraient les élèves qui, à l'école, reproduiraient la position sociale dominée de leurs parents.

Les thèses de cette « sociologie de la reproduction » furent largement critiquées par les sociologues de l'éducation (Duru-Bellat, 2002, p. 22-29). Réduire l'école à la simple fonction de socialisation et de reproduction des inégalités sociales consisterait à faire fi des transformations sociales occasionnées par l'école au cours du XXe siècle mais aussi de la réussite individuelle de certains élèves issus de milieux sociaux défavorisés. Il en résulterait alors une conception extrêmement passive des enseignants comme des élèves, écrasés par des structures qui s'imposeraient à eux de l'extérieur et qui conditionneraient leurs actions. Pour comprendre l'échec scolaire, on considère aujourd'hui que, à côté de la CSP du père, il est tout aussi pertinent d'analyser celle de la mère qui bien souvent s'occupe du travail scolaire des enfants, ou encore la pratique religieuse, le militantisme politique ou syndical des parents, les stratégies familiales par rapport à l'école, la position qu'un acteur (un élève) occupe ou pense occuper dans la société et dans l'école, etc. (Charlot, 1997, p. 19-24).

De fait, une version très dégradée de la sociologie de la reproduction est parvenue jusque dans les salles des professeurs. Quand ils sont confrontés à un public difficile, les enseignants sont tentés d'expliquer l'échec des élèves par des facteurs sociaux externes sur lesquels ils n'ont pas prise (le zapping télévisuel, les jeux vidéo, internet, l'influence de la cité, de la bande, etc.). Si l'on poussait cette logique jusqu'à son terme, enseigner dans les quartiers difficiles perdrait tout son sens puisque l'emprise du contexte social disqualifierait toute entreprise pédagogique.

Pire encore, cette version dégradée de la sociologie de la reproduction a contribué au développement de la thèse du « handicap socio-culturel », conçu comme une série de manques et de « lacunes », qui empêcherait l'acquisition de certains savoirs et de certaines compétences. Ce handicap expliquerait l'échec scolaire de certains élèves et serait lié à leurs origines familiales : milieu défavorisé, démission des parents, familles éclatées, monoparentales ou recomposées, parents chômeurs ou Rmistes, familles ne parlant pas français à la maison, etc. Autant de facteurs explicatifs dont les sociologues ont depuis longtemps montré l'inanité et qui sont infirmés au quotidien par la réussite d'élèves appartenant précisément à ces milieux stigmatisés (Charlot, 1997, p. 25-32 ; Merle, 2009, p. 61). Mais ce type d'explication globale est compatible avec une vision du monde largement répandue dans le milieu enseignant et qui se veut généreuse, puisqu'il permet de rejeter la responsabilité de l'échec scolaire non sur les familles concernées mais sur l'injustice sociale et la domination dont elles sont les victimes.

Les processus scolaires de l'échec scolaire

La construction scolaire d'une situation d'échec

Pour se départir de ce fatalisme, il vaudrait mieux envisager les caractéristiques de l'expérience scolaire des acteurs de l'école (Dubet, 2007). Il faudrait comprendre comment *se construit* une situation d'élève qui échoue plutôt que de chercher *ce qui manque* à cet élève du point de vue socio-culturel. Il s'agirait de comprendre ce qui se passe entre les élèves et l'école quand celle-ci ne parvient pas à inscrire les élèves dans une logique d'apprentissage, plutôt que de déplorer l'incapacité de l'école à réaliser son programme d'égalité des chances.

Certes, les enfants arrivent inégaux à l'école maternelle (Duru-Bellat, 2002, p. 55-94). Mais les écarts scolaires ne cessent de se creuser tout au long de la scolarité et notamment au collège, si bien que les variables scolaires finissent par l'emporter sur les variables sociales dans l'explication de l'échec scolaire. Le choix des langues vivantes, des options et des filières d'orientation relève évidemment de stratégies familiales et d'une connivence sociale des parents avec l'école. Cependant, au lycée, à l'issue de tout un processus d'orientation et de sélection, à niveau de classe et à options équivalents, les élèves de milieu populaire progressent autant que les élèves issus d'un milieu favorisé. Sur le plan des performances individuelles, la valeur scolaire joue davantage que l'origine sociale.

À partir du collège, comme l'ont montré certaines recherches en psychologie sociale, c'est la signification que l'élève donne à la situation scolaire d'apprentissage et surtout la place qu'il pense occuper dans l'institution – favorable ou défavorable – qui le pousse à s'autoriser – ou non – des opérations intellectuelles complexes (Monteil et Huguet, 2002) et même à se projeter – ou non – dans une poursuite d'études ambitieuse (Guichard, 1993). Par la définition qu'il attribue à la situation d'apprentissage, l'élève s'accorde ou non des possibilités d'agir dans le champ social des relations entre le maître et les élèves et entre les élèves eux-mêmes (Lautier, 2001b, p. 17-18). À titre d'exemple, dans les échantillons d'élèves réunis pour nos recherches, les élèves d'une filière technologique dévalorisée, mais obtenant de bonnes moyennes scolaires, réalisaient, dans leur apprentissage de l'histoire, des performances équivalentes à celles des bons élèves d'une filière générale orientés ensuite en première scientifique. En revanche, les variables sociales, les variables du genre et des filières n'intervenaient pas du tout dans les performances intellectuelles de ces élèves (Cariou, 2003a, p. 256-266). Les processus cognitifs sont identiques chez les filles et les garçons, chez les riches et les pauvres – au moins en histoire.

Pour une pédagogie rationnelle : « vendre la mèche »

Dans sa forte critique de *La reproduction*, A. Prost (1970) note, en sus d'un certain nombre de pirouettes théoriques et méthodologiques, une contradiction fondamentale dans le propos des auteurs au sujet de l'action pédagogique. Si, comme l'affirment Bourdieu et Passeron, la relative autonomie du système éducatif contribue à la reproduction des rapports de classe, alors cette autonomie devrait précisément conduire à une modification du savoir transmis par l'école pour ajouter son apport spécifique à la culture dite légitime. Bien plus, cette autonomie devrait rendre possibles des initiatives concrètes de transformation des conditions d'enseignement. Pourtant, les deux auteurs excluent cette possibilité et considèrent comme utopique toute tentative de démocratisation de l'enseignement. Ils fournissent pourtant la clé d'une pédagogie réellement rationnelle et démocratique. Elle n'est pas celle qui met l'accent sur des exercices mécaniques et répétitifs – ce qu'ils appellent « les fameuses recettes pour la dissertation » – mais plutôt celle qui « vend la mèche » (Bourdieu et Passeron, 1964, p. 110-115). Cette pédagogie devrait expliciter les exigences des enseignants et la nature des apprentissages réellement nécessaires pour accéder à la culture savante. Elle supposerait « l'organisation continue de l'exercice comme activité orientée vers l'acquisition aussi complète et aussi rapide que possible des techniques matérielles et intellectuelles du travail intellectuel » (Bourdieu et Passeron, 1964, p. 112). C'est ce que Langlois et Seignobos appelaient en 1898 une « pédagogie rationnelle ». On rencontre également, dans *La reproduction*, l'exigence d'un enseignement qui viserait l'explicitation méthodique de ses propres attendus afin de réduire l'écart et la déperdition de sens entre le discours de l'enseignant et sa réception par les élèves qui ne partagent pas nécessairement les mêmes codes culturels (Bourdieu et Passeron, 1970, p. 160-161). Certes, comme l'affirment Bourdieu et Passeron, l'explicitation des implicites et des attendus d'une discipline relève pour une grande part de l'utopie pédagogique et didactique.

Mais nous suivons A. Prost qui récuse le pessimisme conservateur des auteurs selon lesquels « les choses étant ce qu'elles sont, il est impossible qu'elles soient autrement » (Prost, 1970, p. 858), pour chercher à œuvrer modestement mais résolument au service de la démocratisation de l'enseignement. Cette dernière suppose une pédagogie rationnelle qui « vende la mèche » selon une exigence d'explicitation et de réduction des malentendus, pour faire accéder le plus grand nombre possible d'élève aux savoirs scolaires.

Capital culturel et rapport au langage

Une autre remarque de *La reproduction* nous intéresse également. Bourdieu et Passeron (1970, p. 38) nous rappellent que la communication pédagogique n'établit pas un simple rapport transparent de communication. Cette remarque questionne la légitimité du cours magistral qui manifeste, du côté de l'enseignant, la maîtrise d'une langue cultivée dont les codes échappent aux élèves des milieux défavorisés. En effet, le langage ne dit pas le monde tel qu'il est, il n'est pas seulement un instrument de communication (Bourdieu et Passeron, 1970, p. 92-93). Il appelle, pour dire le monde, un vocabulaire spécifique et un système de catégorisation qui supposent un usage complexe du langage transmis d'abord dans le milieu familial. En conséquence, les élèves socialement les plus éloignés de la langue scolaire connaîtraient les taux d'échec les plus élevés. Ce malentendu autour du rapport au langage était géré auparavant par l'éviction des élèves qui n'accédaient pas à ce degré de maîtrise du langage scolaire (Bourdieu et Passeron, 1970, p. 125). L'inégale distribution sociale du « capital linguistique scolairement rentable » ainsi qu'un rapport au langage socialement différencié (user d'un langage qui dit le réel *versus* user d'un langage qui déréalise et joue avec les mots, met à distance et généralise, etc.) expliquerait également les différenciations scolaires et l'échec scolaire (Bourdieu et Passeron, 1970, p. 143-157).

Dans le contexte de la massification scolaire à tous les niveaux d'enseignement, le maintien de tous les élèves à l'intérieur du système scolaire a rendu manifeste la contradiction d'un système scolaire supposé égalitaire mais qui s'adresse d'abord à des élèves dotés d'un certain capital culturel et langagier. Cette contradiction provoque aujourd'hui les réactions pour le moins intempestives des élèves qui en sont dépourvus. En conséquence, contrairement à ce qu'affirment les tenants du « handicap socio-culturel », les raisons de l'échec scolaire ne tiendraient pas à une maîtrise déficiente et lacunaire de la langue française, de son lexique et de ses catégories grammaticales.

Dans les années 1970, on pensait en conséquence que l'écart entre la langue du maître et celle des élèves socialement défavorisés contribuait à l'échec de ces derniers. Cette analyse avait conduit à l'étude des différents « niveaux de langue », devenus un objet d'enseignement en classe de français (Bautier, 1995, p. 9-15). Aujourd'hui, on pense plutôt que l'échec scolaire est lié à une méconnaissance des usages sociaux du langage utilisé à l'école plutôt qu'à une méconnaissance des différents niveaux de langue ou de la langue elle-même. En effet, les recherches en sciences de l'éducation montrent que c'est précisément le rapport au langage qui discrimine les élèves, et non pas une prétendue méconnaissance de la langue française. Ces recherches se situent dans la continuité de la sociologie de Bourdieu mais changent de perspective et d'échelle d'analyse. Il ne s'agit plus de considérer l'école comme un espace où s'expriment uniquement les rapports de classes, mais comme une sphère d'activité spécifique où s'opère un mode de socialisation spécifique (Lahire, 2008, p. 23-24). On étudie non plus les différenciations scolaires entre classes sociales mais les différenciations scolaires à l'intérieur des catégories les plus défavorisées. On cherche par exemple à comprendre pourquoi, à situation sociale et familiale équivalente, des élèves réussissent à l'école là où d'autres échouent.

Le sociologue B. Lahire (1995, 2008) a mené une enquête ethnographique auprès de familles socialement défavorisées pour comprendre pourquoi certains de leurs enfants avaient obtenu de bons résultats lors de l'évaluation de CE2 et pourquoi d'autres avaient obtenu de mauvais résultats. Il a montré que la diversité des configurations familiales engendrait de fortes différenciations scolaires : la proximité ou non de l'enfant avec une personne dotée d'un capital culturel (grand-père, maman, grande sœur, etc.) susceptible de lui transmettre ce capital, la place accordée ou non dans les échanges familiaux aux performances scolaires de l'enfant, ainsi que la place de l'écrit dans le quotidien de la vie familiale (Lahire, 1995, p. 270-289). Lors de son enquête, il a remarqué que, dans certaines familles, l'usage d'agendas, de calendriers, de pense-bêtes, de listes de commission, de cahiers de comptes dans la gestion de la vie quotidienne introduisait l'enfant à une pratique de l'écrit qui le plaçait en adéquation avec les attentes de l'école (Lahire, 1995, p. 18-22). Noter un rendez-vous sur un calendrier ou un agenda permet de gérer et de planifier les activités lointaines que l'on ne peut simplement mémoriser spontanément – « comme ça » – et constitue un avertissement donné à soi-même. Il en va de même avec le classement méthodique des papiers administratifs ou le rangement des photographies dans l'album familial avec une indication chronologique. Ces écrits forgent un rapport réflexif au présent, au futur et au passé. Ils introduisent le respect d'un emploi du temps, l'apprentissage de la planification des activités des différents membres de la famille, qu'il s'agisse de les organiser, de les différer ou de les reporter, hors de toute spontanéité. Ces pratiques d'écriture simples et quotidiennes donnent à l'individu le moyen de contrôler le temps et l'espace avec, par exemple, les *listes de choses à faire,* mais aussi de structurer son discours grâce aux *listes des choses à dire* pour préparer une conversation téléphonique avec un service social ou administratif.

Vivre dans un milieu familial ainsi ordonné donnerait à l'enfant des structures cognitives en adéquation avec les exigences d'organisation de l'école. En effet, les pratiques d'écriture, dont certaines sont communes à l'espace domestique et à l'espace scolaire – la tenue de l'agenda, la liste des choses à faire par exemple –, ont pour fonction d'objectiver et de mettre à distance une situation pratique à venir pour favoriser un retour réflexif sur cette pratique (Lahire, 2008, p. 15-16). En revanche, lorsque les règles du jeu de l'espace familial et celle de l'espace scolaire de socialisation des enfants ne coïncident pas, alors ces derniers restent en décalage avec les exigences scolaires (Lahire, 1995, p. 55-56). Sans les remettre fondamentalement en cause, ces analyses affinent et nuancent certaines explications des différenciations scolaires par la sociologie de la reproduction. Le « capital culturel » scolairement efficace n'est pas seulement affaire de différenciations sociales, il renvoie également aux pratiques sociales différenciées des familles populaires.

Dans son ouvrage précédent, B. Lahire (1993) avait montré que la socialisation scolaire était fondée essentiellement sur des pratiques d'écritures. En effet, la culture scolaire est presque exclusivement une culture de l'écrit et l'échec scolaire a sans doute à voir avec les pratiques d'écriture. À l'école, les relations éducatives prennent une *forme scripturale* tramée par l'apprentissage et l'usage de la lecture et de l'écriture, mais aussi par un ensemble de pratiques liées à l'écrit. L'école n'est pas seulement un lieu d'alphabétisation, elle est également un lieu où sont codifiés des savoirs, des méthodes et des pratiques sous une forme écrite, objectivée et détachée de toute situation concrète de la vie quotidienne. L'école a pour fonction de faire acquérir aux élèves, selon un mode de transmission spécifique à l'école, des savoirs qui ont acquis leur cohérence par l'écriture. L'école est ce lieu structuré par un emploi du temps particulier qui suspend le temps et où se transmettent, par des exercices systématiques et spécifiques, des savoirs codifiés et systématisés par l'écrit. Il n'y a pas d'apprentissage scolaire sans recours à des pratiques scripturales formalisées.

L'enseignement induit donc un rapport spécifique au langage et au monde puisqu'il rassemble les élèves dans un lieu particulier où le temps est organisé de façon spécifique. Il suppose aussi une mise à distance et une réflexivité du langage objectivé et mis à distance par les nombreux exercices scolaires écrits (Lautier, 2001b, p. 81-95). La *forme scolaire* produit une organisation particulière des apprentissages selon des règles spécifiques et des exercices répétés qui les mettent en œuvre. L'historien de l'éducation A. Chervel (1998) a montré par exemple que la grammaire fut une invention purement scolaire destinée à apprendre aux petits Français à lire, écrire et parler en fonction des règles d'orthographe et de syntaxe. L'école élémentaire n'apprend pas aux enfants *à parler* – c'est le rôle de leur famille – elle leur enseigne *la langue*. Si les enfants savent déjà parler le français dans la vie courante, l'école stimule une pratique réflexive du langage par l'apprentissage des règles qui structurent la langue et par des exercices décontextualisés obéissant à une stricte logique scolaire. À l'école, on travaille sur le langage non pas seulement pour dire des choses, pour agir sur le monde ou sur autrui, mais pour faire de la grammaire, en rupture totale avec le concret du monde réel.

À partir de ses travaux sur l'histoire de l'enseignement de la grammaire, A. Chervel (1998) a défini une *discipline scolaire* comme une matière d'enseignement combinant des finalités, des contenus et des méthodes. Elle impose des exercices décontextualisés puisque les savoirs y sont enseignés en fonction d'une finalité purement scolaire : on n'enseigne pas l'histoire aux enfants pour en faire de petits historiens. Dans certains cas, comme celui de la grammaire, ces savoirs sont des créations scolaires déconnectées de toute réalité culturelle extérieure à l'école. Certes, toute discipline scolaire se rapporte la plupart du temps à un savoir universitaire de référence mais elle est surtout formée de contenus explicites d'enseignement qui constituent une « vulgate » en décalage par rapport à ce savoir de référence. Elle est en outre structurée par une batterie d'exercices dont la fonction pratique est d'exercer ou de « discipliner » l'intelligence des élèves. Les exercices écrits proposés aux élèves ne résultent pas d'un arbitraire institutionnel mais d'une mise en forme scolaire historiquement et socialement construite. Cette forme scolaire est liée au mode de pensée de chaque discipline – il n'y a rien de commun entre une dissertation de français, de philosophie ou d'histoire – et elle structure les modalités particulières d'accès aux savoirs disciplinaires.

À titre d'exemple, la réforme des programmes d'histoire de 1902, pilotée par E. Lavisse, C. Jullian et C. Seignobos, établit une profonde discordance entre l'histoire scolaire et l'histoire scientifique. Cette réforme introduisit l'enseignement « concentrique » de l'histoire : les élèves de collège étudiaient désormais la totalité des périodes historiques sur lesquelles revenaient ensuite les élèves de lycée à des fins d'approfondissement. Mais surtout, la part de l'histoire contemporaine fut considérablement accrue – elle figurait au programme des classes de troisième, de première et de terminale – au détriment de l'histoire ancienne reléguée en classe de sixième. Or, l'histoire contemporaine était quasiment absente des travaux universitaires. L'autonomie accrue de l'histoire scolaire par rapport à l'histoire universitaire la relia davantage à des finalités civiques et sociales car l'histoire contemporaine permettait aux élèves de mieux comprendre le monde qui les entourait afin de s'y engager en citoyens instruits et éclairés (Héry, 1999, p. 85-95). Parallèlement, les exercices d'histoire s'autonomisèrent. En effet, la réforme de 1902 stipulait que les sujets historiques devaient être formellement exclus de l'épreuve de composition française pour fournir uniquement la matière des épreuves orales disciplinaires du baccalauréat (Garcia et Leduc, 2003, p. 97-98).

Le sociologue C. Dubar nous permet ainsi de revenir à la question de l'échec scolaire (Dubar, 2000, p. 180-186). Il nous rappelle que l'apprentissage artisanal traditionnel passait par la pratique sur le terrain et par une imitation des aînés. Cette pratique tacite était ensuite explicitée et verbalisée au sein du milieu professionnel par un va-et-vient constant entre la pratique et la réflexion. À cet *apprentissage expérientiel*, C. Dubar oppose *l'apprentissage scolaire* de savoirs théoriques, écrits et décontextualisés. Dans l'école de la IIIe République, seul l'enseignement secondaire long mettait les élèves en contact avec des savoirs scolaires de ce type. Toutefois, les familles de la bourgeoisie dispensaient à leurs enfants une forme d'apprentissage expérientiel parallèle qui engageait leur subjectivité (contact direct avec les œuvres dans les musées, sorties au théâtre, pratiques de lectures diverses, etc.) et les dotaient ainsi du capital culturel nécessaire pour mener à bien un apprentissage scolaire décontextualisé. Seul cet apprentissage expérientiel réalisé hors de l'école conférait sens et valeur aux savoirs scolaires puisque seules la passion ou la curiosité attribuent une signification subjective au travail intellectuel. Par exemple, apprendre quelque chose d'un livre suppose d'aimer lire alors qu'une lecture contrainte ne génère guère d'apprentissage. La massification scolaire signale aujourd'hui l'ampleur de cette dissociation entre l'apprentissage scolaire et l'apprentissage expérientiel, qui permet de se l'approprier mais qui n'est pas dispensé dans toutes les familles. Selon C. Dubar, le seul moyen de faire accéder aux savoirs scolaires les « nouveaux lycéens » et les collégiens du collège unique, serait de leur donner accès à un *apprentissage expérientiel du travail intellectuel*. Il s'agirait d'aider ces élèves à devenir, à l'instar des apprentis dans le milieu professionnel, des apprentis du travail intellectuels qui expérimenteraient ainsi un rapport plus pertinent aux savoirs scolaires. Mais seule une transformation en profondeur de la forme scolaire, qui réserve jusqu'à aujourd'hui cet apprentissage à une minorité, permettrait de « vendre la mèche » au sujet des gestes nécessaires à l'apprenti du travail intellectuel.

Cette réflexion, sociologique au départ, conduit finalement à une *didactisation* des questions du langage passant par une *désociologisation* de la question initiale de la massification. Dès lors, l'échec scolaire n'est plus perçu en terme de domination des enfants d'origine populaire, il est abordé sur le plan des malentendus scolaires et disciplinaires (Bautier, 2001, p. 122), comme nous allons le voir maintenant en histoire.

Et en histoire ?

Quelques études sur le rapport des élèves à l'enseignement de l'histoire-géographie nous informent sur les difficultés qu'ils rencontrent dans notre discipline. Ces études éclairent les processus de l'échec en histoire-géographie.

Une enquête de la direction de l'évaluation, de la prospective et de la performance (DEPP, 2007) du ministère de l'Éducation nationale souligne un hiatus entre les attentes des enseignants et l'interprétation que les élèves de collège se font de ces attentes. Quelques résultats sont résumés dans le tableau 1 :

Tableau 1. – *Les attentes des enseignants d'histoire-géographie et l'interprétation qu'en font les élèves*

a) Question posée aux professeurs d'histoire-géographie de collège : quels objectifs assignez-vous à l'enseignement de l'histoire :

	Oui	Non
Comprendre le présent à partir du passé	81,6 %	18,4 %
Exercer l'esprit critique	75,5 %	24,5 %
Étudier les sociétés humaines	44,3 %	55,7 %
Construire une identité collective	19 %	81 %
Raconter l'histoire	11,2 %	88,8 %

Source : DEPP, 2007, p. 42.

b) Question posée aux professeurs d'histoire-géographie de collège : dans les évaluations que vous donnez aux élèves, vous cherchez à repérer :

	Toujours	Souvent
L'acquisition des connaissances	87,7 %	11,4 %
L'acquisition de compétences	78,4 %	18,6 %

Source : DEPP, 2007, p. 93.

c) Question posée aux élèves de collège : selon vous, qu'est qui est important pour réussir en histoire, en géographie et éducation civique ?

	Oui	Non
Être attentif en classe	79,6 %	20,4 %
Avoir un professeur qui explique bien	64,3 %	35,7 %
Apprendre ses leçons par cœur	47,1 %	52,9 %
Respecter les consignes du professeur	25,8 %	74,2 %
Réfléchir	18,8 %	81,2 %

Source : DEPP, 2007, p. 101.

Ces tableaux montrent que, pour les enseignants d'histoire-géographie, la fonction de l'histoire au collège renvoie essentiellement à des finalités de formation intellectuelle. L'histoire permet de comprendre le présent à partir du passé et de former l'esprit critique des élèves. Cela passe par un travail systématique en classe sur des documents à partir desquels les élèves seraient en mesure d'élaborer leur savoir. Enfin, les enseignants disent vouloir vérifier dans les évaluations l'acquisition de compétences comme de connaissances. En revanche, la dimension civique de l'enseignement de l'histoire est réduite à la portion congrue, en contradiction avec ce qu'affirment les programmes actuels. Il s'avère que les deux aspects essentiels de l'enseignement de l'histoire au moment de son institutionnalisation à la fin du XIXe siècle – « construire l'identité collective » et « raconter l'histoire », qui produisaient tous deux le « roman national » – semblent discrédités aujourd'hui. Les enseignants d'histoire présentent donc l'image d'un enseignement fortement rénové et attentif à la formation intellectuelle des élèves.

Pourtant, le point de vue des élèves sur le déroulement des cours d'histoire est tout autre. Dans leurs réponses, il n'est nullement fait état d'esprit critique ou de maîtrise de compétences. Ils considèrent que, pour réussir en histoire, il faut d'abord être attentif en classe et avoir un professeur qui explique bien. Il semblerait que la principale activité des élèves en classe d'histoire consiste à écouter le professeur ce que, par ailleurs, ils disent apprécier. Inutile en revanche d'apprendre ses leçons et encore moins de réfléchir ! Une autre enquête réalisée en Suisse romande confirme la prégnance d'un modèle d'apprentissage caractérisé par l'écoute des élèves et la réalisation d'activités écrites très encadrées laissant peu de place à l'autonomie (Haeberli et Hammer, 2003).

L'intérêt de cette grosse étude quantitative et déclarative de la DEPP, qui a interrogé près de 1 000 enseignants et 3 000 élèves de collège, ne réside pas dans l'information qu'elle nous délivrerait sur la réalité des pratiques enseignantes mais dans la perception que les enseignants et les élèves semblent avoir de l'enseignement de l'histoire. Les auteurs de cette étude ont collecté des déclarations et n'ont pas vérifié la réalité des dires des uns et des autres en allant enquêter directement dans les classes. Cette étude montre surtout le décalage entre les attentes des professeurs d'histoire-géographie et ce que les élèves croient devoir faire pour réussir en histoire. Les élèves croient devoir écouter le professeur et apprendre des dates quand les enseignants disent évaluer des compétences et vouloir conduire les élèves à exercer leur esprit critique. La situation d'apprentissage de l'histoire scolaire produit donc un « malentendu » qui expliquerait les difficultés des élèves (Bautier et Rochex, 1997). Bien entendu, nombre d'enseignants ne se reconnaîtront pas dans le tableau brossé ici. Il s'agit de tendances lourdes qui permettent de dépeindre à gros traits les problèmes récurrents de l'enseignement de l'histoire. L'enquête révèle ce hiatus entre les pratiques évoquées de bonne foi par les enseignants et les effets contradictoires qu'elles suscitent chez leurs élèves. Mais on peut se demander comment les enseignants pensent développer l'esprit critique des élèves en leur délivrant un enseignement très largement factuel.

N. Tutiaux-Guillon (2003, 2008 et 2009) a dénoué cette contradiction en montrant que la pratique pédagogique dominante en histoire-géographie relève d'un *paradigme pédagogique positiviste*. Ce dernier est hérité de l'école de la IIIe République inspirée par la philosophie des Lumières et le positivisme d'A. Comte. Tout comme les savoirs scientifiques éclaireraient le citoyen et lui permettraient d'exercer son esprit critique contre l'obscurantisme, les savoirs historiques positifs contribueraient à former de futurs citoyens éclairés. Ces savoirs factuels délivrés par le maître révéleraient la « vérité » du passé montrée par les documents illustrant une parole magistrale surplombante. Cette conception positiviste du savoir héritée du XIXe siècle laisse penser aux enseignants que la transmission de savoirs vrais, objectifs et neutres permettrait aux élèves de démêler le vrai du faux dans l'espace public et d'exercer de cette manière leur esprit critique. Elle rend compte également des modalités « réalistes » de l'exploitation des documents en classe d'histoire perçus comme « vrais » et donnant directement à voir la réalité du passé (Leduc *et al.*, 1994). Il s'agit là d'une définition bien réductrice de l'esprit critique. Et les élèves en renvoient une bien cruelle image : ces faits et ces dates alimentent seulement une mémorisation passive et ponctuelle, oubliée aussitôt l'évaluation passée. Il semblerait que la situation ne diffère guère en classe de sciences à l'école primaire où les activités d'écriture sont réduites à la copie du résumé élaboré par l'enseignant ou à la prise de notes lors d'expériences. Les élèves ont donc une connaissance scientifique de type encyclopédique, positiviste et temporaire. Le savoir scientifique existerait en soi, il n'est pas perçu comme le produit d'une construction des scientifiques ni comme le fruit de débats et de controverses mais comme une accumulation de découvertes inopinées (Jaubert, 2007, p. 23-25).

Le paradigme positiviste structure un modèle disciplinaire qui articule différentes composantes solidaires entre elles. Sur le plan institutionnel, les programmes organisent un découpage du savoir en objets isolés et étudiés séparément en raison d'une organisation du temps scolaire éclatée et qui suppose que l'on étudie un objet spécifique durant chaque séance de cours. Du côté des enseignants, les conceptions de l'apprentissage comme une simple transmission de savoirs positifs passant par une série de boucles didactiques conduisent également à l'empilement de savoirs factuels qui ne font pas toujours sens pour l'élève. Les lourdes contraintes pesant sur les pratiques de l'enseignement de l'histoire scolaire font que la demande institutionnelle de « mise en activité » des élèves relève de l'injonction paradoxale. Enfin, ce paradigme pédagogique paraît doté d'une force et d'une inertie considérables puisqu'il s'impose en des termes identiques aux professeurs des écoles qui, pourtant, ont rarement suivi un cursus d'histoire à l'université et bénéficient d'une formation pédagogique plus poussée (Audigier et Tutiaux-Guillon, 2004).

De fait, ce constat ne se trouve pas si éloigné de celui qui est émis par la théorie de la transposition didactique (Chevallard, 1985). Il semblerait en effet que la mise en texte du savoir à des fins d'apprentissage scolaire passe par la *désyncrétisation* du savoir qui divise le savoir en champs spécialisés, la *dépersonnalisation* qui disjoint le savoir de la personne qui l'a produit et sa *programmabilité* par une programmation des apprentissages au long des séquences d'enseignement supposée favoriser une acquisition progressive des savoirs. Ces opérations produisent une objectivation du savoir et une conception positiviste de l'apprentissage réduit à une transmission de savoirs factuels positifs.

Malgré tout, en scrutant les programmes récents, les pratiques dites innovantes, mais aussi les transformations de la demande sociale par rapport aux finalités de l'enseignement de l'histoire, N. Tutiaux-Guillon pointe l'émergence d'un nouveau modèle pédagogique susceptible de réduire le malentendu entre les élèves et les enseignants d'histoire. Ce *paradigme constructiviste-critique*, encore dans les limbes et contradictoire avec l'organisation générale de l'enseignement de l'histoire, viserait l'individualisation, la différenciation et le débat, la construction collective du savoir à partir de documents questionnés pour former le jugement et exercer une pensée critique et civique. D'un côté la recherche de la « bonne » réponse dans des documents univoques par une pédagogie de la devinette, de l'autre un enseignement problématisé qui développerait des compétences.

Ces constats rendent encore plus actuelle la distinction opérée par B. Bernstein (1975) entre *pédagogie invisible* et *pédagogie visible*. Cette dernière suppose une transmission qui ne passe pas par le jeu ou par divers détours pédagogiques mais qui construit une situation d'apprentissage scolaire explicite. L'enseignant y assume sa fonction de modèle à suivre et joue un rôle essentiel dans l'étayage de l'activité de l'élève. Les connaissances sont délivrées et évaluées selon une progression rigoureuse qui écarte toute incertitude des élèves sur les objets d'apprentissage. En histoire, on suppose donc que cette pédagogie visible devrait pouvoir « vendre la mèche » et lever le malentendu entre les élèves et les professeurs sur les attendus de l'histoire scolaire. Pour y parvenir, nous supposons qu'elle pourrait introduire les élèves aux démarches de pensée historiennes et au langage historien afin de lever l'implicite disciplinaire et engager un réel processus d'apprentissage.

Chapitre II

LE RAPPORT AU SAVOIR ET À L'HISTOIRE

Le malentendu signalé au chapitre précédant résulte du système d'attentes différenciées des professeurs et des élèves en classe d'histoire, ce que l'on nomme le contrat didactique. Nous avons esquissé ce qui pouvait motiver les attentes des enseignants fortement influencé pas le modèle disciplinaire de l'histoire. Du côté des élèves, nous allons maintenant tenter de montrer en quoi leur rapport à l'histoire peut rendre compte de leurs attentes.

L'histoire, une « discipline scrabble »

À l'occasion d'une enquête menée sur le rapport au savoir des élèves de lycée professionnel, l'équipe de B. Charlot a interrogé un élève qui opposait les *disciplines puzzle*, telles que la comptabilité, la mécanique ou les mathématiques, aux *disciplines scrabble* dont l'histoire était le parangon détesté (Charlot, 1999, p. 308-311). Dans une *discipline puzzle*, les objets de savoir sont des pièces assemblées de manière logique, selon un dessin d'ensemble ou selon leur forme. Cette discipline n'est pas purement langagière car elle dispose d'un référent concret dans le monde réel. L'élève peut retrouver la logique d'une situation concrète de manipulation des objets. Par exemple, en cours de mécanique, on apprend le nom et la fonction des pièces et ensuite, devant la machine, on applique ce savoir en situation en montant ou en démontant ces pièces.

Une *discipline scrabble* est en revanche fermée sur elle-même et sur le langage, sans référent extérieur dans le monde concret. Elle nomme et commente le monde avec des mots qu'il convient d'assembler selon une logique strictement langagière, en fonction d'un code spécifique qui échappe aux élèves peu au fait des implicites disciplinaires. Les élèves sont totalement dépendants de la parole magistrale puisque, en cours d'histoire, selon les enquêtés, le professeur parle tout le temps et les élèves écrivent pour tenter de tout mémoriser. La mémorisation est essentielle puisque rien d'autre ne permet à l'élève de retrouver la logique de la discipline : il faut tout apprendre puisqu'il n'y a rien à comprendre. Nous retrouvons ici la conception partagée par de nombreux élèves en difficulté au collège et au lycée : l'histoire est une discipline qui suppose d'apprendre par cœur des faits et des dates pour les restituer lors des évaluations, en toute méconnaissance des enjeux et des démarches intellectuelles qui sous-tendent les écrits attendus en histoire. Une recherche de l'INRP avait également montré la méconnaissance par les lycéens des opérations requises pour l'exercice canonique de la dissertation au baccalauréat. Dans les entretiens d'explicitation, les élèves mentionnaient uniquement un « modèle méthodologique » réduit à une coquille vide dépourvue de tout sens et constituée uniquement de la succession d'une introduction, d'un développement – si possible en trois parties – et d'une conclusion (Solonel, 1998).

Nous rencontrons là un obstacle de taille à l'apprentissage de l'histoire. Si l'histoire « c'est des dates à apprendre par cœur », alors l'esprit critique, la problématisation et l'argumentation ne seront jamais maîtrisés par les élèves. Pour réussir en histoire, il est en effet nécessaire d'entretenir un rapport pertinent à la discipline, d'en comprendre les enjeux, les implicites et les attendus. Nous rencontrons ici la question du rapport au langage et au savoir historiques qui a été déjà largement étudié dans le domaine des sciences de l'éducation et de la didactique de l'histoire.

La complexité du rapport à l'histoire

Un rapport au savoir différencié et différenciateur

Pour étudier les différents types de rapports au langage et au savoir historique, nous utilisons les catégories de l'équipe ESCOL en les adaptant (Charlot, Bautier et Rochex, 1992, p. 100-103 et p. 176-183; Bautier et Rochex, 1998, p. 33-44; Charlot, 1997, p. 80-88).

Ces catégories furent bâties à partir de « bilans de savoir » très généraux proposés aux élèves à partir de la réflexion suivante : « Depuis que je suis né, j'ai appris, dans ma famille, avec mes amis, à l'école... » Dans un cadre disciplinaire, il est possible de transformer ces bilans de savoir en écrits réflexifs plus modestes portant sur un savoir disciplinaire en cours d'acquisition (« En faisant... j'ai appris *que*... ») ou sur une compétence (« En faisant... j'ai appris *à*... ») afin de développer chez les élèves un rapport différent à la situation d'apprentissage dans la discipline. On fait alors prendre conscience aux élèves de ce qu'ils ont appris par un travail d'écriture qui favorise la réflexivité (Briffard, 1995).

Les écrits cités ici furent réalisés par des élèves de classe de première économie et social (ES), mais nous en citerons à l'occasion d'autres chapitres qui ont été réalisés par des élèves de classe de seconde et de sixième. À l'issue du cours sur l'industrialisation de l'Europe, dont une partie avait été abordée par le biais d'une étude de cas sur l'industrie automobile, la consigne proposée pour cet écrit réflexif était la suivante : « *En étudiant industrialisation de l'Europe et la modernisation de l'industrie automobile, j'ai appris à...* ». La consigne supposait une verbalisation des compétences mobilisées (« j'ai appris *à*...), à savoir les démarches de la conceptualisation et de l'explication, afin de mettre en place des habitudes de travail dans la classe. Nous avons sélectionné ici des écrits exemplaires des rapports repérables au savoir historique.

L'équipe ESCOL montre que le rapport au savoir résulte d'une pluralité de processus cognitifs, langagiers et identitaires qui expliquent les difficultés d'apprentissage de certains élèves. Elle distingue deux types de rapport au savoir non exclusifs l'un de l'autre, le rapport *identitaire* et le rapport *épistémique* au savoir. Le rapport épistémique (qui a rapport au savoir), tout d'abord, se définit par le sens que l'élève attribue à la situation d'apprentissage. On en distingue trois configurations. Les élèves en réussite se situent pour leur part dans un rapport *d'objectivation* du savoir, bien illustré par l'écrit de Mélanie :

Écrit de Mélanie :
« J'ai appris…
– à remplir un tableau avec des informations provenant de tous les documents ;
– à caractériser une période de croissance, de crise ;
– à faire une synthèse à partir de différentes informations relevées ;
– que le travail en groupe ne marche pas vraiment ou uniquement avec des personnes qui travaillent. »

Pour cette élève, l'apprentissage vise l'appropriation de savoirs clairement identifiés et nommés dans l'ordre chronologique mais aussi dans l'ordre logique des opérations menées lors de l'exercice (prélever des informations dans les documents puis les confronter : « remplir un tableau », « caractériser », « faire une synthèse »). Ces opérations permettent ensuite de désigner, de mettre à distance et d'objectiver les savoirs ainsi abordés (« croissance », « crise »). Pour Mélanie, les enseignants ont pour tâche de lui transmettre les savoirs dont ils sont les dépositaires et la classe est un espace où l'on travaille dans une perspective d'appropriation du savoir, comme le signale sa dernière remarque.

Les élèves peuvent également se situer moins dans un rapport au savoir que dans un rapport à l'activité elle-même. L'élève se conçoit comme un sujet totalement imbriqué dans la situation d'apprentissage dont les caractéristiques masquent les enjeux d'apprentissage et empêchent l'identification du savoir en question. Certes, des apprentissages ne peuvent se concevoir hors de la situation elle-même et, par exemple, on apprend « à nager », on n'apprend pas « la natation ». En revanche, on n'apprend pas « les » mathématiques ou « l'histoire », on apprend le théorème de Pythagore ou la monarchie absolue. Ce rapport *d'imbrication* à la situation d'apprentissage transparaît dans l'écrit de Sonia, une élève en très grande difficulté :

Écrit de Sonia :
« J'ai appris à faire une synthèse, de travailler en groupe, et de faire mon cours toute seule avec l'aide du professeur, à partir de documents photocopiés ou de documents dans le livre. »

Cet écrit décrit des tâches (« faire une synthèse », « faire mon cours ») sans contenu en terme de savoirs ou de compétences. La distinction entre documents « photocopiés » ou « dans le livre » signale une confusion dans le statut des documents de l'histoire scolaire car ce n'est pas le support matériel qui permet d'établir une distinction pertinente des différents types de documents. L'opacité des attendus de la discipline, mais aussi de l'école, est totale.

Enfin, dans la dernière configuration du rapport épistémique au savoir, apprendre peut être perçu comme la capacité à maîtriser et à réguler une relation interpersonnelle (de soi à soi, de soi aux autres) pour trouver sa place dans le monde social. Ce rapport caractérise des élèves pour lesquels les savoirs existent mais présentent moins d'intérêt pour eux-mêmes que pour comprendre le monde dans lequel ils évoluent, pour réguler leur relation au monde. Dans la classe, il s'agirait moins de maîtriser des savoirs et des compétences que de maîtriser la relation avec ses camarades et le professeur. Les élèves concernés aiment une discipline non pour elle-même mais parce qu'ils aiment bien le professeur ou parce que le professeur « explique bien ». Avec ce type de rapport au savoir, les élèves se constituent en sujets affectifs et relationnels. L'écrit provocateur de Sandra – qui n'est pourtant pas du tout une élève en échec – résume bien ce type de rapport de *régulation* au savoir :

> Écrit de Sandra :
> « J'ai appris… à rédiger une synthèse sous la pression d'un prof trop exigeant.
> J'ai appris que le travaille à la chaîne et le fordisme c'est efficace mais pour les ouvriers c'est insupportable.
> J'ai appris que Citroën aurait pu s'en mettre plein les poches et mourir multimilliardaire si il n'avait pas réinvestie tous ces bénéfices dans la modernisation et qu'il a fait grâce à la 7 CV une voiture à bas prix que les classes moyennes peuvent se procurer.
> J'ai appris à relever des choses importantes sur des documents et à les réutiliser dans ma synthèse. C'est tout ! »

Seules la première et la dernière proposition correspondent à la consigne (« j'ai appris *à*… »). Elles renvoient au relevé d'informations dans des documents et à la production d'une synthèse qui constituent effectivement l'essentiel du travail sur les documents en histoire, comme nous l'avons vu plus haut avec Mélanie. En revanche, ces deux propositions contiennent chacune une adresse provocatrice, manière peu courante de régulation de la relation avec l'enseignant ! Ce rapport au savoir trouve son prolongement dans les propositions centrales de cet écrit où les compétences sont ignorées. Seuls des savoirs factuels sont évoqués (« j'ai appris *que*… »). Les objets de savoir sont moins évoqués pour eux-mêmes que pour le commentaire qui énonce des jugements de valeur sur la vie sociale (« c'est efficace », « c'est insupportable », « s'en mettre plein les poches »). Cependant, la dernière proposition sur les démarches signale une relative proximité avec le texte de Mélanie : une élève peut se situer dans un type de rapport au savoir sans exclure nécessairement certaines caractéristiques d'un autre type de rapport au savoir. Au total, ces différents processus, liés à la différenciation scolaire, indiquent une orientation possible de la réflexion didactique.

Parallèlement au rapport épistémique à la situation d'apprentissage, se constitue également un rapport *identitaire* au savoir car tout rapport au savoir met en jeu un rapport à soi : apprendre fait sens par rapport à sa vie personnelle, à sa relation à l'école, à son passé, à son attente, à son devenir et à la vie que l'on veut mener.

Certains élèves considèrent qu'il faut bien se comporter à l'école, écouter le professeur, apprendre ses leçons afin de passer dans la classe supérieure, en vertu d'une logique du *cheminement*, de classe en classe, pour aller le plus loin possible afin de décrocher un bon métier. Ils croient pouvoir accéder à la classe supérieure non parce qu'ils ont acquis les savoirs nécessaires, mais parce qu'ils se sont bien comportés et qu'ils « méritent » de « passer ». Bien souvent, les élèves concernés harcèlent leurs professeurs quand approchent les conseils de classe du troisième trimestre car ils veulent savoir si ces derniers les laisseront « passer ». Dans leur logique, le passage dans la classe supérieure ne dépend pas de leurs résultats scolaires mais du bon vouloir des professeurs qui serait déterminé d'abord par l'appréciation de leur comportement en classe.

S. Bonnery (2003) a suivi une cohorte d'élèves de CM2 en sixième pour décrire cette logique qui produit des élèves « décrocheurs » au collège. Si certains d'entre eux cherchent à « donner le change », à faire semblant de travailler, d'autres tentent de se conformer aux exigences scolaires sans en maîtriser les attendus. Par exemple, en classe de sixième, en géographie, les élèves avaient travaillé avec leur professeur à l'élaboration de la carte physique d'un pays. Comme les élèves étaient prévenus que l'évaluation lors de la séance suivante consisterait à « faire *une* carte », Amidou s'était efforcé d'apprendre par cœur *la* carte construite en classe, à en mémoriser le tracé des fleuves et les différents reliefs. Bien entendu, un fond de carte d'un autre pays servit de support à l'évaluation et Amidou en conçut un fort sentiment d'injustice. Pour l'enseignant, le travail sur *une* carte devait initier les élèves aux exigences décontextualisées et transposables de la cartographie en général. L'accumulation de « malentendus socio-cognitifs » de ce type conduisit au décrochage scolaire ultérieur de cet élève.

En revanche, les élèves en réussite se situent dans une logique *d'apprentissage*. Ils travaillent pour apprendre, parce que c'est intéressant en soi. Les exercices scolaires leur offrent l'occasion d'une réelle activité intellectuelle de construction d'objets de savoir. En identifiant et en objectivant le savoir placé en extériorité par rapport à eux-mêmes et à la situation d'apprentissage, ces élèves se construisent eux-mêmes comme sujets. Ils peuvent tenir un discours sur ces objets hors du contexte précis de l'apprentissage et les transférer éventuellement à d'autres situations d'apprentissage.

Ces remarques peuvent être résumées en deux phrases prononcées par les parents lorsqu'ils prennent congé de leur jeune enfant devant l'école, le matin. Les uns disent à leur enfant : « Sois sage, écoute bien la maîtresse ! » Les autres : « Travaille bien ! »

Diverses modalités du rapport à l'histoire

Par rapport à ce qui précède, la question du rapport à l'histoire reste spécifique. Il nous faut donc adapter ces propositions énoncées ci-dessus aux préoccupations de notre discipline. Pour l'analyse, nous nous appuyons sur les écrits produits par un élève en classe de seconde, Rachid, dans le cadre du chapitre sur « Naissance et diffusion du christianisme » en 1998. Ce travail a été réalisé sur deux heures de cours. Précisons que ce travail fut imaginé initialement pour des élèves de sixième[1].

Ce travail trouvait sa source dans la volonté de faire travailler leur rapport à l'écrit à des élèves de sixième comme de seconde. Bien souvent, les élèves en difficulté considèrent qu'il suffit de produire un texte court, même s'il est lacunaire, pour s'acquitter de leur tâche en histoire. Ils croient devoir fournir au professeur la preuve qu'ils ont appris leur leçon car ils ne perçoivent pas l'écriture comme un outil d'élaboration et de construction du savoir. L'objectif initial était de leur montrer qu'un texte développé par leurs soins était plus riche et plus compréhensible qu'un texte court et allusif, et que l'on pouvait toujours améliorer son texte par des réécritures successives. Mais très vite, comme nous allons le voir, le travail d'écriture a mis en branle des mécanismes sous-jacents bien plus complexes.

Dans un premier temps, on a proposé aux élèves de travailler sur le petit texte de l'historien juif romanisé Flavius Josèphe évoquant brièvement l'existence de Jésus. Cet extrait, présent dans un grand nombre de manuels scolaires, semble en réalité être un faux inséré dans le texte original par un moine copiste du Moyen Âge qui avait cherché de la sorte à prouver la réalité historique de la vie de Jésus. Voici le texte en question :

> « *À cette époque*, vivait un sage nommé *Jésus*. Sa *conduite* était bonne et il était *renommé* pour sa vertu. Nombreux furent ceux qui, parmi les Juifs et les autres nations, devinrent ses *disciples*. *Pilate le condamna à être crucifié* et à mourir. Mais ceux qui étaient devenus ses disciples ne cessèrent pas de suivre son *enseignement*. Ils rapportèrent qu'il leur était apparu

1. Cette séquence a été initiée et mise au point par Loïc Doléans en classe de sixième.

trois jours après sa crucifixion et qu'il était *vivant*; par conséquent, il était peut-être le *Messie*, celui dont les *prophètes* ont raconté tant de merveilles. »
Flavius Josèphe (37-100 ap. J.-C.), *Antiquités judaïques*, XVIII, p. 63-64.

Les élèves furent invités à repérer dans le texte les expressions trop allusives qu'il fallait développer pour rendre le texte plus explicite et plus clair (en italique dans le texte). Ils ont ensuite cherché des informations supplémentaires dans le manuel afin de réécrire le texte de Flavius Josèphe enrichi de ces informations nouvelles. Rachid a rédigé le texte suivant :

Premier écrit de Rachid :
« À cette époque, de 5 ou 6 ans avant J.C. à 30 après J.C., vivait un sage nommé Jésus. Cet homme, messie des chrétiens est née à Bethléem de Marie et de Joseph est descendant de David. Il est donc d'origine juive. Sa conduite était bonne et il était renommé pour sa vertu. Nombreux furent ceux qui, parmi les Juifs et les autres nations devinrent ses 12 disciples qui ont tout abandonné pour le suivre, comme les Athéniens et les romains. Pilate, gouverneur romain, accusa Jésus d'avoir troubler l'ordre public, le condamna et le tua à être crucifié c'est-à-dire cloué sur une croix en bois par le gouverneur et à être mort. Mais ceux qui étaient devenus ses disciples ne cessèrent de suivre l'enseignement, le nouveau testament ou les évangiles, de Jésus. Ils rapportèrent qu'il leur était apparu trois jours après sa crucifixion qui est le jour de dimanche de Pâques et d'après le récit des disciples est resté sur terre 40 jours pour monter ensuite au ciel (Ascension) et dirent qu'il était vivant et donc resucité; par conséquent, il était peut-être le Messie qui est le sauveur annoncé par les prophètes qui vient du mot grec Christos (Christ) et qui est celui donc les prophètes ont raconté tant de merveilles. »

Les élèves de classe de sixième avaient écrit des textes certes moins riches en contenu mais peu différents au final.

Le texte de Rachid est constitué d'un collage d'extraits du texte de Flavius Josèphe et d'extraits du manuel, les uns écrits au passé, les autres au présent de l'indicatif. Mais surtout, les faits reconnus comme historiques par les historiens et les éléments du dogme chrétiens sont placés sur le même plan, même si quelques modalisateurs (« ils rapportèrent que », « il était peut-être ») montrent une prise de distance. Paradoxalement, la plupart des textes produits par les élèves de la classe, majoritairement de confession musulmane, relevaient ainsi du catéchisme. Nous retrouvons un rapport à un langage comme moyen de communication, mais pas d'expression de points de vue. Sur le plan du rapport au savoir, ce texte révèle un rapport épistémique d'imbrication à la situation d'apprentissage consistant en l'effectuation, sans prise de distance, d'une tâche dénuée de sens et vide de contenus de savoirs.

La seconde séance a débuté par un dialogue sur le problème posé par ce type de texte. Le professeur a indiqué aux élèves les éléments reconnus comme historiques : on sait que, au début du premier siècle, sous le règne de Tibère, un homme nommé Jésus a été condamné à la crucifixion par Ponce Pilate pour trouble à l'ordre public. La notion de point de vue a également été abordée autour de la personne de Jésus, considéré comme un simple individu par les juifs, comme le Messie par les chrétiens et comme un prophète pour les musulmans. Des nouvelles consignes de réécriture ont alors été données aux élèves : ils devaient signaler dans leur texte la distinction entre le dogme et ce qui relève des faits historiques. Rachid et ses voisins ont réécrit leur texte avec une célérité qui alerta le professeur :

Deuxième écrit de Rachid :
« D'après le récit des historiens, l'époque où vivait un homme nommé Jésus qui était donc d'origine juive car il habitait Israël Jérusalem est 5 ou 6 avant J.C. à 30 après J.C. Malheureusement, il fut condamné, d'après les évangiles pour avoir troublé l'ordre public, à être crucifié par le gouverneur romain de cette époque Ponce Pilate. Le nouveau testament, écrit par ses disciples soit disant raconte qu'il fut peut-être rescucité et donc le Messie des Chrétiens. Il est écrit aussi qu'il fut le descendant de David et enfant de Marie et de Joseph. »

Ce texte est beaucoup plus court et lacunaire que le précédent. Le groupe d'élèves auquel appartenait Rachid a expliqué au professeur qu'ils avaient exclu les éléments du dogme chrétien car ils ne voulaient pas écrire des « choses fausses ». Ce texte reprend effectivement l'essentiel des faits de la vie de Jésus considérés comme historiques. De fait, le rapport au langage se trouve ici agrémenté de sa dimension identitaire et emblématique (Bautier et Rochex, 1998, p. 162-168). Dans la mesure où, pour certains élèves, le langage est transparent au réel et sert à communiquer, il dénote également l'identité de celui qui parle. Le langage sert à l'expression de soi mais pas à la construction de la pensée. Par un processus d'identification de soi aux mots et la manière de parler ou d'écrire, on est ce que l'on dit et ce que l'on écrit. Un jeune musulman ne devrait donc rien écrire sur le dogme chrétien au risque de perdre son identité. Loin d'être anecdotique, cette posture se rencontre très fréquemment chez les élèves en difficulté scolaire, sans parler des élèves intégristes des diverses religions qui refusent d'écrire en classe sur les religions des autres. Ce rapport identitaire au langage rend également compte des réactions parfois violentes des élèves qui s'estiment personnellement mis en cause par l'enseignant qui a attribué une mauvaise note à leur copie, comme si la mauvaise note portait directement un jugement sur l'élève lui-même. De même, ce rapport identitaire au langage explique l'attitude de certains élèves en grande difficulté qui préfèrent rendre une copie blanche lors d'une évaluation : mieux vaut passer pour un rebelle, pour un élève qui n'a pas travaillé et prendre le risque de se voir gratifier d'un zéro plutôt que d'obtenir une note médiocre et de prendre le risque de passer, en raison d'une écriture défaillante, pour un individu lui-même défaillant.

Modalisation et expression de soi

Une brève discussion avec ces élèves a pourtant suffi pour leur faire prendre conscience qu'ils disposaient d'outils pour montrer qu'ils n'adhéraient pas nécessairement à ce qu'ils écrivaient, ce que l'on appelle les *modalisateurs* en cours de français. Rachid en avait utilisé quelques-uns (« D'après », « soit disant », « peut-être », « il est écrit que ») dans son texte car il avait commencé à distinguer le point de vue de l'historien et le point de vue du dogme, sans y parvenir totalement puisque son écrit est tout entier rédigé au passé simple, le temps du récit « objectif », et jamais au conditionnel. Fort de ce constat, Rachid et ses camarades ont réécrit une seconde fois leur texte. Malgré ses imperfections, le dernier texte de Rachid est riche d'enseignements :

Troisième texte de Rachid :
« *D'après le récit des historiens*, l'époque où vivait un homme nommé Jésus qui était donc d'origine juive, car il habitait Jérusalem est 5 ou 6 avant J.C. et 30 après J.C. *Dans les évan-*

> *giles, il est écrit* qu'il fut le descendant du roi David et enfant de Marie et de Joseph. *On disait* aussi que sa conduite était bonne et il était renommé pour sa vertu. *Les Chrétiens ont raconté que* ses 12 disciples qui, parmi eux, furent les Juifs et les autres nations comme les Athéniens et les Romains, ont tout abandonné pour le suivre et en même temps pour le représenter. Ponce Pilate le gouverneur romain est celui qui accusa Jésus, *d'après* ~~le nouveau testament~~ *les historiens*, pour avoir troubler l'ordre public, fut crucifié mort. *Le nouveau testament affirme que* ceux qui étaient devenus ses disciples, qu'ils ne cessèrent de suivre son enseignement. Ils confirmèrent leur suivie *en racontant que* Jésus apparut trois jours après sa crucification. *Pour nous*, cela veut dire le dimanche de Pâques et *d'après le récit des disciples*, il est resté sur terre 40 jours pour monter ensuite au ciel qui représente *pour les historiens* l'Ascension et ses disciples dirent qu'il était vivant, qui est impossible *pour nous*. Par conséquent, les serviteurs de Jésus *aurait pu* conter dans le nouveau testament qu'il pouvait être le messie et qui était celui dont les prophètes ont raconté tant de merveilles. »

Par l'usage appuyé et maladroit des modalisateurs (en italique dans le texte), Rachid expose deux points de vue différents dans le même texte. Il a abandonné un langage pour communiquer, identitaire et transparent au réel et nous montre ainsi que la posture des élèves n'est jamais figée et que des travaux en classe sont toujours susceptibles de les engager dans un usage du langage pour construire du savoir. Mais ce texte montre également que le passage par l'écrit provoque des bouleversements plus profonds encore lorsque le langage est utilisé à des fins d'élaboration du savoir.

À la fin du texte, Rachid intervient directement dans son écrit avec deux « nous » (en gras dans le texte). Le premier « nous » met à distance l'objet de savoir dont il est question afin de le commenter. Il désigne vraisemblablement la communauté de ceux qui vivent en France aujourd'hui et pour qui le dimanche de Pâques est inscrit dans le calendrier, sans compter le lundi de Pâques qui est férié. Ce « nous » présente une dimension universalisante. En revanche, le second « nous » renvoie vraisemblablement non pas à un sujet rationaliste mais – d'autres écrits de Rachid le donnent à penser – à l'identité religieuse de Rachid qui ne peut prêter foi à la résurrection du Christ. Cette double intervention de Rachid dans son texte est significative de ce qui se joue quand un élève s'empare du langage à des fins d'élaboration cognitive. Dans ce cas, l'élève ne peut rester extérieur à ce qu'il écrit, la question de sa posture se pose nécessairement et signale l'entrée dans un processus d'apprentissage.

En effet, la question du rapport identitaire au langage surgit au terme de ce processus d'écriture, mais en des termes renouvelés. Derrière ces deux « nous », se joue la question du « moi » et du « je » qui signale *l'institution du sujet,* ce processus par lequel l'élève se construit et se manifeste dans son écrit comme l'auteur de son texte et le sujet de son apprentissage (Bautier et Rochex, 1998, p. 43 et p. 136-140). Dans d'autres disciplines, telles que le français ou la philosophie, les élèves en difficulté utilisent le langage pour communiquer et produisent des textes où s'exprime un « moi-je », identitaire, autocentré, imbriqué dans leur expérience personnelle et quotidienne. Ces élèves se situent dans le registre de l'opinion, des jugements de valeurs et de l'expression des sentiments, à l'aune desquels ils portent des jugements tranchés sur le monde, sans mise à distance (« j'aime/je n'aime pas », « je veux/je ne veux pas », etc.). Le second « nous » du texte de Rachid relève de l'écriture du « moi-je ». En revanche, le premier « nous » renvoie plutôt à une construction du « je » de l'apprentissage et de l'écriture, celui du sujet épistémique décentré qui mobilise des objets de savoir pour les commenter et pour construire sa propre réflexion. Il semble que la consigne d'écriture exigeant la production d'un texte où figureraient deux points de vue différents ait conduit Rachid à se construire au moins en partie comme sujet et auteur de son texte. Le travail sur le point de vue a produit un réel processus d'écriture dans lequel celui qui écrit est toujours conduit à se demander qui il est pour écrire ce qu'il écrit. La coexistence d'un « *nous* » renvoyant à un « moi-je » et d'un « *nous* » renvoyant à un « je » montre que Rachid se situe dans un processus (toujours ?) inachevé.

Toutefois, ces écrits montrent que la question du rapport au langage est inséparable de celle du rapport au savoir. La construction du sujet épistémique et décentré que nous décelons à travers certains indices langagiers, est intrinsèquement liée à la construction d'un autre rapport au savoir. Alors que le premier texte de Rachid, résultant d'un rapport à un langage transparent, dénotait un rapport fait d'imbrication à la situation d'apprentissage, le dernier texte, signalant un tout autre rapport au langage, révèle l'émergence d'un processus d'objectivation par lequel l'élève émet des jugements subjectifs pour donner finalement du sens à un objet de savoir mis à distance et objectivé.

L'exigence d'écriture et de réécriture selon des règles strictes a construit/fait émerger la complexité sous-jacente du rapport de cet élève au langage mais également au savoir historique qui n'apparaissait pas du tout dans le premier texte. Pourtant, le cas de Rachid est loin d'être exceptionnel. Par le jugement porté sur les faits qui lui sont soumis, il révèle la nature du rapport intime et identitaire que la plupart des élèves entretiennent à l'histoire.

Rapport intime et rapport externe à l'histoire

Tout en se démarquant nettement des caractéristiques du rapport identitaire au savoir mis en évidence par l'équipe ESCOL, le rapport identitaire à l'histoire permet – ou non – de se situer individuellement et collectivement dans le monde et de se sentir partie prenante de l'histoire de l'humanité. En conséquence, à l'instar du rapport au langage, il recouvre également la posture de construction du « je » en histoire sans lequel il n'est pas de construction du savoir historique.

N. Lautier a montré que 70 à 80 % des adolescents en France considèrent l'histoire, dont la valeur institutionnelle est faible à l'école, comme une discipline intéressante, pas comme les autres, car elle possède des fonctions d'identification et de socialisation (Lautier, 1997a, p. 55-59). Ces élèves, qui entretiennent ce *rapport interne, intime et privé* à l'histoire, considèrent qu'elle permet de se situer par rapport aux autres et de situer les autres par rapport à soi dans le présent comme dans le passé, tout en constituant un moyen d'échange et de communication car elle fournit des arguments pour penser le monde actuel et la vie en général. L'histoire est perçue comme un discours sur les origines et la filiation, à la fois individuelles et collectives. Paradoxalement, la fonction civique de l'histoire joue assez peu dans la constitution de ce rapport privilégié à l'histoire. Il reste toutefois que près de 20 à 30 % d'adolescents entretiennent un *rapport externe* à l'histoire : elle est une matière scolaire parmi d'autres, voire même une discipline inutile décrivant des faits appartenant à un passé révolu, situé avant leur naissance et sans intérêt. Ces élèves indifférents à l'histoire ne se distinguent ni sur le plan du genre ou de l'âge, ni des résultats scolaires, ni de leur origine sociale comme le montre également une enquête genevoise (Haeberli et Hammer, 2003). Ils récusent simplement la fonction existentielle de l'histoire. De façon convergente, une enquête européenne établit, sur la base d'une méthodologie pourtant différente, une répartition équivalente parmi les lycéens français (Tutiaux-Guillon et Mousseau, 1998b).

Pour réussir en histoire, il est évidemment préférable d'entretenir un rapport identitaire, intime à l'histoire qui suppose une pleine implication de soi pour se rapprocher subjectivement des hommes du passé. Mais ce rapport intime suppose conjointement une capacité de décentration de soi et de mise à distance de la situation d'apprentissage, pour construire un rapport pertinent au savoir. Il convient également de mettre à distance les autres, les hommes du passé qui constituent l'objet de savoir de la discipline, pour pouvoir se situer par rapport à eux. Comme Rachid nous l'a montré, la démarche historienne est faite d'identification sur le plan du rapport identitaire au savoir, et de mise à distance sur le plan du rapport épistémique. Cette complémentarité apparemment paradoxale caractérise l'histoire scolaire et irriguera l'ensemble de cet ouvrage.

Cette décentration pose une double question identitaire à l'élève qui écrit en histoire : qui est-il en tant qu'individu constituant un maillon de la chaîne de l'humanité et héritier des hommes dont il décrit des agissements ? Qui est-il en tant que sujet auteur d'un texte organisant ce savoir historique afin de l'objectiver ? On pourrait considérer ce questionnement comme superflu pour rédiger quelques lignes en histoire. Dans les grandes classes, il est pourtant incontournable pour que les élèves s'autorisent à produire une argumentation ou un récit.

Un rapport nécessairement identitaire à l'histoire

Se construire dans l'Histoire

Le texte d'Aude, élève de terminale, montre en quoi le positionnement par rapport aux hommes du passé et l'élaboration du « je » comme sujet auteur de son texte est d'ordre proprement existentiel.

Ce texte peut être lu en parallèle à celui d'Ahmed, qui sera analysé dans le chapitre suivant, puisqu'il est extrait du même lot de copies portant sur la Résistance et la collaboration en France durant la Seconde Guerre mondiale. Cette copie montre comment l'élève s'institue comme un sujet auteur d'une argumentation, porteur d'une réflexion sur un problème historique majeur et comme sujet se construisant par là même en tant qu'individu situé dans le temps. La consigne à l'origine de ce texte n'obéit pas à des règles canoniques, elle résulte des tâtonnements de l'auteur de ces lignes au commencement de ses recherches sur l'argumentation en histoire : « À partir des discours de de Gaulle (18 juin 1940) et de Pétain (20 juin), construisez votre argumentation sur les causes de la défaite française et sur ce qu'il conviendrait de faire ensuite. »

> Texte d'Aude :
> « En juin 1940, le peuple français vit une défaite inattendu et doit alors choisir entre suivre le choix du gouvernement, c'est-à-dire de suivre les idées du Maréchal Pétain, ou bien de résister comme le voudrait le général De Gaulle exilé en Angleterre. Mais, la difficulté vient quand il faut savoir le choix entre ses besoins et devoirs immédiat et nos espoirs pour le futur. Certes *un jeune* sans responsabilité peut, si il s'en sent le courage, résister, mais *une*

femme qui devrait travailler parce que son mari est parti à la guerre et qui doit élevée seule un, deux, trois, quatre ou plus enfants, elle n'a pas réellement le choix car son premier devoir en tant que mère est de subvenir aux besoins de ses enfants avant tout. Néanmoins, ne pas pouvoir résister pour plusieurs raisons et collaborer sont deux choses différentes. *Une personne* peut ne pas pouvoir résister car elle doit penser à survivre tout d'abord, mais elle peut ne pas vouloir collaborer pour autant Et sans faire réellement parti de la résistance, *on* peut quand même les aider. Après tout, si la France a perdue c'est certainement à cause de l'incompétence des généraux français comme le sous-entend De Gaulle. Car cela fait deux fois que les allemands empruntent cette tactique (qui est de passé par la Belgique). Alors la France peut gagner, tout d'abord si tous les jeunes garçons ou filles résistent et si tous les autres résistent ou bien qu'ils aident les résistants, avec l'aide de l'Angleterre, l'empire colonial et les États-Unis, la France peut gagner. »

Aude se projette en juin 1940 pour se demander si, dans cette situation, elle aurait résisté. Elle pose au début de son texte l'alternative classique (« suivre les idées du maréchal Pétain » vs « résister comme le voudrait le général de Gaulle »).

Nous allons voir que ce qui offre du sens pour elle, ce n'est pas l'exercice scolaire demandé par le professeur, mais c'est la situation précise où l'histoire se présente à elle avec ses fonctions d'identification par la manifestation d'un puissant rapport interne à l'histoire.

Aude profite de l'exercice scolaire pour s'interroger sur la question de l'engagement si importante au moment de l'entrée dans l'âge adulte. Elle nous montre que l'exercice d'histoire scolaire contribue fortement à une décentration qui l'invite à « sortir d'elle-même » pour questionner le rapport qu'elle peut entretenir avec les hommes du passé et pour se penser dans l'histoire humaine. Cette décentration progressive se manifeste par des expressions qui signalent le passage du singulier au général et contribuant à l'institution du sujet : « un jeune », « une femme », « une personne », « on » (en italique dans le texte) (Bautier et Rochex, 1998, p. 145-157). Aude organise son texte à partir d'un questionnement sur soi et d'un point de vue personnel qui acquièrent progressivement une valeur universelle. La question du point de vue conduit Aude à occuper une place à partir de laquelle elle peut écrire. Elle adopte une posture d'écriture qui est celle d'un « sujet-auteur », posture évidemment la plus adéquate par rapport aux travaux d'écriture demandés à l'école. Essayons d'en comprendre le détail.

Ce texte est un long dialogue tenu avec soi-même, une réflexion argumentée sur l'engagement qui débute par « Mais la difficulté... ». Bien entendu, Aude refuse de se ranger du côté de Pétain et son cœur penche plutôt vers la Résistance (« nos espoirs pour le futur »). Une fois cela affirmé, elle balaye les différentes possibilités qui s'offraient à l'époque. Elle commence par le cas d'un « jeune sans responsabilité » auquel elle ne s'identifie pas. Elle passe à la mère de famille dont le mari est parti à la guerre et qui doit, seule, élever ses enfants. L'argumentation tourne autour de cette mère de famille et la fonction du texte d'Aude, en réalité, consiste à se demander si celle-ci aurait pu résister.

Une précision s'impose à ce moment de l'analyse. La semaine précédente, il avait été nécessaire de rappeler à la classe et notamment aux garçons d'origine algérienne – ils faisaient les gorges chaudes du fait que les résistants en France avaient été si peu nombreux (alors qu'en Algérie entre 1954 et 1962...) – que seuls les jeunes gens avaient pu vraiment résister. Les hommes adultes se trouvaient en captivité en Allemagne et les autres cherchaient pour la plupart à survivre. Et le professeur avait raconté l'histoire de sa grand-mère, obligée de travailler dur pendant cinq ans et d'acheter de la nourriture au marché noir pour nourrir ses deux jeunes enfants qui souffraient de sous-alimentation et de malnutrition, alors que son grand-père était prisonnier de guerre en Allemagne. Il semblerait qu'une forme d'identification d'Aude à la grand-mère du professeur – favorisant un rapport privé à l'histoire – ait cristallisé une réflexion sur l'engagement.

Aude poursuit son dialogue avec elle-même en éliminant les raisons qui l'auraient empêchée de résister. Le devoir de cette mère était certes de subvenir aux besoins de ses enfants. Mais ensuite, Aude aborde le côté politique de la question et, progressivement, construit l'attitude et la philosophie qui pourrait bien être la sienne dans sa vie d'adulte. Son raisonnement est le suivant : il est impossible de collaborer, mais on peut quand même aider un peu la Résistance. En d'autres termes, les idées du maréchal Pétain et de la collaboration sont tellement insoutenables qu'il faut se battre, même un peu, contre elles (« on peut quand même les aider »). Évidemment, Aude ignore que, dans le contexte de l'époque, cela signifie résister pleinement et prendre pleinement des risques. Mais c'est là qu'elle bascule : elle se dit qu'elle sera une femme, une mère, mais que des valeurs encore plus importantes sont au-dessus de son existence individuelle, et que sa dignité de femme et de mère consiste également à se battre contre l'intolérable. À ce moment-là, Aude revient dans la grande Histoire, celle qui met en scène de Gaulle, les Allemands et les Alliés, l'Angleterre, les États-Unis et la France. Son questionnement identitaire s'enrichit alors d'une forme de mise à distance pour trouver alors la réponse au questionnement qui l'animait depuis le départ : dans la dernière phrase, elle construit une communauté des résistants dans laquelle, bien entendu, elle se place en évoquant ceux qui pourraient aider les résistants : « si tous les jeunes garçons et filles résistent et si tous les autres résistent ou bien qu'ils aident les résistants ». Elle rejoint alors le texte de l'appel du 18 juin étudié en classe (« alors la France peut gagner… ») et qui fait désormais sens pour elle. Par la rédaction de son propre texte, elle a réeffectué le cheminement intellectuel et moral de bon nombre de résistants pour donner de la chair et du sens au concept de Résistance. Ce n'est pas un hasard si Aude utilise à ce moment-là et pour la première fois dans son texte le substantif « les résistants » qui personnifie le concept.

Cette copie nous apporte plusieurs enseignements précieux. Le premier introduit la fonction cognitive de l'écriture : par ce dialogue intérieur structurant le propos de l'élève, le langage favorise la construction du savoir et la généralisation, du « moi » individuel autocentré au « je » puis au « on » universel et distancié. Le deuxième enseignement confirme la nécessité de construire un rapport interne à l'histoire pour questionner un problème historique et pour caractériser des concepts historiques. La compréhension historique passe ici par une forme d'identification à certains des hommes (ou des femmes) du passé, identification nécessaire pour comprendre leurs intentions et leurs motivations. Le troisième enseignement en découle : dans certains cas, la démarche de compréhension historique conduit à l'élaboration d'un questionnement identitaire et existentiel. L'histoire, à l'instar des lectures, des conversations, des récits rapportés dans un cadre familial ou amical, offre « un substitut d'expérience » à chacun et nourrit sa construction identitaire (Moniot, 1993, p. 29 ; Prost, 2000, p. 10).

Conscience historique et conscience de soi

Le texte d'Aude illustre donc la nature du rapport interne à l'histoire et montre en quoi un questionnement historique est existentiel. Cette thématique rejoint celle de la *conscience historique* développée par la philosophie herméneutique allemande dont Heidegger, sinistre personnage mais grand philosophe, fut l'un des principaux représentants. Nous suivrons ici les analyses de H.-G. Gadamer (1953) pour approfondir la question de la conscience historique au fondement du rapport intime à l'histoire.

La conscience historique caractérise la pensée de la modernité. Elle est une capacité individuelle et collective à se situer dans le temps par rapport au passé et au futur et à fixer l'historicité du présent par la mise à distance de tout ce qui lui est livré par la tradition, à savoir le passé humain. La conscience historique établit un lien entre le présent de l'historien et le passé dont il reste des traces dans le présent, à partir duquel on reconstruit le passé, puisque les historiens questionnent, étudient et écrivent toujours l'histoire depuis leur présent. Selon ce cadre théorique, le passé serait semblable au texte déchiffré par une opération herméneutique de compréhension. Celle-ci consisterait moins à se mettre directement à la place des hommes du passé pour communiquer avec eux et partager leur expérience, qu'à atteindre l'expérience et l'intention à l'origine de leurs agissements à partir des traces qu'ils en ont laissées. Cette démarche se réalise dans une projection de soi vers le passé, en remontant la chaîne de la tradition qui nous relie au passé. Cette projection est possible dans la mesure où l'historien comme les hommes du passé, sans être identiques, appartiennent à cette tradition, ils sont tous *historiques*. Le sujet connaissant, que Heidegger nomme *l'être-là* (*Dasein*), est tout d'abord un *être-jeté* vers la tradition et le passé, tout comme Aude est tournée vers les jeunes gens de 1940 à l'aide de cette trace du passé qu'est l'appel du 18 juin 1940. Cette démarche n'abolit cependant pas la distance temporelle qui reste essentielle à la mise à distance du passé à des fins d'examen. La méthode scientifique de l'historien se déploie précisément dans cette distance temporelle puisque l'histoire scolaire ou savante est à la fois identification subjective et mise à distance objectivante.

La conscience historique articule le passé au présent mais également au futur car, à l'instar des conclusions que nous tirons de l'interprétation d'un texte, l'existence humaine est toujours tournée vers le futur. *L'être-là*, qui a déjà été dans le passé, est également *projet* vers son *savoir-être* futur car la chaîne de la tradition n'est pas tournée sur elle-même mais vers le futur. En ce sens, la conscience historique est une manière de se penser dans le temps, elle renvoie à une conscience existentielle de soi, remontant la chaîne de la tradition pour y aller voir parce que c'est important pour la vie que je veux me construire pour le futur. Si Aude se tourne vers les jeunes gens de 1940, vers ces futurs résistants, ce n'est pas simplement pour répondre à une consigne scolaire, c'est aussi par rapport à un questionnement éthique sur ce que sera sa vie d'adulte.

En conséquence, la compréhension historique est toujours compréhension existentielle et nous renvoie au rapport identitaire à l'histoire : j'ai besoin d'aller voir du côté de mes ancêtres (c'est-à-dire tous les êtres humains qui ont vécu avant moi) pour savoir qui étaient les hommes du passé qui ont fait ce que je suis aujourd'hui, parce que c'est important pour la vie que je veux mener. Comme il constitue un chaînon dans l'histoire de l'humanité, chaque être humain est un être historique qui trouve sa place dans la société et se construit socialement par un travail d'histoire (Prost, 2000, p. 12). En ce sens, à l'instar de l'histoire savante, l'histoire scolaire est le terrain de la construction de l'identité individuelle mais également de l'identité sociale et civique quand elle est articulée à la mémoire sociale et au questionnement de la société tout entière (Martineau et Provost, 2004).

La conscience historique revêt une importance capitale dans l'apprentissage de l'histoire car elle entretient avec le savoir historique un rapport complexe de construction réciproque (Tutiaux-Guillon, 2003b). La conscience historique s'enrichit du savoir historique tout en rendant possible son appropriation car elle lui attribue sens et valeur, comme Aude et Rachid nous l'ont montré. L'enquête quantitative déjà évoquée et réalisée dans le canton de Genève auprès de 276 élèves âgés de 11 à 16 ans laisse entrevoir de manière plus fine encore la nature de cette conscience historique. Dans un premier temps, les élèves appréhendent spontanément l'histoire en terme de connaissances, par le biais de repères chronologiques et de contenus objectifs (les civilisations, les grandes découvertes, les châteaux forts, etc.). La suite du questionnaire donne pourtant à voir que, pour près de la moitié des élèves, l'histoire favorise l'intelligibilité du monde contemporain et développe ainsi leur capacité à agir sur leur environnement social. Cette *conscience praxéologique* qui, selon les auteurs, implique l'élève en tant que citoyen, signale la conscience d'un apport personnel et non pas collectif de l'histoire. Les élèves rejettent la proposition suivante : « Apprendre l'histoire permet de mieux comprendre la société dans laquelle on vit. » Ils plébiscitent en revanche cette proposition identitaire et individuelle : « Apprendre l'histoire *me* permet de mieux comprendre la société dans laquelle *je* vis. » (Haeberli et Hammer, 2003.)

R. Koselleck, lui-même élève de H.-G. Gadamer, thématisa la conscience historique de l'homme moderne par l'articulation des deux catégories du *champ d'expérience* et de *l'horizon d'attente* (Koselleck, 1979, p. 307-329). Ces catégories sont d'une importance capitale pour l'épistémologie et la didactique de l'histoire. Elles entrecroisent le passé et le futur pour organiser des *régimes d'historicité* par lesquels les sociétés organisent leur rapport au passé, au présent et au futur (Hartog, 2003). Les anciens considéraient le passé comme un modèle indépassable à renouveler constamment. En revanche, les modernes, jusqu'à la chute du mur de Berlin, espéraient un futur toujours différent du passé, orienté par l'idée de progrès. La conscience de l'historicité de notre propre existence est consubstantielle du régime moderne d'historicité qui distingue radicalement le passé du présent.

La catégorie de l'expérience, c'est le passé actualisé dans le présent. Individuelle et aussi collective, elle découle de l'expérience des autres, des hommes du passé, transmise dans divers lieux de socialisation (famille, médias, institutions scolaires et culturelles, etc.). La métaphore spatiale du *champ d'expérience* évoque le rassemblement de la multiplicité des chemins rarement rectilignes, des parcours des expériences qui la constituent. Elle envisage également l'expérience comme une sédimentation qui lui confère une épaisseur et une autre dimension que la seule chronologie : elle est à la fois synchronique et diachronique. La catégorie de l'attente, de son côté, en tant que futur actualisé dans le présent, est également inscrite dans le présent. Elle est tout à la fois espoir et crainte, souhait et volonté, désir et analyse rationnelle pour le futur. La métaphore de *l'horizon d'attente* rappelle que le futur, en dépit de toutes les attentes possibles à son égard, échappe à l'expérience puisque l'horizon est cette ligne qui s'éloigne à mesure que l'on s'en rapproche.

L'immensité de l'horizon suggère également l'éclatement des perspectives. Le futur n'est jamais tracé d'avance, il est gros d'une pluralité de possibles. L'attente et l'expérience sont deux manières distinctes d'être au temps qui imbriquent de manière asymétrique le passé et le futur.

L'articulation du champ d'expérience et de l'horizon d'attente ne relève pas de la causalité linéaire et téléologique, l'un n'engendrant pas l'autre qui le vérifierait. Le passé ne fournit pas d'exemples à dupliquer ou à éviter : il n'y a pas d'enseignement à tirer du passé, pas plus que de « devoir de mémoire » ni de « plus jamais ça » car, une fois approché, l'horizon d'attente approché s'avère toujours différent de ce qui était escompté ou redouté. Certes, l'expérience nourrit nos craintes et « nos espoirs pour le futur », comme l'écrit Aude, mais c'est plutôt leur mise en tension qui engendre le temps historique.

Ces deux catégories permettent d'envisager la façon dont les hommes du passé se pensaient dans le temps, afin d'accéder à la compréhension de leurs agissement et d'appréhender le sens des mots qu'ils utilisaient. À titre d'exemple, l'expérience de l'exécution de Charles Ier nourrissait l'horizon d'attente de Turgot un siècle plus tard quand ce dernier poussa Louis XVI à engager des réformes décisives pour la monarchie. L'expérience de la révolution anglaise passée entretenait chez Turgot l'attente d'un futur qui ne fût pas la Révolution française. Le croisement de ces deux catégories entretient de la sorte une relation temporelle passé/futur entre les deux révolutions et fonde la conscience historique de Turgot (Koselleck, 1979, p. 310).

Ces deux catégories permettent enfin d'envisager la manière dont nous-mêmes nous situons dans le temps quand nous faisons de l'histoire, que nous soyons historiens, enseignants, élèves ou citoyens. Ainsi, le texte rédigé par Aude illustre avec une acuité particulière ces catégories essentielles de l'épistémologie de l'histoire. Mais cet exemple n'est pas isolé et, dans tous les textes cités dans cet ouvrage, les élèves écrivent de l'histoire en s'inscrivant nécessairement dans une conscience historique qui apparaîtra notamment par la mobilisation de leur mémoire sociale pour donner du sens au savoir historique.

Chapitre III

COMMENT LE LANGAGE CONSTRUIT LA PENSÉE EN HISTOIRE

L'analyse des écrits d'élèves dans le chapitre précédent a montré que le processus d'écriture introduit les élèves dans un processus d'élaboration du savoir et de soi. Il nous faut maintenant comprendre en quoi le langage contribue précisément à la construction du savoir. Cette attention portée au langage et aux pratiques langagières spécifiques à notre domaine disciplinaire est désormais largement partagée dans la communauté des didacticiens de l'histoire (Lautier et Allieu-Mary, 2008 ; Le Marec *et al.*, 2009, Doussot, 2011).

Il faut se départir de la représentation commune du langage conçu comme un véhicule neutre et transparent d'une pensée autonome qui trouverait à s'exprimer par le langage. Les enseignants remarquent fréquemment les difficultés des élèves à lire les consignes et à produire des réponses écrites. Certains en rejettent parfois la responsabilité sur les professeurs de français ou bien ils regrettent de devoir « faire du français » en plus de leur propre discipline, comme si l'on pouvait distinguer l'apprentissage du langage de l'apprentissage disciplinaire. Or, comme l'écrivait M. Foucault, les concepts ne se construisent pas dans l'esprit des hommes indépendamment du langage pour s'imposer de l'extérieur au discours, ils se construisent dans et par le discours lui-même (Foucault, 1969, p. 97-98). Oublions donc la trop célèbre maxime de Boileau : « Ce qui se conçoit bien s'énonce clairement, et les mots pour le dire viennent aisément. » Cette sentence concerne le discours achevé sur un objet complètement pensé et ne caractérise pas les modalités de construction du savoir. Dans le processus de construction du savoir, les mots viennent difficilement et rien ne s'énonce clairement. Le langage est épais, multidimensionnel, parfois même opaque, et c'est en cela que le langage (se) construit (avec) le savoir disciplinaire.

Cependant, la prise en compte du langage dans la construction du savoir historique renvoie à de virulentes polémiques, outre-Atlantique principalement. Avant les ouvrages pionniers de P. Veyne (1971) et de M. de Certeau (1975) sur l'écriture de l'histoire, la question du langage semblait secondaire aux yeux des historiens. Ils envisageaient le langage sous l'angle de la communication et de la circulation du savoir entre les historiens ou entre les historiens et leurs lecteurs davantage que sous l'angle de la représentation et de la construction de la réalité (Noiriel, 1996, p. 120-121 ; Noiriel, 2003, p. 69). La prise en compte de la dimension narrative et cognitive de l'écriture de l'histoire renvoie à la question du *Linguistic Turn* dont nous aurons à nous justifier à la fin de ce chapitre.

Maîtrise de la langue ou maîtrise du langage historien ?

Un premier exemple concret illustrera ce préambule. Lors de stages de formation continue d'enseignants d'histoire-géographie, durant un certain nombre d'années, nous avions l'habitude de débuter la formation par un *brain storming* ainsi libellé : « Qu'est-ce qui, selon vous, empêche les élèves de produire les écrits attendus en histoire ? » Ce qui est intéressant, c'est que les collègues fournissaient *toujours* les mêmes réponses inscrites par nous au tableau et sous leur contrôle. Il existe donc un consensus très large dans la profession sur le diagnostic des difficultés des élèves. En outre, ce diagnostic est pertinent car il correspond aux théories de l'apprentissage que nous mobiliserons plus loin : il suffit simplement de poser les mots de la théorie sur leurs réponses. Nous avions l'habitude de les classer en trois colonnes, comme on peut le voir dans ce tableau récapitulatif des réponses de dizaines de professeurs d'histoire-géographie (le titre en dessous de chaque colonne est donné par nous) :

Tableau 2. – *« Qu'est-ce qui, selon vous empêche les élèves de produire les écrits attendus en histoire ? »*

Orthographe fautive Grammaire fautive Consignes mal lues Difficultés à écrire Peur de se tromper Réponses ponctuelles Absence de brouillon Paragraphes trop courts Paragraphes trop longs	Manque de connaissances Connaissances confuses Manque de vocabulaire Vocabulaire mal défini Vocabulaire mal employé Sens des mots pas connu	Simple énumération Texte pas organisé Simple récitation du cours Pas de réponses complexes Pas de lien avec les documents (récitation du cours) Pas de lien avec le cours (paraphrase des documents) Pas de connecteurs Connecteurs inadéquats Pas de liens de causalité
Maîtrise de la langue française	Conceptualisation	Raisonnement
Maîtrise du langage historien		

Ce test sans prétention scientifique montre que les professeurs d'histoire-géographie retrouvent intuitivement les théories de Vygotski qui lient étroitement la pensée et le langage. En effet, l'ancrage disciplinaire très fort qui cimente ces enseignants fait vite tomber les stéréotypes évoqués plus haut et conduit à ne jamais disjoindre le langage, le savoir et la pensée disciplinaires. Les enseignants ne déconnectent pas « la maîtrise de la langue française » des savoirs et des démarches intellectuelles de la discipline, le langage de la pensée. Ce n'est pas parce que les élèves parleraient mal le français qu'ils ne peuvent pas faire de l'histoire – si c'était le cas, quand pourrions-nous commencer à leur enseigner de l'histoire ? – c'est plutôt l'ignorance du sens de certains mots, l'insuffisante maîtrise des démarches disciplinaires et la méconnaissance les usages attendus du langage historien qui empêchent la structuration de leurs écrits. Avec les didacticiens d'autres disciplines, nous partageons la conviction que l'appropriation des savoirs disciplinaires ne peut se réaliser indépendamment de la prise en compte des langages disciplinaires des communautés scientifiques qui les ont élaborés (Jaubert, 2007, p. 70-71).

Ce tableau induit en outre une distinction entre « maîtrise de la langue française » et « maîtrise du langage historien ». Cette distinction constitue l'objet de ce chapitre.

Pensée et langage

Pour comprendre les liens entre la pensée et le langage, nous nous référons aux analyses de Vygotski énoncées dans son ouvrage majeur, *Pensée et langage*, paru en 1934. Ce grand psychologue soviétique et marxiste cherchait à fonder la psychologie sur les bases du matérialisme dialectique, il voulait faire de son ouvrage l'équivalent du *Capital* pour la psychologie. Né en 1896, il est mort d'épuisement et de maladie en 1934 et ses ouvrages furent vite censurés par le pouvoir stalinien. Ils furent redécouverts à la faveur du « dégel » khrouchtchévien, en URSS puis aux États-Unis. En France, depuis une vingtaine d'années, Vygotski est considéré comme un penseur majeur du développement de l'enfant, au même titre que Piaget (Heimberg, 2001). Vygotski est essentiel pour les pédagogues dans la mesure où il montra que l'école contribue largement au développement psychique de l'enfant : ce développement ne s'effectue pas de lui-même, mais par les interactions langagières et sociales avec d'autres élèves et avec l'enseignant. Au constructivisme de Piaget, il substitua le socio-constructivisme : l'apprentissage consiste pour l'enfant à dépasser le stade de ce qu'il sait déjà faire pour aller vers ce qu'il ne sait pas encore faire avec l'aide d'une personne plus experte que lui. Nous reviendrons (chapitre v) sur ce modèle de la *zone de développement potentiel*.

Pour notre part, nous cherchons surtout à comprendre ce que Vygotski apporte dans le domaine de la didactique et de la pédagogie de l'histoire. Intéressons-nous d'abord à la théorie de Vygotski sur les relations entre pensée et langage qui font que le langage contribue à la construction de la pensée et du savoir.

Le point de départ de l'analyse réside dans ce que, selon Vygotski, le langage est principe de mise en ordre de la pensée. Le langage ne s'identifie pas à la pensée, il n'est pas un canal neutre de la pensée, car leurs structures diffèrent totalement. C'est le point le plus important pour comprendre la nature des interactions entre pensée et langage : la pensée constitue un tout, l'acte de pensée, alors que le langage est composé de mots isolés. Le passage de la pensée dans le langage suppose donc la décomposition du tout de l'acte de pensée et sa recomposition dans la pluralité des mots du langage. Le langage contribue ainsi au développement de la pensée en transformant cette dernière en un système de signes. Vygotski donne cet exemple dans un passage célèbre de *Pensée et langage* :

> « La pensée ne se compose pas de mots isolés comme le langage. Si je veux transmettre l'idée que j'ai vu aujourd'hui un petit garçon courir dans la rue en blouse bleue et pieds nus, je ne vois pas séparément le garçon, sa blouse, la couleur bleue de celle-ci, l'absence de chaussures, le fait qu'il court. Je vois tout cela ensemble en un seul acte de pensée mais, dans le langage, je le décompose en mots séparés [...]. On pourrait comparer la pensée à un lourd nuage qui déverse une pluie de mots. C'est pourquoi le passage de la pensée au langage est un processus extrêmement complexe de décomposition de la pensée et de la reconstruction de celle-ci dans le mot. » (Vygotski, 1934, p. 492.)

La contradiction entre la structure de la pensée et la structure du langage génère ce processus de décomposition/recomposition par lequel le langage modifie et donne forme à la pensée, et réciproquement. La discordance entre pensée et langage est créatrice, elle reste la condition *sine qua non* de la construction de la pensée et du savoir par le langage. Tant que la pensée n'est pas passée dans le moule du langage, elle reste relativement informe.

Chacun a fait cette expérience déconcertante au cours de laquelle une idée séduisante mais confuse nous vient à l'esprit. Elle nous paraît bien moins attractive quand nous nous efforçons de la dire ou de la jeter sur le papier. À l'inverse, la mise en mots d'une idée vague peut faire surgir de nouvelles idées et conduire sur une piste intéressante et tout à fait imprévue. Toutefois, la pensée et le langage ne sont pas pour autant deux processus hétérogènes l'un à l'autre car ils interagissent et se modifient réciproquement dans une relation dialectique :

> « Ainsi, dès l'origine, la pensée et le langage ne sont absolument pas taillés sur le même modèle. On peut dire en un certain sens qu'il existe entre eux une contradiction plutôt qu'une concordance. La structure du langage n'est pas le simple reflet, comme dans un miroir, de celle de la pensée. Aussi le langage ne peut-il revêtir la pensée comme une robe de confection. Il ne sert pas d'expression à une pensée toute prête. En se transformant en langage, la pensée se réorganise et se modifie. Elle ne s'exprime pas mais se *réalise* dans le mot. » (Vygotski, 1934, p. 430-431.)

En conséquence, lorsque l'on écrit ou lorsque l'on parle pour penser et construire du savoir, les errements, les tâtonnements, les retours en arrière, les repentirs et les fautes de langue sont inévitables. La pensée ne se *réalise* dans le mot, comme l'écrit Vygotski, et ne devient *pensée verbale*, qu'à l'issue d'un long travail d'élaboration. C'est pourquoi il n'y a pas de pensée structurée sans langage. Faire écrire les élèves en classe d'histoire, c'est donc les orienter sur la voie longue, difficile mais incontournable de cette élaboration. Il importe alors de ne pas considérer comme fautive une production écrite peu pertinente du point de vue de l'expression. Il vaut mieux y voir une tentative de mise en mots, un premier pas hésitant vers l'élaboration d'un savoir en construction (Bautier et Rayou, 2009, p. 111).

Avant d'aller plus loin, considérons l'écrit d'un élève de quatrième recueilli par un jeune collègue pour son écrit professionnel de titularisation. La question porte sur le texte de la Carmagnole à l'occasion de la séquence sur la Révolution française :

> « Ceux qui chantaient la version originale [de la Carmagnole] s'appelait les sans culottes, c'était des ~~pa bourgeois~~ marchands pauvres. Ils étaient du côté des montagnards (gauche) et ils fesaient pression pour plus d'égalité : ils ont ainsi pris part à la prise des Tuileries. »

Les hésitations de l'élève sont ici révélatrices des débats avec soi-même, des tâtonnements langagiers et des repentirs. Comme les sans-culottes sont pauvres, les élèves les assimilent souvent à des paysans, d'où la première rature. Or, comme les sans culottes étaient en réalité des citadins, ils seraient donc des bourgeois, ce qui entre alors en contradiction avec leur pauvreté, d'où la seconde rature. L'élève trouve finalement un compromis boiteux mais signifiant pour lui en les caractérisant comme des « marchands pauvres ».

De la guerre d'Algérie à la Résistance

Analysons le texte produit par un élève de terminale, Ahmed, qui donne clairement à voir l'absence de coïncidence entre pensée et langage mais aussi leur interaction dans une construction progressive du savoir. Cet exemple permet de toucher du doigt ce que peut signifier un tel processus de construction du savoir par le langage en classe d'histoire. Précisons qu'il s'agit du texte d'une évaluation réalisée en une heure, en début de classe de terminale à l'issue du cours sur la France dans la Seconde Guerre mondiale. La consigne à l'origine de ce texte est celle qui a provoqué le texte d'Aude étudié dans le chapitre précédent : « À partir des discours de de Gaulle (18 juin 1940) et de Pétain (20 juin), construisez votre argumentation sur les causes de la défaite française et sur ce qu'il conviendrait de faire ensuite. »

> Écrit d'Ahmed :
> « Le 18 juin 1940, le général de Gaulle proclame que « la flamme de la résistance ne doit pas s'éteindre et ne s'éteindra pas ». Il assume pleinement ses actes et au plus profond d'une guerre où le monde entier est plongé, il va porter seul le poids de la France. Face à Pétin, qui lui préconise la paix et l'armistice, il va devoir *combattre* seul.
> Cette seconde guerre mondiale aurait pu connaître une fin beaucoup plus tragique. La folie d'une poignée d'homme a conduit le monde au bord du chaos. La France a sût *résister* et grâce à l'aide des alliés, des colonnies, ils ont réussit à *repousser* l'ennemi. Mais si la France ne se serait pas *rebellé*, l'histoire aurait pu épargné les millions de morts tant civils que millitaires et la France serait-elle allemande à l'heure qu'il est. Dans un pays au bord de l'effondrement, un seul mot a réussit à redonner confiance à un peuple complètement démoralisé. De Gaulle n'a fait que *rassembler* les différents résistants éparpillé un peu partout dans toute la France. Après être devenu chef de la résistance France, il a pu créer une nouvelle tactique, il a pu obtenir de nouveaux, et de ce fait, il a pu gêner l'armée allemande pendant quelques années.
> Mais ce qui est important a retenir dans ce contexte c'est le combat qu'a livré la France pour obtenir sa liberté. Longtemps gouverné par les allemands après leur défaite, les Français n'ont pas perdu courage. L'indépendance et la liberté d'un pays rend ses résistants plus fort. Ainsi, le Viêt-nam a réussit à se débarrassé des Américains pour obtenir son indépendance, de même pour l'Algérie. Ces exemples survenu après la victoire des Alliés, ne font que prouver que la France a eu raison de résister et que de toute façon la France se serait débarrassé de ses occupants même si les alliés n'aurait pas débarqué, car le combat de la liberté est long mais finit toujours par l'emporter. »

À la première lecture, cette copie transcrite littéralement semble incohérente. Elle ignore la collaboration pour se focaliser sur la Résistance car il est impossible de construire deux concepts en même temps. Il s'agit de construire ici le concept de Résistance pourtant développé durant le cours mais qui n'avait manifestement pas fait sens pour cet élève. Pourtant, la copie d'Ahmed nous éclaire sur la manière dont, confronté à une tâche d'écriture, cet élève a spontanément déployé des démarches intellectuelles et langagières nécessaires à la construction du concept de Résistance. La richesse de ce texte tient en ce qu'il donne à voir les scories de la construction du savoir par l'élève qui constituent un objet d'analyse didactique de premier ordre. Repérons la logique à l'œuvre.

Le premier paragraphe, s'il pose le contexte de l'action, par référence à l'appel du 18 juin 1940, est empreint d'une grandiloquence verbeuse. Le deuxième paragraphe est constitué d'un collage d'expressions en apparence incohérentes et relevant de propos du café du commerce. Toutefois, une analyse plus précise signale la mise en cohérence progressive de la pensée et du langage. En effet, le premier paragraphe est écrit au présent de l'indicatif, un présent de narration très général, qui dénote l'absence d'implication de l'élève dans son texte, pour relater une action précisément datée et signalée par des verbes d'action (« proclame », « assume »). Puis vient un futur proche qui signale l'engagement de de Gaulle dans l'action (« il va porter », « il va devoir »). Dans le deuxième paragraphe en revanche, les actions sont décrites au passé composé (« a conduit », « a su résister », ils ont réussi », « a réussi », « il a pu »). Ce temps verbal souligne l'implication de l'auteur dans ce qu'il écrit car il indique un lien très fort entre le présent de la situation d'énonciation et le passé des faits évoqués. Entre le premier et le deuxième paragraphe, l'implication de l'élève paraît donc croissante.

Parallèlement, certaines phrases au conditionnel au début du deuxième paragraphe (« Cette seconde guerre mondiale aurait pu... », « Si la France ne se serait pas rebellé... ») suggèrent une pensée en débat avec elle-même. Il s'agit vraisemblablement d'une forme de langage intérieur par lequel on tient un raisonnement avec soi-même (Vygotski, 1934, p. 89-129). Ahmed retrouve ici, à son niveau, la démarche de *l'imputation causale singulière* mise en évidence par Max Weber (1906). Il s'agit de construire par l'imagination un cours différent des choses : qu'aurait-il pu arriver si Bismarck n'avait pas décidé de faire la guerre en juillet 1870 ? Quelles auraient été les conséquences d'une défaite des Grecs à la bataille de Salamine ? La comparaison entre les effets probables de ce cours imaginaire des événements et les effets de leur cours réel met en évidence la relation de causalité la plus pertinente et la moins contingente pour établir finalement l'importance de l'action de de Gaulle.

Le dernier paragraphe permet d'affirmer que les errements apparents des deux premiers paragraphes de cette copie avaient pour objectif la construction du concept de Résistance. Le début de ce paragraphe (« Mais ce qui est important à retenir... ») signale l'enjeu attribué par Ahmed à ce travail d'écriture. Il définit alors la Résistance comme « le combat qu'a livré la France pour obtenir sa liberté ». Ce paragraphe est en effet constitué d'un entrecroisement permanent entre la notion de liberté et les verbes « combattre » ou « résister » par lesquels Ahmed attribue un sens à ce concept. Les temps verbaux, dénotant une implication croissante de l'élève dans le texte qu'il rédige, ainsi que le champ lexical de la Résistance dans ces deux paragraphes (« combattre », « résister », « repousser », « rebellé », « rassembler »...) sont les indices du mécanisme de mise en cohérence par ajustements successifs de la pensée et du langage. En effet, les verbes utilisés tout au long de la copie apparaissent comme autant de propriétés du concept de Résistance qui, mises bout à bout, en font finalement jaillir le sens. Nous verrons tout au long de cet ouvrage plusieurs exemples de ce processus de conceptualisation qui conduit toujours d'une conception très vague du concept à sa désignation correcte et à sa définition finale.

Cette copie illustre le processus de construction du savoir par le langage qui produit ici la définition (« combat pour la liberté ») et la désignation pertinente (par le mot « résistance ») d'un concept. Ce processus tient au fait que le mot n'est pas une simple suite de lettres – il serait alors un mot « mort » – ni une simple étiquette, car il porte en lui-même une signification. Le mot est l'unité indissoluble d'un acte de pensée et d'une forme phonétique dans laquelle se déploie la pensée. Les dimensions sémantique et linguistique sont les deux faces indissociables de tout acte de langage par lequel elles interagissent constamment (Vygotski, 1934, p. 417-418). Le processus de conceptualisation est rendu possible par le pouvoir généralisant des mots dans la mesure où le langage est principe de catégorisation du monde et de mise en ordre de la pensée, comme l'écrit Vygotski :

> « Le mot se rapporte toujours non à un seul objet singulier, mais à tout un groupe ou à une classe d'objets. Chaque mot représente donc une généralisation cachée, tout mot déjà généra-

lise et, sous l'angle psychologique, la signification du mot est avant tout une généralisation. » (Vygotski, 1934, p. 55.)

La généralisation découle du rapprochement opéré par Ahmed entre la Résistance et deux exemples de « *combats pour la liberté* » qui font sens pour lui : la guerre d'Algérie connue par tradition familiale et la guerre du Vietnam, vue du côté vietnamien et connue par le cinéma. Cette analogie porteuse d'intelligibilité – la Résistance fut un combat pour la liberté tout comme le furent la guerre d'Algérie et la guerre du Vietnam – vient conclure ce processus d'ajustements successifs signalés par l'évolution des temps verbaux et les circonvolutions du champ sémantique de la Résistance dans le paragraphe précédent. L'écart initial entre la pensée et le langage constitue précisément l'espace où se sont déployés les tâtonnements, les hypothèses et les rapprochements conduisant finalement à la définition du concept de Résistance.

Si le langage avait été transparent à la pensée qu'il aurait simplement exprimée, alors aucun travail d'élaboration n'aurait été possible. Le concept et le mot qui le désigne auraient tout de suite coïncidé – ou alors jamais.

Langage oral et langage écrit

Nous pouvons aller encore plus loin dans l'analyse en considérant cette fois le rôle du langage écrit dans la construction du savoir. On se fonde à la fois sur les travaux de Vygotski et sur ceux de l'anthropologue américain Jack Goody (1979). Ce dernier compara les structures mentales de sociétés sans écriture et celles de sociétés qui connaissent l'écrit, et analysa également les conditions de l'apparition des usages de l'écriture dans l'ancienne Mésopotamie. Une lecture rapide de son œuvre fonda l'idée d'un « grand partage » entre l'affectivité immédiate du langage oral et la réflexivité, la conscience de soi-même et la capacité de généralisation du langage écrit. Cette vision réductrice du langage oral est aujourd'hui fortement nuancée car le langage oral contribue également à la généralisation et à la construction du savoir dans certaines circonstances telles que le débat scientifique. En effet, l'oral à l'école est contrôlé, réfléchi et réflexif quand il soutient une activité d'apprentissage. Pour comprendre la fonction cognitive du langage écrit, il convient de garder à l'esprit la mise en garde d'Y. Reuter (2006) contre une utilisation abusive des analyses de J. Goody et leur trop grande assimilation à celles de Vygotski quant à la fonction cognitive de l'écriture. Pour Vygotski, le simple fait d'écrire une langue impliquerait la maîtrise de compétences cognitives générales. Selon J. Goody, cette maîtrise dépend de contextes sociaux, historiques et culturels spécifiques. Le langage écrit selon J. Goody est uniquement porteur de potentialités de transformation des façons de penser. Il importe de distinguer les différentes pratiques d'écriture car certaines d'entre elles sont susceptibles d'entraver les potentialités cognitives, telle l'écriture d'enregistrement de la leçon et de restitution de savoirs factuels si répandue dans les classes d'histoire. Essayons donc de comprendre à quelles conditions le langage écrit articule une « technologie de l'intellectuel », selon l'expression de J. Goody.

Tout d'abord, de même que le langage n'est pas transparent à la pensée qu'il serait censé véhiculer, le langage écrit n'est pas non plus la stricte traduction en signes graphiques du langage oral dont le support serait le son ; il n'est pas le redoublement matériel du langage oral (Goody, 1979, p. 50). Par son caractère bi-dimensionnel, le langage écrit produit une modification de l'usage du langage et introduit de nouveaux processus de connaissance qui relèvent de la « raison graphique ». La transcription par écrit du flux continu de la parole orale conduit à sa fragmentation en mots isolés, couchés noir sur blanc sur le papier et ainsi objectivés. La séparation des mots permet d'en manipuler l'ordre pour développer diverses formes de raisonnement. Elle substitue à la perception auditive du flux de la parole la perception visuelle, spatialisée et fragmentée de la langue puisque, aujourd'hui, le texte écrit est lu en silence. En extrayant les mots du flux de la parole orale, en séparant les lettres et les mots l'écriture fait prendre conscience de la nature segmentaire et discontinue du langage.

Le langage écrit stocke l'information et le savoir (Goody, 1979, p. 86-87 et p. 144-146). En donnant une forme permanente au langage, il permet de communiquer par-delà l'espace et le temps. En rendant possible l'accumulation du savoir, l'écriture devient une mémoire objectivée et libère l'esprit de la charge de la mémorisation, et elle rend ainsi l'esprit disponible pour d'autres opérations intellectuelles. En plaçant sous le regard divers documents, elle favorise la comparaison, l'esprit critique et l'attitude sceptique. Ainsi, par ses caractéristiques, l'écriture démultiplie d'autant les capacités intellectuelles. Par exemple, durant la collectivisation des campagnes soviétiques au début des années 1930, A. Luria, un éminent psychologue soviétique proche de Vygotski avait enquêté auprès de paysans des républiques d'Asie centrale dont certains avaient été alphabétisés durant la collectivisation (Rochex, 1997, p. 127). Ce psychologue avait mené l'expérience suivante (dont le caractère scientifique est toutefois remis en cause aujourd'hui) : il demanda à différents groupes de paysans de classer des mots désignant des objets familiers : scie, marteau, cognée, rondin. Les adultes analphabètes groupaient ensemble la scie, la cognée et le rondin par référence à une action pratique et concrète exécutée quotidiennement. En revanche, les adultes alphabétisés récemment associaient la scie, le marteau et la cognée en tant qu'outils, sur la base d'une catégorie abstraite et décontextualisée renvoyant non pas à une action pratique et concrète mais à la signification des mots et à des généralités. Le langage écrit aurait alors influé sur les modes de pensée en favorisant la généralisation.

Comme le langage écrit objective la parole avec des lettres et des mots couchés sur le papier, il suppose en conséquence la capacité de l'individu à revenir sur sa propre production. Il favorise une posture réflexive de mise à distance du langage par un travail de correction, de rature, de remplacement, de révision, de suppression ou d'améliorations diverses. En effet, remplacer un mot par un autre, user de métaphores et de comparaisons, supposent une réflexion sur l'orthographe des mots, sur leur rôle et leur place dans la phrase, sur l'opportunité d'en utiliser certains à l'exclusion d'autres pour nommer les choses, c'est-à-dire pour les désigner et les catégoriser. En conséquence, le langage écrit décontextualise le langage en faisant prendre conscience qu'un mot n'est pas le reflet unique d'une réalité extérieure à lui et dont il serait le prisonnier, mais qu'il existe par lui-même, fort d'une large épaisseur de sens. L'utilisation de ce mot plutôt que d'un autre dans une situation précise dépend non pas de la réalité mais du sens que l'utilisateur attribue à cette dernière. C'est pourquoi le langage écrit est privilégié à l'école où l'on développe un rapport distancié et réflexif au langage.

Enfin, l'écriture et l'entrée dans une culture écrite modifient les conditions de la communication et donc le rapport au langage et au monde (Vygotski, 1934, p. 337-346 et p. 469-473; Brossard, 2004, p. 80-82 et p. 172-177). Dans le cadre de la situation de communication orale, le contexte de la communication et le statut de chacun sont évidents pour les interlocuteurs présents physiquement dans le même espace et le même temps : rencontre amicale ou professionnelle dans une relation d'égalité ou une relation hiérarchique entre les interlocuteurs, par exemple. La communication porte en elle-même sa propre justification et son propre objet sans qu'il soit nécessaire de les expliciter. Comme les interlocuteurs se voient, ils perçoivent les mimiques, les gestes, les interjections, les intonations qui nuancent ou contredisent parfois ce qui passe par la communication strictement verbale. On estime en effet que, dans la communication orale, près de la moitié des informations passe par du non verbal. Cette caractéristique favorise la compréhension à demi-mot, les formulations incomplètes, les propos décousus et inachevés qui lui confèrent un rythme rapide. L'interaction orale motive une dynamique de questions et de réponses, de production d'explications et d'ajustements constants du propos en fonction des réactions de l'interlocuteur. Cette interaction donne aux interlocuteurs l'illusion de la transparence, de la spontanéité et de l'évidence de la communication puisque les propos semblent s'exprimer d'eux-mêmes, dans le feu de la conversation. Les interlocuteurs sont totalement impliqués, y compris physiquement, dans le langage oral.

En revanche, le langage écrit diffère la communication et rompt avec l'évidence de la communication orale. Un écrit s'adresse à l'absent et permet la poursuite de l'action en dehors de la présence du locuteur (Lahire, 1998, p. 156-158). Pensons aux petits mots échangés entre les membres d'une famille, laissés à un endroit convenu (sur le réfrigérateur, sur la table de la cuisine...) et destinés à rappeler à chaque membre de la famille les tâches lui incombant. Celui qui écrit, dans le cadre domestique, scolaire, scientifique ou littéraire, doit créer la totalité de la situation de communication, imaginer son lecteur absent, se représenter ce qu'il sait déjà et ne sait pas encore pour éviter les implicites, les ambiguïtés et les raccourcis afin de produire un texte compréhensible par ce dernier. Il vérifie son texte, le modifie, procède à des ajouts ou à des retraits. Inutile d'indiquer l'adresse de la boulangerie sur un message à usage domestique, mais il peut s'avérer nécessaire d'indiquer les coordonnées familiales pour inviter les camarades de classe à l'anniversaire de son enfant. D'autre part, comme le lecteur se trouve seul face à son texte, alors la convivialité de la communication orale disparaît. L'illusion de la transparence et de l'évidence des échanges s'effondre. Le lecteur doit reconstruire par lui-même le contexte de la communication à l'aide des traces laissées par l'auteur du texte. Le lecteur expert adopte une posture de lecture adéquate à la matérialité de l'écrit et de divers indices écrits : il ne lit pas de la même manière une notice de médicament et un dépliant publicitaire, un roman policier et un traité philosophique. L'absence d'interactions directes entre les interlocuteurs suppose un travail conscient sur le langage.

Au total, le langage écrit recouvre une grande variété de processus complexes (Reuter, 1996, p. 58-59). Cette pratique sociale de production de sens est inscrite dans un cadre social et institutionnel précis – en l'occurrence pour nous : l'école – qui en codifie l'exercice. Elle est située dans un espace et un moment définis, elle suppose une posture physique (le plus souvent assise), des gestes, des outils (stylo, feuille de papier, clavier d'ordinateur...)

et des procédures. Elle articule entre elles des dimensions cognitive (le savoir), affective (en terme d'investissement personnel) et culturelle (en référence à des valeurs). Elle est inscrite dans l'histoire individuelle du sujet et dans l'histoire collective puisqu'elle n'a pas toujours existé et que ses formes évoluent constamment sous l'influence de nouvelles technologies. Le processus d'écriture est d'une complexité telle qu'il ne saurait se réduire à un simple enregistrement du réel ni même à une simple expression de la pensée.

Le tableau 3 résume les remarques qui précèdent sur les différences entre situation de communication écrite et situation de communication orale (étant bien entendu que nous n'abordons pas ici les situations de l'oral pour construire ensemble du savoir) :

Tableau 3. – *Communication orale quotidienne et communication écrite*[1]

La situation de communication orale	La situation de communication écrite
Une communication contextualisée et conviviale : Les interlocuteurs sont présents dans le même espace et en même temps Le statut, le rôle, la raison de la présence de chacun sont explicites pour tous Le contexte et les enjeux de la communication sont évidents pour tous	*Une communication décontextualisée et différée :* Séparation des interlocuteurs dans l'espace et dans le temps Le scripteur doit imaginer son lecteur et son savoir supposé Le lecteur reconstruit la situation de communication à partir d'indices textuels
L'échange n'est pas seulement verbal : 50 % de non verbal dans la communication orale L'échange passe par des attitudes, des gestes, des mimiques, des intonations, etc. Une compréhension à demi-mot, par raccourcis, énonciation inachevée	*Une communication exclusivement verbale :* Une communication exclusivement avec des mots Une explicitation maximale afin de guider le lecteur Le lecteur interprète un texte
L'interaction entre les interlocuteurs passe par un flux continu de paroles : Rapidité et continuité des échanges oraux Un échange par succession de répliques Réajustement du propos au coup par coup, par ajouts successifs Une spontanéité apparente de l'échange	*Un scripteur en interaction avec lui-même :* Lenteur du langage écrit Pas de réajustement du propos en fonction des réactions du lecteur Le scripteur organise et planifie la globalité du texte à écrire selon un but fixé Le scripteur corrige, révise son texte par ajouts, effacements, collages, etc.
Implication	Mise à distance

Ces opérations présentent des difficultés pour les élèves peu familiers avec l'écrit. Ainsi, au début d'une évaluation écrite en classe, les élèves sont souvent tentés de demander au professeur d'expliciter ou simplement de répéter la consigne écrite afin de reconstituer la convivialité de la communication orale. Une simple glose de la consigne suffit parfois à les engager dans un processus d'écriture. De même, les enseignants se heurtent quotidiennement à la difficulté de faire travailler les élèves à partir de brouillons. Ces derniers considèrent la plupart du temps que, à l'instar de la parole, un écrit ne peut être modifié. En conséquence, leur production écrite finale est bien souvent la duplication quasi exacte de leur brouillon.

1. Outil de formation conçu en collaboration avec Loïc Doléans.

Langage et apprentissage

Langue, langage, pratiques langagières

Ces développements fournissent un aperçu sommaire de la complexité des opérations intellectuelles en jeu quand on se lance dans une production d'écrit. Cela nous conduit à réfléchir plus précisément au rôle du langage dans les processus scolaires de l'apprentissage. Nous savons que le rapport au langage – à savoir les diverses conceptions et représentations que les élèves se font de l'utilisation du langage – est scolairement différenciateur. Nous en revenons alors aux analyses de l'équipe ESCOL qui distingue la langue du langage et des pratiques langagières (Bautier, 1995 et 2001 ; Charlot, Bautier et Rochex, 1992, p. 164-175 ; Bautier et Rochex, 1998, p. 145-150). Ces analyses doivent beaucoup au linguiste soviétique Mikhaïl Bakhtine (1895-1975), dont on n'est pas certain toutefois qu'il fut vraiment l'auteur de l'ouvrage que nous suivons ici (Bakhtine, 1929). Contemporain de Vygotski qu'il n'a vraisemblablement jamais rencontré, cet ancien instituteur enseigna à l'école normale de Saransk après quelques années d'exil « administratif » aux confins de la Sibérie. Proche de l'école formaliste russe à Leningrad au début des années 1920, il produisit une œuvre théorique importante concernant le roman (Rabelais, Dostoïevski) et le langage sur la base de la philosophie marxiste. Il nous permet de prolonger ici les analyses de Vygotski.

Distinguons tout d'abord la *langue* comme l'ensemble des règles d'orthographe et de grammaire qui construisent la phrase, qui organisent la mise en mots et en texte. Objet d'étude de la linguistique, elle est une réalité objectivée, normée, organisée par les catégories du lexique et de la syntaxe qui font l'objet d'un enseignement explicite à l'école, en classe de français. Quand, à l'instar de Boileau, on s'imagine qu'il suffit de maîtriser les règles linguistiques pour exprimer clairement ce que l'on sait ou que l'on pense, on considère alors que la langue est un simple véhicule transparent d'une pensée déjà construite par ailleurs. On pense alors les difficultés des élèves en termes de « manque », de pauvreté du vocabulaire ou de niveau de langue. D'où les attentes institutionnelles autour de la « maîtrise de la langue française ». On sait pourtant que l'enseignement qui se focalise sur l'apprentissage de la langue en tant qu'objet afin de maîtriser un système linguistique, n'aide pas les élèves en difficulté scolaire. C'est plutôt l'institution du langage comme activité et comme pratique dans la classe qui produit du sens et de la réussite scolaire. Les différenciations scolaires découlent moins des différenciations linguistiques de maîtrise du lexique et de la syntaxe, que de différenciations d'usage du langage. Il faut se tourner alors du côté du langage.

Le *langage* désigne la façon dont on utilise la langue pour (en) faire quelque chose. Il échappe en partie à l'analyse car il englobe la totalité des usages pratiques de la langue. Sa dimension sociale est essentielle car le contexte de l'énonciation détermine fortement la nature des interactions verbales. L'utilisation du langage dépend en effet de la situation de communication (situation scolaire, conversation amicale, communication scientifique, etc.) et de l'interprétation que l'on porte sur elle, de la place que l'on occupe en tant que locuteur, des savoirs que l'on mobilise, et de la perception de la personnalité de l'interlocuteur :

> « L'énonciation est le produit de l'interaction de deux individus socialement organisés [...]. Le mot s'adresse à un interlocuteur ; il est fonction de la personne de cet interlocuteur : il variera selon qu'il s'agit d'un homme du même groupe social ou pas, selon qu'il est inférieur ou supérieur dans la hiérarchie sociale, selon qu'il est lié ou non au locuteur par des liens sociaux plus ou moins étroits. » (Bakhtine, 1929, p. 123.)

Le langage est un instrument social intériorisé par chacun dans la mesure où les mots et leurs significations sont des constructions des sociétés passées que nous nous approprions, tout en les transformant constamment, pour communiquer avec les autres. Comme l'écrivait le grand sociologue durkheimien M. Halbwachs, « les hommes pensent en commun par le langage » (Halbwachs, 1925, p. 53). Par le langage, le social est présent entre les individus et en chacun de nous. Même sourd et isolé, Beethoven n'était jamais vraiment seul quand il composait ses dernières symphonies car, par le langage musical, il appartenait toujours à la communauté des musiciens (Halbwachs, 1950, p. 43).

Enfin, principe de catégorisation et de mise en ordre du monde, le langage ne dit pas le monde tel qu'il est, mais il produit du sens sur ce dernier car le sens se construit précisément dans l'écart entre le monde et les mots. La fonction heuristique du langage opère notamment par le biais des métaphores, des comparaisons, des jeux de langage – au sens de Wittgenstein – qui participent de toute construction de sens. À la différence de la langue, le langage est épais et il n'est pas un simple outil dont on peut apprendre l'usage par des exercices normés.

On le voit, la seule dimension linguistique s'avère donc insuffisante pour penser la complexité des processus sociaux, subjectifs, cognitifs à l'œuvre dans le langage. À sa manière, M. Foucault avait également théorisé la différence entre la langue comme un système de règles et le langage comme un usage social de la langue (Foucault, 1969, p. 39).

L'ignorance de la distinction entre la langue et le langage contribue au « malentendu » présidant à l'interprétation par l'élève de la situation d'écriture scolaire, comme nous l'avons déjà vu (Bautier et Rochex, 1997 ; Bautier et Rayou, 2009, p. 93-94). Si l'élève interprète la situation d'écriture comme une « tâche » d'effectuation sans contenu intellectuel, alors il considère qu'il doit montrer à l'enseignant qu'il a « appris » (mémorisé) sa leçon. Il se borne à l'énonciation de quelques phrases lacunaires par lesquelles il pense pouvoir s'acquitter d'une obligation scolaire sans aucune implication de sa part. Il use alors d'un langage pour communiquer, pour dire le monde comme il est. Ce langage vient au fil de la plume, dans l'immédiateté de l'instant. Cet élève, quand il ne peut pas écrire, invoque le syndrome de la page blanche ou le manque d'inspiration. Cette représentation romantique de la situation d'écriture scolaire est générée par la situation scolaire d'écriture. En effet, alors que l'historien est légitime en tant qu'énonciateur, en tant qu'expert reconnu de son domaine de recherche, l'élève se sent peu légitime à produire un discours sur l'histoire puisque le destinataire de son discours est précisément l'enseignant qui se situe en position d'expert par rapport à l'élève (René, 1991). Si l'élève considère qu'il adresse son discours à celui-là même qui le lui avait délivré auparavant, il se situe alors dans un rapport de domination peu propice à l'écriture : « À quoi bon expliquer quelque chose à un professeur qui en sait bien plus que moi sur le sujet ? » En revanche, si l'élève s'empare de la situation d'écriture scolaire pour en faire une occasion d'élaboration du savoir par l'usage du langage disciplinaire, il assume une posture de sujet scripteur, dans la logique de l'institution du sujet, capable d'argumenter et de produire un écrit d'élaboration. Il s'autorise alors à reprendre des exemples riches et nombreux afin de justifier son propos en mobilisant, en transformant et en orchestrant des sources d'informations hétérogènes : la parole de l'enseignant, l'étude des documents abordés en classe, des connaissances tirées des médias, etc. (Bautier et Rayou, 2009, p. 79). Dans ce cas, l'élève pense par le langage, il produit un écrit heuristique et se positionne comme auteur et organisateur de son texte. Il use d'un langage pour construire et pour apprendre.

Au total, le langage se réalise dans les *pratiques langagières* (Bautier, 1995 et 2001 ; Jaubert, 2007). Ces pratiques sociales renvoient à des usages du langage socialement construits en fonction d'une visée pratique que l'on peut désigner par un verbe à l'infinitif : définir, argumenter, expliquer, séduire, mentir, tromper, jouer avec les mots, etc. Elles envisagent le langage comme une activité simultanément linguistique, culturelle, subjective, affective, identitaire, cognitive et disciplinaire, régie par des codes socialement construits et partagés. Cette activité est à la fois individuelle et sociale. Elle est liée à l'interprétation de la situation sociale d'interaction langagière en fonction de laquelle celui qui parle ou écrit mobilisera telle ou telle pratique langagière et s'autorisera, ou non, à user du langage pour construire du savoir. La théorie des pratiques langagières conduit à *déglobaliser* le rôle du langage dans l'analyse des difficultés scolaires. Elle pointe celle des dimensions qui conduit à un usage du langage scolairement inadéquat et elle réfère les différenciations scolaires à des usages socialement différenciés du langage. Comme nous le verrons, elle pousse également à analyser finement les productions écrites (ou orales) des élèves pour y chercher les indices des différentes constituantes de l'épaisseur du langage.

Cette épaisseur rappelle en outre que, à l'école, les pratiques langagières sont spécifiques à chaque discipline scolaire. Chacune catégorise le monde à sa manière et attribue une signification spécifique aux mots qu'elle utilise. Le contexte disciplinaire détermine la signification d'un mot et un mot recouvre autant de significations qu'il y a de disciplines. Les mots du langage courant ne sont jamais des mots neutres n'appartenant à personne. Ils sont polysémiques et riches d'intentions, ils évoquent les contextes de leur usage, des professions, des milieux sociaux, des moments de l'histoire humaine, des manières différentes de voir le monde (Bakhtine, 1975, p. 114). Pensons par exemple à la diversité des significations que peuvent recouvrir des mots tels que « régime » (régime politique, régime alimentaire, régime de bananes, régime d'un moteur ou d'un fleuve) ou « légende » (en littérature, en histoire ou en cartographie). Pensons aussi à la signification du mot « sommet » en géométrie et en géographie, à la diversité d'usage du mot « fonction » (urbaine, digestive, affine, grammaticale) (Astolfi, 1997, p. 62). La liste peut s'allonger à l'infini.

Par ailleurs, chaque discipline dispose de ses propres modalités de pensée. On n'argumente pas de la même façon en français, en philosophie, en histoire ou en éducation civique. On n'explique pas de la même manière en histoire où l'on recherche le « pourquoi » des causalités linéaires, en géographie ou en biologie où l'on recherche le « comment » des interactions et du fonctionnement d'un espace ou d'un organisme vivant. La signification de chaque mot évolue au fil des contextes de son énonciation car « le mot absorbe les contenus intellectuels et affectifs tirés de tout le contexte dans lequel il est inséré » (Vygotski, 1934, p. 481). En conséquence, la pensée disciplinaire modifie et structure également le langage. Il en résulte que l'apprentissage du sens des mots de sa discipline, de la nature des pratiques langagières et des écrits qui leur correspondent ne peut être réalisé que dans un cadre strictement disciplinaire : « Le langage, en particulier scientifique, est un outil de la pensée, un instrument d'analyse et il suffit d'analyser l'instrument qu'utilise une science pour comprendre la nature des opérations qu'elle effectue. » (Vygotski, 1926, p. 181.)

Pratiques langagières et Linguistic Turn

Les travaux évoqués ici sont axés sur la fonction cognitive du langage. S'ils s'appuient essentiellement sur les théories socio-historiques de Vygotski, ils ont aussi quelque chose à voir avec le « tournant linguistique » (*Linguistic Turn*) d'inspiration post-moderne. Il convient donc de préciser ici la position de l'auteur concernant cette épineuse question.

Le thème du tournant linguistique nous vient d'un monde anglo-saxon inspiré par la *French Philosophy* de Foucault, Deleuze, Derrida, Lacan, Lyotard, etc. (Noiriel, 1996, p. 126-150). En des termes peu amènes, P. Bourdieu fustigeait

> « l'étrange processus qui, au terme d'un long détour par l'Amérique, a ramené vers l'Europe, sous le nom de *Linguistic Turn*, la vieille rengaine de la philosophie herméneutique contre l'ambition scientifique des sciences sociales (à laquelle le premier Habermas et le dernier Ricœur ont beaucoup contribué) à peine remise au goût du jour par l'orchestration "sémiotique" des années 1960 » (Bourdieu, 1995, p. 114).

En histoire, le *Linguistic Turn* résulte de conflits entre des écoles historiques anglo-saxonnes et de la remise en cause de l'histoire sociale qui étudiait les groupes sociaux comme des entités stables. Les tenants du *Linguistic Turn* considéraient que ces catégories « arbitraires », construites grâce aux ressources du discours des dominants, légitimaient leur domination sur les dominés qu'ils prenaient comme objets (les ouvriers, les paysans, les femmes, les marginaux, etc.). Ces catégories devaient donc être déconstruites par les outils de la critique littéraire. Pour ce qui nous concerne, ce débat pose surtout la question de la fonction de l'écriture de l'histoire qui, en tant que pratique, articule le présent du discours historique au réel passé des sources (de Certeau, 1975). M. Foucault proposait de creuser l'opposition entre ces deux termes et d'abandonner une histoire qui interprète le discours des sources pour atteindre le passé à travers elles, au profit d'une histoire des « objets discursifs » qui se passerait des « choses » afin de les « dé-présentifier » (Foucault, 1969, p. 64-67). Il s'agissait d'analyser non plus le sens donné aux mots du passé, pour savoir par exemple ce qu'était l'essence de la folie à une époque donnée, mais d'analyser les règles propres aux pratiques discursives, pour analyser la généalogie des discours sur la folie. Le discours des sources ne serait plus considéré comme un *document*, comme une trace transparente du passé dont l'interprétation permettrait d'atteindre le réel du passé, mais comme un *monument* doté de sa propre valeur et lui-même objet de la recherche de l'historien (Foucault, 1969, p. 13-15 et p. 182). Il ne s'agirait plus de savoir ce que signifie le texte, mais de comprendre comment il fonctionne en se référant à la théorie littéraire.

Cette théorie a conduit aux thèses narrativistes de Hayden White dans son ouvrage *Metahistory. The Historical Imagination in the Nineteenth Century* publié en 1973 (Ricœur, 2000, p. 318-328 ; White, 2010). Par une extrapolation de la théorie linguistique de Saussure, le langage est considéré comme un système de signes dont les relations produisent elles-mêmes de la signification, à l'exclusion de tout référent extérieur au langage. Ce point de vue opère un renversement radical de la conception du langage : la réalité ne constituerait plus une référence objective extérieure au discours, elle serait élaborée dans et par la construction discursive et langagière. L'histoire se réduirait alors aux procédés classiques de la littérature, elle serait un genre littéraire comme un autre, sans visée référentielle. En conséquence, les opérations historiques habituelles de critique des sources perdraient leur pertinence et leur raison d'être. L'historien, producteur de textes donnant à voir les résultats de ses recherches, se trouverait être seulement producteur de narrations n'ayant de valeur qu'en tant que textes.

En didactique de l'histoire, affirmer que le langage construit la pensée pourrait conduire à penser que le savoir historique scolaire se réduirait à une opération langagière autonome. Pour nous, il n'en est rien évidemment et nous allons une fois de plus nous référer à l'histoire scientifique pour tenter une clarification du lien entre pratiques langagières historiennes et construction du savoir historique scolaire.

Nous nous appuyons sur un article fondateur de l'histoire du chartisme anglais écrit par l'historien britannique G. S. Jones (1982). Depuis le XIXe siècle, à la suite d'Engels notamment mais pas seulement, ce mouvement politique des années 1830-1840 était considéré comme le premier mouvement autonome de la classe ouvrière en Angleterre. Les revendications des chartistes étaient perçues comme la traduction directe de l'expérience concrète des ouvriers d'industrie confrontés à des conditions matérielles éprouvantes.

Or, le discours chartiste ne portait pas des revendications matérielles spécifiques à la classe ouvrière. Fort de ce constat, et soucieux de développer une approche sémiotique dans l'exercice de la profession historienne, G. S. Jones rappelle que le langage n'est pas un reflet direct du réel vécu et de l'expérience. Il est au contraire un élément structurant de l'expérience avec ses effets propres. Plutôt que de chercher le réel derrière le discours des chartistes, selon une conception strictement référentielle et transparente du langage, G. S. Jones, dans une logique inverse, en étudie le texte afin de saisir sa logique discursive et de comprendre comment, par elle, se construisit la conscience de classe des ouvriers anglais.

Il montre que le mouvement chartiste, certes largement ouvrier, loin d'annoncer le mouvement ouvrier moderne, entretenait une rhétorique « radicale » (au sens britannique du terme) héritée du XVIIIe siècle et qui attendait l'amélioration des conditions de vie d'un changement à la tête du pouvoir politique, sans remise en cause du système économique, social et politique britannique existant. Les revendications des ouvriers se coulèrent dans un langage qui préexistait à la classe ouvrière anglaise et qui modela les pratiques politiques des chartistes : « Dit de manière abstraite, la matière détermine la possibilité de la forme, mais la forme conditionne le développement de la matière. » (Jones, 1982, p. 19.) Les chartistes expliquaient que les bas salaires et la pauvreté étaient la conséquence non pas de l'organisation économique capitaliste, mais du monopole du pouvoir politique détenu par une minorité de possédants. Il aurait suffi de prendre une part de ce pouvoir politique, dans le respect des institutions existantes, pour régler les difficultés de la classe ouvrière britannique. C'est pourquoi le mouvement chartiste tira son nom de la pratique consistant à rédiger une charte signée par plusieurs milliers d'individus pour la soumettre à la Chambre des communes. Les chartes de 1838 et 1842 réclamaient notamment le suffrage universel masculin : si les classes moyennes et populaires étaient représentées au

Parlement, alors elles pourraient obtenir le vote de lois interdisant la corruption des dirigeants politiques et modifiant une fiscalité injuste. Les revendications chartistes ne traduisaient donc pas la situation matérielle des ouvriers anglais. Ce discours fournissait surtout un modèle d'explication du monde social et politique et il structura la pratique politique de la classe ouvrière britannique. Nous retrouvons un langage qui n'est pas l'expression neutre de la conscience de la classe ouvrière, mais qui informe cette conscience.

G. S. Jones se départit toutefois du narrativisme radical et de la théorie non référentielle du langage héritée de Saussure. Certes, il ne s'agit plus de se demander quels intérêts ouvriers reflétait un discours chartiste qui serait transparent à la situation de la classe laborieuse britannique, mais de comprendre comment ces pratiques discursives sur le monde social, employant un langage déjà daté à l'époque, proposèrent une explication du fonctionnement du monde social et formalisèrent les pratiques sociales. L'objectif n'est pas de remplacer une interprétation sociale par une interprétation linguistique, mais d'articuler ces deux dimensions. Dans un article plus récent (Jones, 2006), cet historien affirme que, si la source historique doit être soumise au traitement linguistique pour expliquer de quelle manière elle construit du sens pour l'historien comme pour les hommes du passé, elle n'en reste pas moins un document historique dont on ne peut nier la référence extra-linguistique car il nous fournit des informations et des explications sur le passé, à la différence du texte littéraire. Puisque l'historien n'accède au passé que par des sources et notamment des textes, ces derniers nous informent également, d'une certaine manière, sur une réalité du passé. Nous retrouvons ici la position de R. Chartier : les textes qui servent de sources à l'historien sont les traces des pratiques sociales des hommes du passé. La logique des comportements sociaux du passé ne saurait se dissoudre dans la logique herméneutique d'analyse des discours. L'historien s'attache à reconnaître la manière dont les acteurs du passé donnaient sens à leurs pratiques à travers leur discours. Mais n'oublions pas que les contraintes, les conventions et les formes mêmes du discours structurent jusqu'aux manières de penser et de dire cette pratique, de même que les formes du discours sont elles-mêmes socialement construites, transmises et appropriées (Chartier, 1998, p. 94-98).

En outre, les faits historiques n'existent pas sans les actes de langage qui les nomment et qui en transmettent l'expérience, même s'ils relèvent d'abord d'une réalité extra-langagière qui parfois se dérobe au langage (Koselleck, 1979, p. 263-265). La science historique se trouve tout entière dans ce dilemme : l'histoire, pendant qu'elle se fait, est tout autre chose qu'une réalité discursive et langagière, mais cette réalité extra-langagière n'est rendue manifeste et intelligible que par le langage, car les faits du passé ne peuvent être représentés que par le langage (Koselleck, 1997, p. 104-109). La science historique se tient dans une tension entre deux positions du réel et entre deux types d'histoires complémentaires et non pas opposées, comme le pensent les tenants du tournant linguistique. Le *réel connu*, en tant que résultat de l'analyse et de l'étude de l'historien, se distingue du *réel pensable,* en tant que postulat de l'analyse impliquée par l'opération scientifique de l'historien, sa problématique, ses procédures, ses modes explicatifs, etc. La première modalité de l'histoire héritée de la recherche antiquaire d'affirmation de la preuve documentaire prétend rejoindre et faire revivre le vécu du réel connu, la seconde modalité héritée de l'histoire philosophique du XVIIIe siècle s'interroge sur ce qui est pensable par la construction de modèles d'analyse (de Certeau, 1975, p. 46-48 ; Ginzburg, 2006, p. 58-60). Aujourd'hui, à la suite de P. Ricœur, la plupart des historiens adoptent une « position médiane » : ils portent leur attention sur l'épaisseur langagière des sources et sur l'approche discursive tout en restant attachés à la référentialité extra-langagière du discours historique (Delacroix, 2010a).

Tenir ensemble les deux pôles du processus d'apprentissage

La notion de pratique langagière conduit au final à deux constats d'égale ampleur.

Le premier explicite le rôle différenciateur du rapport au langage évoqué dans le chapitre précédent (Bautier, 1995, p. 26 ; Charlot, Bautier et Rochex, 1992, p. 170-175 ; Bautier et Rochex, 1998, p. 57 et p. 109). Si les élèves considèrent que le langage n'est qu'un outil de communication permettant l'expression d'une pensée ou d'un savoir déjà là, alors leur avenir scolaire est fortement compromis. Pour eux, le langage transparent au réel consiste à dire ce que sont les choses et le monde sans exprimer un point de vue. De même, le langage dit alors qui l'on est, par identification de soi à ce que l'on dit. Le langage fonctionne alors d'une manière emblématique par laquelle le locuteur s'identifie aux mots, aux expressions d'un groupe social déterminé. Cette conception *identitaire* et strictement *référentielle* du langage conduit à écrire au fil de la plume, dans l'immédiateté du dire, à ne produire que des énumérations ou une restitution fidèle du cours du professeur, en réponse à une demande *explicite* de la consigne. Puisque le langage n'est pas perçu comme un outil d'élaboration, la correction, la réécriture et la production d'une argumentation sont proprement inconcevables. Ce rapport au langage suppose en outre un rapport binaire et sans nuance au savoir conçu comme déjà là : si le langage exprime le monde tel qu'il est, alors une chose est soit vraie soit fausse. La problématisation, la critique des documents, la question du point de vue, échappent totalement. Les enseignants sont nombreux qui, présentant aux élèves deux documents exprimant deux points de vue opposés sur un même événement historique, se voient poser la question suivante : « Monsieur [Madame], lequel doit-on croire ? Lequel est le "bon" document ? » En revanche, les élèves en réussite traduisent *l'implicite* de la consigne comme une activité de construction du savoir. Leurs textes manifestent la présence d'un sujet auteur de son texte, qui s'autorise à exprimer des appréciations et des commentaires. Cette aptitude à la réflexivité et à la mise à distance conduit à envisager l'apprentissage comme un processus.

Gardons à l'esprit que ce rapport au langage résulte de pratiques sociales et ne renvoie pas aux caractéristiques intrinsèques des élèves concernés. Au chapitre précédent, nous avons vu avec B. Lahire (1996) que, à milieu social équivalent, le rapport au langage se révélait radicalement différent selon les familles étudiées. En conséquence, c'est sur ce rapport au langage socialement construit que l'école peut intervenir. Il ne s'agit pas de chercher des réponses linguistiques, en termes de la maîtrise de la langue française, à des difficultés qui sont en réalité d'ordre langagier. Il s'agit de faire passer les élèves en difficulté d'un rapport au langage pour s'exprimer et pour communiquer à un langage pour penser, par *l'institutionnalisation* dans la classe de pratiques de lecture et d'écriture relativement simples et susceptibles de faire entrer les élèves dans un rapport au langage comme outil de construction des savoirs disciplinaires, comme nous le verrons dans les chapitres suivants.

Le second constat incite à tenir ensemble et en interaction la dimension langagière et la dimension cognitive des pratiques langagières historiennes (Bautier, 1998). Développer la maîtrise du langage en classe d'histoire ne consiste pas à faire produire par les élèves des textes impeccables sur le plan linguistique en évacuant toute dimension disciplinaire. Il s'agit plutôt de développer un rapport au langage pour penser en histoire en faisant écrire des textes d'histoire par les élèves. Fournir aux élèves des fiches méthode sur la façon de rédiger un paragraphe argumenté en classe de troisième (qui serait structuré par les connecteurs suivants : d'abord, ensuite, enfin…), ou une composition au lycée, s'avère peu rentable car cela revient à insister sur l'aspect formel de l'écrit qui s'apparente à une coquille vide et ne structure pas la démarche de l'élève. Il nous semble préférable de « vendre la mèche » en explicitant les démarches de pensée de l'histoire sur un plan épistémologique, et en recherchant les écrits correspondant à chacune de ces démarches. Il est donc nécessaire de comprendre la nature et le fonctionnement des pratiques langagières historiennes.

Chapitre IV

LES PRATIQUES LANGAGIÈRES EN CLASSE D'HISTOIRE

Nous savons maintenant pourquoi le langage est un outil de construction du savoir et en quoi le rapport au langage et au savoir joue un rôle essentiel dans la réussite ou l'échec des élèves en classe d'histoire. Pourtant, un rapport de l'inspection générale de septembre 2001, intitulé *Méthodologie de l'évaluation de l'enseignement de l'histoire et de la géographie au collège*, signale « la prédominance du cours dialogué, l'utilisation des documents pour questionner la classe, la faiblesse de la mise en œuvre d'une élaboration écrite autonome par les élèves ». Des observations identiques à l'école primaire (rapport 2005-112 de l'inspection générale ; Audigier et Tutiaux-Guillon, 2004) confirment une large méconnaissance de la fonction de l'écriture dans la construction du savoir historique. Essayons de comprendre en quoi les pratiques langagières historiennes sont susceptibles d'introduire les élèves à une pratique de l'écrit favorable à la mobilisation des démarches de pensée historiennes et à la construction du savoir historique. Nous n'aborderons pas ici les pratiques langagières orales qui, telles le débat scientifique, permettent une élaboration collective du savoir, comme le montrent les travaux des collègues du CREN de Nantes (Le Marec et Vézier, 2006 ; Le Marec *et al*, 2009, Doussot, 2011).

Travailler sur les pratiques langagières en classe d'histoire se heurte à des difficultés. En classe, c'est souvent l'enseignant qui écrit pour rédiger ou vidéo-projeter la trace écrite au tableau, ou pour noter et classer sur le tableau les remarques des élèves avant d'en élaborer lui-même une synthèse. Le modèle d'écriture en classe d'histoire est celui de l'enseignant et les observations de classe montrent que, souvent, les activités d'écriture des élèves sont réduites à leur plus simple expression : recopier la « trace écrite » – un terme qui en dit long sur la conception sous-jacente de l'écriture – à l'école et au collège, prendre en note le discours magistral au lycée, répondre parfois à quelques questions ponctuelles sur une fiche d'activité distribuée par l'enseignant. On renforce ainsi la représentation de l'écrit comme un outil d'enregistrement de la parole et de restitution des informations, hors de tout travail d'élaboration. Parfois même, les exercices supposant une écriture autonome des élèves sont rejetés comme devoirs à faire à la maison pour la séance suivante. On arrive ainsi à une situation paradoxale où les exercices les plus simples, tels la réponse à des consignes courtes de prélèvement d'informations dans des documents, sont réalisés en présence du professeur, tandis que les exercices les plus complexes, tels la rédaction d'un paragraphe de synthèse ou d'un récit historique, confrontant et organisant ces différentes informations, sont soit effectués par le professeur, soit réalisés par les élèves hors de la classe.

Paradoxalement, le seul réel travail écrit autonome des élèves en classe a principalement lieu durant les évaluations, alors que les élèves bénéficient rarement d'un réel entraînement à la pratique de l'écrit en classe.

Rappelons enfin que ce tableau correspond trait pour trait à celui que Langlois et Seignobos (1898, p. 262) brossaient pour le déplorer. Pour sa part, dans ses instructions de 1890, Lavisse vilipendait la « rédaction » qui n'était que la reproduction de la parole magistrale ou du manuel. Il prônait la pratique du « devoir » caractérisé par une grande diversité de formes (récit, développement d'un point précis, production de jugement sur un fait ou des événements, etc.) et destiné à exercer l'intelligence de l'élève (Audigier, 2008). C'est bien entendu ce type d'écrits qui attire notre attention quand il est susceptible de mobiliser des pratiques langagières historiennes.

La théorie des pratiques langagières invite à envisager les écrits des élèves certes sous l'angle de la maîtrise linguistique et du savoir disciplinaire mobilisés par les élèves, mais surtout sous celui de la logique sous-jacente à l'écrit. Dans le cas de l'histoire scolaire, nous considérons que cette logique s'élabore dans la maîtrise progressive des démarches de pensée historienne par l'élève, dans son interprétation de la situation d'écriture scolaire, dans la place qu'il s'autorise à prendre pour écrire en histoire, dans le rapport qu'il entretient au langage et au savoir disciplinaire. C'est en étudiant ces processus que l'on avance dans la compréhension des mécanismes présidant à la rédaction des écrits par les élèves, qu'ils soient en échec ou en réussite à l'école. En nous appuyant sur l'épistémologie de l'histoire, nous approcherons les pratiques langagières historiennes par l'étude de l'argumentation qui nous conduira ensuite vers la conceptualisation et l'explication historiques.

L'argumentation au service du raisonnement historique

Raisonnement historique et raisonnement naturel

Dans la seconde version de son ouvrage sur le raisonnement sociologique paru initialement en 1991, J.-C. Passeron (2006) montre que le raisonnement sociologique et le raisonnement historique relèvent tous deux du raisonnement naturel de la vie quotidienne. En conséquence, le raisonnement historique fait partie intégrante de la pensée sociale du sens commun, une pensée qui prend le social pour objet, mais surtout une pensée socialement construite par des individus appartenant à des groupes sociaux déterminés. Cette spécificité rend compte des caractéristiques de la conceptualisation et de l'explication historiques, les deux principales démarches de pensée historienne. Cette proposition fut validée pour l'histoire par B. Lepetit (1993) et surtout par A. Prost (1996). Nous suivrons donc les analyses de J.-C. Passeron (2002 ; 2006) dans l'ensemble de ce chapitre.

De prime abord, le raisonnement historique se distinguerait du raisonnement des sciences de la nature, comme l'a écrit Marc Bloch : « Méfions-nous de postuler, entre les sciences de la nature et une science de l'homme, je ne sais quel parallélisme faussement géométrique. » (Bloch, 1949, p. 131.) Le raisonnement des sciences de la nature serait caractérisé par la mobilisation de lois générales toujours vraies et universelles qui permettent la prédiction : « si A, alors B », par un raisonnement hypothético-déductif. Elles sont reproductibles dans des conditions identiques d'expérimentation et soumises au principe de « réfutabilité » ou de « falsification » mis en évidence par Karl Popper : si un seul fait contredit une loi alors celle-ci est invalidée. On se situe dans le domaine du *vrai* qui concerne les faits historiques établis de manière irréfutable par la méthode critique des historiens.

Le raisonnement des sciences de la nature relèverait de la démonstration. Celle-ci s'adresse à tous les êtres humains doués de raison, donc à aucun interlocuteur en particulier, et les indices d'énonciation signalant la présence d'un locuteur et d'un interlocuteur y sont réduits. Elle recourt également à une langue formalisée, univoque et sans ambiguïté, satisfaisant à des exigences de non-contradiction. La validité de la démonstration réside dans le respect des règles formelles d'inférence à l'intérieur d'un système axiomatique spécifique, en fonction desquelles la démonstration est considérée comme vraie. La démonstration est valide dès qu'elle respecte des règles d'inférence logique formulées en langage mathématique et obéissant à des lois générales (Passeron, 2002, p. 151).

En revanche, l'historien et le sociologue étudient des faits sociaux singuliers, non reproductibles par l'expérimentation. Le chercheur ne peut pas intervenir sur le déroulement des faits sociaux. En outre, on image mal la reproduction par un historien, à titre expérimental, d'une grande bataille avec son cortège de destructions et de désolation afin de vérifier une hypothèse de recherche (Bloch, 1937, p. 32-33). L'historien interprète les faits, il en propose une explication plausible justifiée par des preuves documentaires. Le discours de l'historien relèverait non pas de la démonstration mais de l'argumentation.

Gardons-nous toutefois de durcir – à l'instar du scientisme positiviste – l'opposition dualiste entre ces deux modes de pensée. Si l'histoire s'intéresse au singulier et ne pratique pas l'expérimentation à la manière des sciences de la nature, elle n'en reste pas moins une science par sa méthode rigoureuse et par la production d'explications valides alliées à des savoirs vérifiables. Ces deux modes de pensée signalent plutôt deux manières d'ordonner l'expérience et de construire pour l'une la réalité du monde social et pour l'autre celle du monde physique. Selon J. Bruner (1986, p. 27-28), il semblerait que le processus de formulation des hypothèses scientifiques découle d'abord d'une alchimie mystérieuse relevant de la pensée du sens commun. Ces hypothèses sont vérifiées et étayées ensuite par l'argumentation puis rapidement converties en un langage formel pour accéder à la validité scientifique.

La distinction entre les sciences de la nature et les sciences humaines est toutefois reprise par C. Ginzburg (1989). Il opère une distinction devenue célèbre entre les « sciences galiléennes » et les « sciences indiciaires ». Les premières traitent des objets du monde physique réitérables et quantifiables. Les « sciences indiciaires », à savoir la médecine, la psychanalyse, l'histoire ou l'enquête policière, sont attachées à l'humain, à l'individuel et au qualitatif. Elles s'intéressent à des cas singuliers et isolés, qui ne se répètent jamais et qui constituent parfois, mais pas toujours, des écarts signifiants à la norme. Ces sciences ne produisent qu'une connaissance « indirecte » et « conjecturale ». En effet, elles entrent en contact avec leur objet par l'intermédiaire d'indices ou de symptômes superficiels : des affections pathologiques, des symptômes, des traces du passé, un fragment d'ADN, divers indices d'apparence anodine ou marginale. Elles ont en commun l'interprétation de ces indices et l'établissement de *conjectures*, à l'instar des chasseurs de la préhistoire capables, à partir d'une trace de pas, d'une brindille cassée ou d'une déjection animale, de dire quel animal, à quel moment, est passé par là et dans quelle direction. L'examen du symptôme aide le médecin à établir un diagnostic, le fragment d'ADN conduit le policier sur la piste du criminel, l'indice ou la trace permet l'enquête historique. C. Ginzburg rejoint ici les analyses de Langlois et Seignobos sur l'histoire comme *connaissance par traces*.

Alors qu'on leur a longtemps accolé l'épithète « positiviste », ces deux historiens récusaient en réalité le modèle scientifique du positivisme. Leur épistémologie est aujourd'hui réhabilitée par un article fondateur d'A. Prost (1994). Ce dernier a montré que, même si ses travaux d'historien ne correspondaient pas à ce projet, Seignobos avait défendu un véritable projet d'histoire globale à la fois sociale et institutionnelle, n'en déplaise à ses détracteurs, au premier rang desquels Lucien Febvre. Avec Langlois, il avait établi les caractéristiques et la spécificité de la connaissance historique dans un célèbre manuel destiné aux étudiants en histoire, longtemps décrié pour son supposé schématisme et sa supposée naïveté épistémologique, mais redécouvert depuis une dizaine d'années (Langlois et Seignobos, 1898). Ils avaient tous deux fermement établi que, à la différence des sciences de la nature de l'époque qui observaient directement leur objet – du moins le croyait-on avant Einstein et ses contemporains –, la science historique est une connaissance indirecte qui n'atteint le passé que par les *traces* qu'il a laissées (Langlois et Seignobos, 1898, p. 65-68). Donc, « en histoire on ne voit rien de réel que du papier écrit – et quelques fois des monuments ou des produits de fabrication » (Langlois et Seignobos, 1898, p. 178-179). L'historien reconstruit les faits du passé par un effort *d'imagination* assez proche de la *conjecture* de C. Ginzburg.

Le réel ne « parle » pas de lui-même, il est matière à interprétation et à conjectures. L'interprétation historique reste dans le domaine du *probable*. Elle relève du raisonnement naturel qui, dans la vie quotidienne, procède essentiellement par la comparaison et l'analogie : on comprend une situation inédite en la rapprochant d'une situation que l'on connaît déjà ou que l'on a déjà vécue. Le rapprochement de deux situations hétérogènes appartenant à des contextes souvent éloignés relève donc de la présomption plus que de la nécessité. C'est pourquoi P. Veyne (1971, p. 24-26) a pu écrire – de manière un peu provocatrice – que l'histoire n'a pas de méthode et ne suppose aucune compétence intellectuelle spécifique car le mode de compréhension des hommes du passé est analogue à celui que nous appliquons aux actes de la vie courante pour comprendre ceux qui nous entourent, quand on cherche par exemple à savoir ce qu'autrui a « derrière la tête ». En conséquence, si l'histoire enrichit l'expérience de l'historien, ce dernier doit également enrichir sa propre expérience sociale pour comprendre les hommes du passé (Febvre, 1941, p. 32). Cette compétence de compréhension résulte également de la « théorie de l'esprit » dont tout être humain dispose depuis son plus jeune âge (Houdé, 2005, p. 109-118). Les psychologues nomment ainsi les théories naïves que les petits enfants se construisent sur le fonctionnement de l'esprit humain, le leur et celui des autres. Par ces théories, ils attribuent aux êtres humains une vie mentale – états intentionnels, croyances, désirs, calculs, etc. – qui les différencie des objets inanimés. Supposant une équivalence entre leur esprit et celui d'autrui, ils peuvent expliquer les conduites et les actions humaines *observables* comme le résultat d'états mentaux *inobservables* (croyances vraies ou fausses, désirs, calculs intentions, etc.). Comme les intentions des hommes en société sont rarement transparentes, elles appellent des interprétations plurielles et parfois contradictoires qui supposent une justification argumentée.

Cette capacité à l'intersubjectivité permet de comprendre l'esprit d'autrui par l'attribution d'une *signification* à ses agissements. Elle contribue à la maîtrise des relations sociales car la vie en société suppose que chacun de nous soit psychologue et dispose d'une théorie susceptible de rendre compte des raisons pour lesquelles les hommes agissent tel qu'ils le font. Cette psychologie naïve et populaire se forme dans notre expérience sociale, elle se nourrit de la culture dans laquelle nous baignons pour fonder le raisonnement naturel. L'attribution d'une signification aux agissements des hommes est donc socialement construite et partagée, elle n'appartient pas en propre à chacun individu pris isolément car elle participe de la culture d'un groupe social. Elle est publique (Bruner, 1996, p. 201).

Le raisonnement historique appartient cependant au domaine de la science par son aptitude à contrôler ce raisonnement naturel et à formuler des propositions générales soumises à une vérification empirique. La rigueur de l'administration de la preuve, reposant sur une méthodologie d'établissement critique des faits, et sur le strict contrôle de la comparaison des situations historiques fonde la scientificité du raisonnement historique. Elle le distingue en même temps du raisonnement du quotidien et des propos du café du commerce (Prost, 1996, p. 158-159). Le raisonnement historique ne se situe pas dans un juste milieu entre deux modèles scientifiques qui seraient étrangers l'un à l'autre, il est l'un *et* l'autre, il est un raisonnement naturel contrôlé, formalisé et validé par la méthode historique. Ce contrôle fonde la démarche scientifique de l'histoire.

Puisque le raisonnement historique relève du raisonnement naturel, on peut considérer qu'il se trouve – toutes proportions gardées – à la portée des élèves. Il existe une continuité plutôt qu'une rupture entre le raisonnement des profanes (les élèves) et celui des experts (les historiens) (Lautier, 2001a). Les démarches de pensée des historiens sont mobilisées en classe d'histoire même si, bien entendu, les historiens maîtrisent la rigueur de la méthode critique de la discipline que l'on ne saurait mettre à la portée des élèves sauf à vouloir en faire des petits historiens, ce qui n'entre pas dans notre projet.

Le raisonnement argumentatif

L'argumentation constitue la principale pratique langagière en histoire en tant qu'elle articule un mode de raisonnement et un mode d'exposition propres au raisonnement naturel.

À la fin des années 1990, l'argumentation devint l'objet d'une exigence institutionnelle qui se situait pourtant en opposition avec les pratiques habituelles de classe (Allieu-Mary *et al.*, 2004). En classe d'histoire, l'argumentation était censée conduire les élèves à construire du savoir en s'appuyant aussi bien sur des savoirs scolairement recevables que sur leur expérience et leurs compétences personnelles. Il s'agissait alors de rompre avec les pratiques magistrales dominantes en classe d'histoire dispensant sans contestation possible des énoncés apparemment neutres et réalistes. L'exigence d'argumentation dans les pratiques de classe en histoire était fondée sur le plan épistémologique mais n'en constituait pas moins une injonction paradoxale qui explique les difficultés de sa mise en œuvre. Une clarification sur le fonctionnement de l'argumentation en classe d'histoire s'avère donc nécessaire.

Pour commencer, la confrontation avec l'argumentation en classe de français éclaire, par contraste, la nature de l'argumentation en histoire. En effet, alors que les professeurs de français demandent à leurs élèves d'étayer, de réfuter ou de discuter une thèse, les professeurs d'histoire-géographie demandent simplement à leurs élèves de justifier une thèse. En outre, si le schéma argumentatif est identique dans les deux disciplines, la référence à des faits avérés est tout particulièrement importante en histoire.

Dans *La rhétorique*, Aristote dégage les caractéristiques de l'argumentation. Celle-ci s'adresse à la raison de l'interlocuteur que l'on cherche à *convaincre* au moyen de preuves extérieures au discours. Même si, dans le domaine scolaire, l'argumentation consiste moins à convaincre qu'à construire du savoir, l'examen des situations d'argumentation n'en reste pas moins essentiel pour notre propos. Selon Aristote, l'argumentation est un raisonnement initié par une question formulée comme une alternative ou un paradoxe qui attendent des réponses différentes mais également valides :

> « Nous ne délibérons que sur les questions qui sont manifestement susceptibles de recevoir deux solutions opposées et personne ne délibère que des choses qui, dans le passé, le présent ou l'avenir ne sauraient être autrement, car cela ne servirait à rien. » (*La rhétorique*, I-2, 1357a.)

Avec l'argumentation, on ne se situe pas dans le *vrai* des sciences de la nature mais dans le *probable* du raisonnement naturel contrôlé : « Son fait n'est pas tant de persuader que de voir l'état probable des choses par rapport à chaque question [...], de reconnaître ce qui est probable et ce qui n'a que l'apparence de la probabilité. » (*La rhétorique*, I-2, 1357a.) Par exemple, l'existence des chambres à gaz durant la Seconde Guerre mondiale est un fait avéré qui relève du vrai et ne saurait faire l'objet de débats. En revanche, les raisons de leur mise en service appellent le débat : les polémiques déjà anciennes et un peu obsolètes entre historiens fonctionnalistes et intentionnalistes renvoient à des points de vue opposés mais tous deux probables car ils ne présentent aucun caractère contraire à la raison.

Cette distinction doit être prise en compte par les élèves. En effet, si l'histoire relevait exclusivement du vrai et de la nécessité, on pourrait se contenter de ces copies qui restituent uniquement des faits puisque, pour un grand nombre d'élèves, « l'histoire, c'est des dates à apprendre par cœur ». Or, la validité de l'argumentation n'est pas définie en termes de vérité absolue ou d'erreur totale. Elle est susceptible de gradations, elle convoque à cet effet toujours plus de preuves et, par la concession, elle intègre même les objections d'autrui pour modifier son champ de validité. Elle reste l'outil privilégié des sciences sociales car elle seule rend compte des raisons, des débats et des valeurs en jeu dans une société humaine.

Comme l'argumentation relève du probable, de la conjecture et de la présomption, elle est prise en charge par un locuteur qui veut convaincre son interlocuteur du bien-fondé de sa thèse. Pour y parvenir, le locuteur produit des arguments et des exemples reconnus comme valides par les deux interlocuteurs. Cette relation argumentative avait déjà été formalisée par Aristote en rappelant qu'« il y a trois choses à considérer dans un discours : l'orateur, ce dont il parle, l'auditoire » (*La rhétorique*, I-3, 1358a). La question de l'orateur (*ethos*) renvoie à son statut, à son savoir, à la thèse qu'il veut défendre. Le discours (*logos*) concerne les arguments employés, le raisonnement et les techniques discursives mises en œuvre pour convaincre l'auditoire. La production de preuves pour fonder ses arguments confère à l'argumentation sa valeur scientifique. Enfin, il faut tenir compte de la culture et de l'ignorance de l'auditoire (*pathos*), de ses réactions à la thèse proposée. Ainsi, l'historien choisit les exemples et les arguments les plus pertinents pour justifier son point de vue, sa thèse, une explication, la qualification d'un fait et pour aller au-devant des objections possibles de ses pairs. Ces trois dimensions sont étroitement liées car tout discours est construit en fonction d'une visée qui suppose la prise en compte de l'interlocuteur, en fonction de la construction d'une posture argumentative pour se faire accepter comme locuteur (Charaudeau, 1992, p. 779-789).

Les élèves en réussite sont précisément ceux qui s'autorisent à assumer une posture de locuteur selon une logique d'institution du sujet, et qui entrent dans la complexité du « triangle argumentatif » mis en évidence par Aristote. Le locuteur qui argumente assume une présence très forte dans son discours et la prise en compte de l'interlocuteur – son statut, ses savoirs, son point de vue – détermine fortement la ligne de l'argumentation puisqu'il s'agit d'emporter sa conviction.

Les *indices d'énonciation* (pronoms personnels, modalisateurs, adverbes et adjectifs signalant une appréciation des faits évoqués) indiquent la présence conjointe du locuteur et de l'interlocuteur dans le texte. Un locuteur assume un discours oral ou écrit qu'il adresse à un interlocuteur parfois absent physiquement mais toujours présent d'une manière ou d'une autre. Ces indices d'énonciation sont la marque d'un discours argumentatif. Par exemple, dans tout texte d'historien, le « nous » désigne à la fois le chercheur et la communauté scientifique à laquelle il appartient et qui garantit la vérité historique énoncée par lui. Mais ce pronom personnel désigne tout autant l'historien lui-même et cache avec pudeur un « je » que seuls les historiens les plus éminents peuvent se permettre (Carrard, 1998, p. 96-100). Ce « nous », qu'il soit pluriel ou en réalité singulier, reste donc une marque d'énonciation. Il en va de même pour les notes de bas de page qui signalent la place respective de l'auteur et du lecteur (Prost, 1996 ; Carrard, 1998, p. 136 et p. 153-158). Elles ne portent pas seulement la marque distinctive du texte d'histoire, elles signalent aussi la manière dont l'auteur imagine son lecteur, elle est une adresse au lecteur. Dans les ouvrages scientifiques, les notes autorisent une lecture savante du texte car elles supposent un lecteur compétent, susceptible d'aller vérifier les références citées. À l'opposé, l'absence de notes distingue le livre d'histoire destiné à un grand public supposé peu savant et pour lequel l'autorité fermement établie de l'auteur – tels F. Braudel ou G. Duby « de l'académie française » dans leurs derniers ouvrages – offre une garantie suffisante de scientificité.

On distingue en outre deux catégories de notes de bas de page. Les *notes de références* renseignent sur les sources et attestent la scientificité du texte de l'historien. Elles produisent ces pages dédoublées tellement caractéristiques des livres d'histoire qui associent le texte de l'historien à sa démarche d'investigation. Ces notes remplissent une fonction référentielle et sont une adresse au lecteur savant en ce qu'elles lui permettent de consulter ces sources pour vérifier les dires de l'auteur. Elles remplissent également une fonction rhétorique installant l'autorité de l'historien fondé à produire son discours par la somme des dépouillements et de ses lectures et devant laquelle le lecteur – même supposé savant –

ne peut que s'incliner. La note de bas de page devient alors argument d'autorité. Les *notes résiduelles,* quant à elles, évaluent les travaux cités et instaurent un dialogue ou un débat avec les autres historiens : l'auteur s'érige en juge et critique de ses collègues. Au total, ces marques d'historicité sont également des marques d'énonciation à fonction argumentative car on écrit toujours en s'instituant comme auteur et en instaurant un certain type de relation avec un lecteur que l'on construit dans son texte. On n'est jamais neutre quand on écrit de l'histoire.

L'argumentation en histoire

Les caractéristiques de l'argumentation en font la pratique langagière spécifique du raisonnement naturel et historique. Pour comprendre la nature et le fonctionnement de l'argumentation en histoire, nous suivons ici C. Ginzburg (1991, p. 19-26 et p. 117-118 ; 2000, p. 13-14 et 43-51). Il propose une relecture éclairante du traité d'Aristote sur la rhétorique qu'il considère comme un modèle pour l'argumentation historique.

Aujourd'hui, affirmer que l'histoire relève de la rhétorique pourrait consister à assimiler le discours historique à celui d'une œuvre de fiction détachée de tout lien avec la réalité du monde. On s'inscrirait alors à nouveau dans la problématique du *Linguistic turn,* dans le sillage de R. Barthes (1967). Ce dernier, à partir de la lecture de quelques historiens classiques, Hérodote, Machiavel, Bossuet et Michelet (*sic*), prétendait analyser le discours de l'histoire et procéda à une attaque en règle contre l'histoire dite « positiviste » et que nous appelons aujourd'hui « méthodique ». R. Barthes assimilait l'objectivité de cette historiographie à une supposée neutralité de l'historien affirmée par l'effacement des indices d'énonciation, notamment par la disparition du *je* de l'auteur qui viserait à faire croire que le réel lui-même s'exprimerait sous sa plume. Au contraire, selon R. Barthes, le discours historique serait purement *imaginaire* dans la mesure où le réel évoqué n'aurait d'existence que langagière, dans et par le discours de l'historien. Le *référent* (le réel) ne serait que du *signifié* relevant du discours puisque « le fait n'a jamais qu'une existence linguistique » (Barthes, 1967, p. 175). Comme la connaissance du réel passé serait inaccessible et se dissoudrait dans le discours de l'historien, ce réel serait juste dénoté comme un *effet de réel* purement rhétorique et langagier assimilant le référent à son signifié. Par ces artifices – la référence à des sources, la réeffectuation du passé, la narration –, les historiens feraient croire que c'est le réel qui s'exprime directement sous leur plume (Carrard, 1998, p. 35).

Comme nous le savons, cette perspective doit être très fortement nuancée. Dans son œuvre magistrale, *Temps et récit*, P. Ricœur a clairement établi la spécificité de la narration historique au regard du récit de fiction. L'histoire se tient dans la tension entre d'une part la narration qui s'évertue à faire revivre le passé perdu et, d'autre part, la documentation factuelle et la preuve documentaire par lesquelles l'histoire devient pensable en tant que connaissance par traces du passé. Le discours historique s'articule toujours au réel du passé (de Certeau, 1975, p. 54-56 ; Ricœur, 2000, p. 322-323). Selon C. Ginzburg, il en allait de même pour la rhétorique antique dont on a oublié qu'elle était d'abord une technique de persuasion dont l'administration de la preuve fondait le « noyau rationnel ». D'ailleurs, l'administration de la preuve rapproche l'histoire du critère poppérien de vérification et de falsification car l'interprétation d'un historien est considérée comme valide dans la mesure où l'état actuel de la documentation permet de la vérifier. Dans le cas inverse, elle est rejetée car l'argumentation historique n'est pas affaire d'opinion mais de vérification (Ricœur, 2000, p. 443). En cela également l'histoire est une science, au même titre que les sciences de la nature.

Revenons, avec C. Ginzburg, à la rhétorique définie par Aristote pour comprendre la nature et le fonctionnement de l'argumentation en histoire. Aristote distingue trois genres de discours rhétoriques. Le genre *délibératif* porte sur l'avenir, le genre *épidictique* sur le présent et le genre *judiciaire* sur le passé. Le tableau 4 en résume les principales caractéristiques (Aristote, *La rétorique*, I-3, 1358b ; Barthes, 1970, p. 144) :

Tableau 4. – *Les trois genres rhétoriques selon Aristote*

	Judiciaire	Délibératif	Épidictique
Circonstances	Tribunal	Assemblée	Éloge funèbre
Auditoire	Juges	Citoyens	Spectateurs
Objet	Juger	Délibérer	Éloge/blâme
Valeurs	Juste/injuste	Utile/nuisible	Beau/laid moral
Résultat	Qualifier un fait	Prendre une décision	Édifier
Moyen	Preuves matérielles	Valeurs de la cité	Valeurs morales
Temps	Passé	Futur	Passé/présent/futur

Le genre judiciaire a bien entendu le plus à voir avec l'histoire et nous sert de fil conducteur dans un premier temps. Quand elle relève du genre judiciaire, l'argumentation établit et nomme un fait vrai ou probable à l'aide de preuves tangibles établies par une enquête de type policier. La preuve est administrée par le témoignage et par divers écrits, ou bien par l'enthymème qui fournit soit un indice (*semeion*) relevant du probable soit une preuve matérielle certaine (*tekmerion*) relevant du vrai. Notons au passage que le *tekmerion* (la trace) rappelle que l'histoire est connaissance par traces. En conséquence, selon Aristote, l'histoire humaine relevant du genre judiciaire peut être reconstituée à partir de preuves, d'indices et de témoignages qui fournissent un caractère de forte probabilité au discours historique. Le modèle en est l'histoire de Thucydide qui pouvait invoquer à titre de preuve des vestiges archéologiques. À l'instar du juge, l'historien convoque des preuves établies au cours d'une enquête véritablement policière pour qualifier un fait advenu dans le passé. Il répond ainsi à la question du « quoi ».

Toutefois, l'établissement du fait sur la base de la critique des témoignages et des documents ne constitue que la première étape de la démarche de l'historien. Ce dernier se distingue ici du juge qui dit le vrai, énonce un jugement et un verdict alors que l'historien cherche à comprendre et reste dans le domaine de la probabilité. Il répond à la question du « pourquoi » et produit un discours intelligible à partir des faits (Prost, 2002a). L'historien doit convoquer des preuves pour justifier son point de vue, ses postulats, son itinéraire de recherche qui le conduisent à proposer tel ou tel type d'explication pour un fait historique. C'est pourquoi il semble que l'histoire relève également du genre délibératif. À l'instar des citoyens qui délibèrent à l'Assemblée pour décider ce qui est le mieux pour la cité en fonction de ses intérêts et des valeurs qu'elle porte, l'historien propose une explication en opérant un choix éthique qui renvoie à ses valeurs personnelles et/ou aux valeurs de la société dans laquelle il vit. Rappelons à cet effet que Furet et Soboul, à partir de points de vue radicalement opposés, connus et acceptés, expliquaient différemment des faits identiques.

L'argumentation structure donc le mode de raisonnement de l'historien qui construit son enquête et en expose les résultats. Elle est une pratique langagière au sens où elle suppose une utilisation du langage pour faire quelque chose, pour agir sur autrui par les mots et pour faire quelque chose du langage, pour construire un savoir et un discours sur le monde, dans une situation de communication de dialogue puisqu'il s'agit toujours de tenir compte d'un interlocuteur réel ou virtuel. Cette démarche suppose la construction par l'historien de son point de vue sur le passé pour organiser son texte et elle implique l'indication au lecteur de l'endroit « d'où il parle ». Comme l'écrivait M. de Certeau (1975), l'écriture de l'histoire est institution d'un lieu et l'historien assume de ce fait une posture argumentative. L'objectivité n'est pas synonyme de neutralité ou de juste milieu entre deux points de vue opposés car un problème historique trouve ses racines dans des questions pratiques d'où les valeurs ne sont pas absentes (Weber, 1904, p. 126-134). Il revient ensuite à une démarche scientifique d'en dégager les propositions générales valides. Or, les élèves, à qui l'on demande d'assumer une argumentation doivent également construire une posture argumentative et un point de vue organisateur du savoir, de leur expérience, de leurs valeurs mais aussi du discours des autres à l'intérieur d'un texte cohérent (Bautier et Rochex, 1998, p. 136-138 et p. 149-153). Si l'on n'aide pas les élèves à construire cette posture argumentative qui suppose la prise en charge d'une thèse, l'histoire restera pour eux cette discipline où l'on énumère des faits mémorisés.

Cependant, l'historien n'argumente jamais dans le vide. Il argumente pour justifier la désignation et la définition d'un concept et pour justifier son explication. Il nous faut comprendre les deux démarches de pensée historienne de la conceptualisation et de l'explication que rend possible l'argumentation. Nous les aborderons à partir de la lecture des deux textes d'une élève.

L'argumentation dans les copies d'une élève

Les textes en question furent rédigés par Hanane en classe de seconde, à l'issue de la séquence sur « Naissance et diffusion du christianisme ». La première version de cet écrit fut rédigée à la maison pour répondre à la consigne suivante : « Expliquez pourquoi la religion chrétienne fut persécutée jusqu'au IIIe siècle et pourquoi elle devint au IVe siècle la religion officielle de l'empire romain. » Même si les faits et les explications attendus figurent dans ce texte, celui-ci reste hétéroclite, peu organisé et énumératif. Nous le présentons ici comme contrepoint au second texte structuré par une réelle argumentation. La seconde version de cet écrit fut en effet rédigée à l'issue d'un travail mené en classe sur l'argumentation par le biais d'écrits réflexifs sur lesquels nous reviendrons ultérieurement (chapitre IX).

Premier écrit de Hanane	Second écrit argumenté de Hanane
« Ceux qui pratiquent la religion sont appelés chrétiens. Les chrétiens sont monothéistes, ils croient en un seul dieu et en trois hommes : le père, le fils et le saint esprit. Le culte impérial sont des prières destinées aux empereurs morts qui sont devenus dieux pour qu'ils protègent l'Empire contre les barbares, les crises, etc. Les Romains veulent obliger les chrétiens à pratiquer le culte impérial *alors* que ceux-ci sont monothéistes. *Ce qui* provoque une guerre locale (voir l'incendie de Rome en 64). D'après les Romains, si les gens ne pratiquent plus le culte impérial, l'Empire n'est plus protégé, il est menacé. Au IIe siècle, l'Empire romain et très grand et très puissant *donc* les chrétiens ne présentent plus une menace grave pour les Romain. Il n'y a que quelques persécutions locales comme les persécutions des chrétiens de Lyon en 177 ap. J.-C. Au IIIe siècle, il y a une crise économique et sociale ainsi que des menaces barbares. Les Romains pensent que les dieux ne les protègent plus *parce que* tout le monde ne pratique plus le culte impérial. Ils décident *alors* d'obliger les chrétiens à le faire sinon ils les exécutent. En 250 ap. J.-C. Dèce étend les persécutions dans tout l'Empire. Elles augmentent et deviennent générales. En 312, Dioclétien accorde la liberté du culte. En 313 Constantin remporte une victoire contre un rival et devient empereur. Il obtient la totalité du pouvoir et raconte qu'il a eu la victoire *grâce au* dieu des chrétiens. Il se dit que celui-ci est efficace. En 313 : la liberté du christianisme est proclamée. Il y a *alors* une hésitation pendant un siècle pour savoir qui protège l'Empire (Dieux romains ou Dieu chrétien). Ap. 395, la religion romaine est interdite. *Donc* la religion chrétienne devient la religion de l'Empire romain. »	« Au début du Ier siècle, les romains pratiquaient le culte impérial qui consistait à vénérer les empereurs romains morts qui étaient devenus des dieux. Les romains les vénéraient *car* ils pensaient qu'en les vénérant ils protégeaient Rome. Mais les chrétiens ne pratiquaient pas le culte impérial *car* dans ceux-ci il fallait croire en plusieurs dieux, *car* les chrétiens étaient monothéistes. *Étant donné que* les chrétiens ne se laissaient pas faire et qu'en 64, Rome fut incendiée, les Romains pensèrent que *comme* les chrétiens n'avaient pas pratiqué le culte impérial *eh bien* les dieux romains étaient en colère et *donc* ils avaient décidé de ne plus protéger Rome. *Suite à* cet incendie, les premières persécutions des Romains contre les chrétiens commencèrent. Au IIe siècle, Rome est à son apogée et les romains se disent que tout va bien mais qu'il faut quand même que les chrétiens pratiquent le culte, *c'est pour ça que* les romains continuèrent mais elles sont seulement locales, *comme* en 177 où les chrétiens de Lyon sont persécutés. Arrivée au IIIe siècle, Rome connaît une crise économique et sociale et elle connaît aussi les menaces barbares. Les romains sont déboussolés et n'ont qu'une explication, celle de la colère des dieux *à cause des* chrétiens qui ne pratiquent toujours pas le culte impérial. En 250, Dèce déclenche des persécutions dans tout l'empire et en 257, c'est au tour de Valérien. *Ainsi*, ils se disent les chrétiens feront enfin le culte impérial. En 303, Dioclétien fait de même mais cela sera inutile. Neuf ans plus tard, en 312, un général appelé Constantin est en guerre *pour* devenir empereur. Il reçoit *alors* une vision qui lui promet la victoire si il mettait une croix sur ses guerriers. Il gagna et décida d'accorder la liberté de culte aux chrétiens dans tout l'Empire. Le christianisme est devenu toléré *grâce à* l'édit de Milan en 313. Quatre-vingt-six ans plus tard, en 391, Théodose interdit les sacrifices aux dieux païens et le christianisme devient la religion officielle *car* les Romains n'avaient plus confiance aux dieux romains après tous ces désastres. »

Le premier écrit est caractéristique de textes fréquemment produits par les élèves en histoire. Le premier paragraphe est constitué de deux définitions juxtaposées. Celle du culte impérial est acceptable mais celle des chrétiens entretient une confusion entre monothéisme et polythéisme. Le reste du texte est constitué de paragraphes commençant par une indication temporelle qui signale l'énumération renforcée par les fréquents « il y a », et d'une simple restitution de savoirs mémorisés. Ce texte dit le « vrai » en citant les faits datés et irréfutables, exposés par la parole magistrale.

Chaque paragraphe a du sens par lui-même : le savoir est pertinent et les connecteurs logiques (*alors, donc parce que, grâce au*) créent du lien à l'intérieur de chaque paragraphe. De même, les modalisateurs (*les Romains veulent, D'après les Romains, Les Romains pensent que, Ils décident de, Constantin… raconte, il se dit que*) interviennent pour rapporter les intentions supposées des acteurs. Mais l'absence de fil directeur et de lien logique ou temporel entre ces énoncés mis bout à bout sans organisation globale empêche la formulation de l'explication globale demandée dans la consigne. Cet écrit dénué de visée argumentative n'est pas réellement un texte organisé.

Le second écrit présente toutes les caractéristiques d'une argumentation historique qui apparaissent par contraste avec le texte initial. La présentation matérielle du texte a subi de profondes transformations lors de sa réécriture. Celui-ci est désormais organisé en deux parties distinctes, elles-mêmes composées de deux et trois paragraphes. Les dates sont déplacées vers le milieu des phrases et les deux définitions initiales sont intégrées au corps du texte. Les présentatifs énumératifs « il y a » ont disparu. Ces divers indices laissent supposer la construction d'un véritable texte organisé dès le départ par une réflexion globale.

La différence avec le premier écrit tient à ce que les repères chronologiques et les personnages ne sont pas simplement énumérés en tant que savoirs positifs. Ils deviennent des exemples qui situent, illustrent et justifient des arguments au service d'une thèse. Ce texte reprend les aspects formels de la relation argumentative définie par Aristote dans *La rhétorique* (Charaudeau, 1992, p. 779-789). Le raisonnement argumentatif est constitué d'un enchaînement d'énoncés respectant des contraintes formelles et structurant l'ensemble de la copie. L'assertion de départ (la *prémisse* acceptée comme vraie par les interlocuteurs : les Romains croyaient que les dieux ne protégeaient plus Rome car les chrétiens refusaient de pratiquer le culte impérial) aboutit à une assertion d'arrivée (la *conclusion :* comme les Romains n'avaient plus confiance dans leurs dieux qui ne protégeaient plus Rome, alors ils adoptèrent la religion chrétienne) qui clôt le texte et doit emporter l'adhésion de l'interlocuteur. Le passage de la prémisse à la conclusion s'opère par un raisonnement structurant des assertions de passage (les *arguments*) qui renvoient à un domaine de connaissance extérieur au raisonnement (des exemples, des preuves) et validant le discours. Ces assertions sont reliées entre elles par des connecteurs logiques (*car, donc, à cause de, grâce à, pour*) ou temporels (*alors, suite à*) (en italique dans le texte). L'expression des distances temporelles (*neuf ans plus tard, quatre-vingt-six ans plus tard*) signale une tentative naïve de relier les propositions entre elles. Le travail sur l'argumentation n'est donc pas uniquement formel : l'argumentation structure le raisonnement historique et permet aux démarches de pensée historiennes d'advenir dans le texte de Hanane.

Ce second texte signale en outre les démarches de pensée rendues possibles par l'argumentation. À partir du texte de Hanane, traversons maintenant le miroir de l'argumentation historique pour examiner les pratiques langagières qui recouvrent les démarches de conceptualisation et d'explication historiques.

ARGUMENTER POUR CONCEPTUALISER

La conceptualisation et les concepts historiques

Deux concepts figurent au début des écrits de Hanane : « monothéisme » et « culte impérial ». Ils conduisent au concept de « religion officielle » à la fin du second texte. Le premier concept avait été défini dans le premier écrit : « Les chrétiens sont monothéistes, ils croient en un seul dieu. » Ce concept est un invariant toujours vrai et universellement recevable, à l'instar des concepts des sciences de la nature.

En revanche, la validité du concept de culte impérial est restreinte à l'Empire romain païen. Il nous permet d'aborder les caractéristiques des concepts historiques et de comprendre les modalités de la conceptualisation en histoire. Pour introduire notre propos, le tableau 5 concilie deux typologies célèbres des concepts historiques, celle de H.-I. Marrou (1954, p. 140-161) qui distingue cinq grands types de concepts et celle de R. Koselleck (1979, p. 115-116) qui distingue les concepts *hérités* du passé des concepts *construit* après coup par les historiens (lignes en gras), renvoyant à une distinction déjà établie par Marc Bloch (1949, p. 135-146) et glosée par A. Prost (1996, p. 137-143). En italique dans les cellules figurent les concepts du texte de Hanane :

Tableau 5. – *Typologie des concepts historiques selon Marrou et Koselleck*

Types de concepts	Définition	Exemples
Concepts hérités du passé		
Notions techniques	Désignations de l'époque concernée dans équivalent dans la langue d'aujourd'hui	Pharaon, patricien, consul, manse, fief, serf, fermier général, officier… *Culte impérial, empereur*
Concepts construits par les historiens après coup		
Métaphores et analogies (entités sociétales)	Usage d'une image pour désigner et catégoriser un fait	Entités collectives dotées par transfert métaphorique des intentions d'individus singuliers (la France pour les Français…) *Rome, Empire romain*
Concepts d'ambition universelle (concepts empruntés)	Généralités construites par d'autres sciences, historisées et applicables aux hommes de toutes les époques	La vie, la mort, homme, femme, impérialisme, lien social, régime parlementaire, brutalisation, civilisation, *religion, guerre*
Notions historiques	Élaborées par les historiens pour caractériser une période ou un ensemble historique.	Athènes, Antiquité tardive, Byzance, Renaissance, Baroque, Ancien Régime, Entre-deux-Guerres… *Rome*
L'idéal-type de Max Weber (Weber, 1904, p. 172-173)	Tableau idéal, synthétique et homogène des relations unissant une multitude de phénomènes singuliers pour expliquer le fonctionnement d'un phénomène réel de grande ampleur	Le charisme (M. Weber), la cité antique (Fustel de Coulanges), le capitalisme marchand (Braudel), la crise économique d'Ancien Régime (Labrousse), le sans culotte (Soboul), la révolution industrielle…

D'aucuns hésitent à évoquer les concepts en histoire, science du changement et du particulier. Comme la singularité des objets historiques (« ce qui est arrivé à Alcibiade… »)

semble incompatible avec l'universalité des concepts, on désigne les généralités de l'histoire scolaire par le terme nébuleux de « notions » voire, pire encore, de « vocabulaire ». En outre, une conception de l'apprentissage largement répandue à tous les niveaux d'enseignement laisse supposer aux enseignants que la construction du savoir doit opérer du simple vers le complexe, et que les élèves doivent d'abord apprendre des contenus factuels simples (Audigier et Tutiaux-Guillon, 2004, p. 184). On s'en tient donc à un enseignement strictement factuel et les opérations de conceptualisation, jugées trop complexes, sont accomplies par les enseignants eux-mêmes. Pourtant, nombre d'historiens n'hésitent pas, eux, à utiliser le terme de « concept » pour désigner… les concepts historiques. Tentons-en une définition pour l'histoire.

Puisque l'on ne peut penser sans généralisation et sans catégories historiques, nous écrirons tout d'abord que les concepts, en articulant le particulier au général, sont un moyen de connaissance pour penser le monde : « Ils ne sont rien d'autre que des essais pour mettre de l'ordre dans le chaos des faits. » (Weber, 1904, p. 191.) Ou encore : « Avoir des concepts, c'est concevoir les choses. » (Veyne, 1971, p. 175.)

D'après le *modèle classique* de la conceptualisation hérité d'Aristote, les concepts déjà construits appartiennent à l'arborescence d'un réseau conceptuel hiérarchisé où leur place dépend de leur degré de généralisation (Richard, 1990, p. 60-68). Le tableau 5 différencie les concepts historiques en fonction de leur usage et de leur degré de généralisation, depuis les concepts de rang inférieurs que sont les notions techniques, aux concepts de rang intermédiaire des périodes historiques et jusqu'à l'idéal-type wébérien de rang supérieur, que F. Braudel définit comme un « faisceau d'explications » (1958, p. 67). Pour penser en histoire, on emboîte ces différents niveaux de concepts (de Certeau, 1975, p. 115).

Par exemple, le *culte impérial*, tout comme le culte poliade en Grèce (concepts de rang inférieur), est un *culte civique* (concept de rang intermédiaire) qui appartient au domaine de la *religion* (concept de rang supérieur). On peut le définir comme un culte polythéiste et civique obligatoire pour tous les citoyens, qui consiste à vénérer des divinités protectrices afin que ces dernières protègent la communauté des citoyens (attributs ou propriétés du concept). Il est toujours loisible d'indiquer des antonymes – telle la religion chrétienne quand elle était persécutée – à la fin de la définition pour enrichir le réseau conceptuel. En effet, le concept correspond à la visée de l'histoire en ce qu'il permet *a contrario* d'identifier la diversité et la spécificité des phénomènes historiques (Veyne, 1976, p. 18-19). Ce qui compte en définitive, c'est de comprendre en quoi le culte impérial différait des autres religions en parcourant les divers arcs du réseau conceptuel concerné.

Pourtant, le processus de conceptualisation en histoire opère initialement en classe selon le *modèle relativiste* de conceptualisation élaboré par la psychologue cognitiviste E. Rosch (Richard, 1990, p. 60-68 ; Lautier, 2001b, p. 28-29). L'exemple le plus caractéristique d'une catégorie générale, celui qui au quotidien surgit à l'esprit en premier pour illustrer une généralité, est considéré comme le *prototype* de cette catégorie, tel le moineau pour la catégorie des oiseaux, ou tout autre oiseau commun selon l'aire géographique dans laquelle on vit. Par association d'idée, viennent ensuite les autres oiseaux – ceux auxquels on ne pense pas de prime abord – subsumés au final par le concept d'oiseau. C'est la conceptualisation *prototypique* par *capture écologique* (par familiarité) des propriétés du concept.

Ce modèle relativiste ou écologique rend compte de la pratique naturelle de conceptualisation historique qui rapproche des objets analogues pour élaborer des typologies et pour construire des concepts (Passeron, 2002 ; Passeron, 2006, p. 130-137 et p. 558-584). Les concepts historiques sont tout d'abord des *concentrés de comparaison* fondés sur des typologies élaborées à partir de faits relevant de contextes variés mais dont on a décidé qu'ils étaient comparables à un prototype. Tout concept historique décrit un ensemble de faits singuliers qui présentent des caractéristiques comparables. Les propriétés communes aux faits historiques comparés constituent les propriétés du concept. Les propriétés communes à plusieurs concepts de rang inférieur constituent les propriétés d'un concept plus général et de rang supérieur. Par exemple, les révolutions anglaise, française et russe sont des concepts historiques recouvert par la catégorie générale de la révolution car elles possèdent un certain nombre de caractéristiques communes qui définissent une révolution (armement de fractions de la population, renversement brutal du pouvoir politique, exécution du souverain, guerre civile, transformation brutale dans l'ordre économique, social et politique, etc.). Un concept historique relève donc de la typologie empirique plus que de la généralité universelle car il découle de la propension du raisonnement naturel à comparer sans cesse pour décrire le monde social. C'est pourquoi les liens à l'intérieur du raisonnement naturel sont typologiques et non pas logiques, car les faits relevant d'une typologie entretiennent entre eux un « air de famille », selon l'expression de Wittgenstein (Cavoura, 2003). Construit par comparaison et par la mise en évidence de caractéristiques communes à des objets analogues, le concept historique suppose une certaine forme de régularité et renvoie à un certain contenu structurel par lequel il s'élève au-dessus de la singularité pour approcher les concepts des sciences de la nature (Koselleck, 1979, p. 140-141). C'est pourquoi « l'histoire est description de l'individuel à travers des universaux » (Veyne, 1971, p. 174).

Les concepts historiques sont également des *descriptions résumées* des faits qu'ils recouvrent car ils sont « construits par une série de généralisations successives et définis par l'énumération d'un certain nombre de traits pertinents qui relèvent de la généralité empirique, non de la nécessité logique » (Prost, 1996, p. 129). Nous venons de voir que *l'abstraction* des différences entre les faits comparés produit la généralisation car ce sont les caractéristiques communes à ces faits qui constituent les propriétés du concept lui-même. Un concept historique reste donc une *généralité incomplète* toujours indexée au contexte de son élaboration et aux faits à partir desquels il a été construit. Dans l'histoire savante comme dans l'histoire scolaire, le concept se construit à travers des situations précisément localisées, datées et exemplifiées (Tutiaux-Guillon *et al.*, 1993, p. 10). Si la validité du concept peut être étendue au coup par coup à de nouveaux cas clairement identifiés, elle ne possède pas une capacité d'extension universelle car elle est bornée à un domaine et à un champ discursif déterminés (Foucault, 1969, p. 84). C'est pourquoi le raisonnement par induction ne concerne pas l'histoire car il suppose de s'élever des cas particuliers à une généralité universelle. Ces diverses caractéristiques rangent les concepts historiques dans la catégorie kantienne des *concepts empiriques* construits *a posteriori* sur la base de l'expérience et de données empiriques, dénués de toute nécessité et de toute portée universelle (Kant, 1787).

Les concepts historiques sont en outre *élastiques* dans la mesure où l'historien peut restreindre ou au contraire étendre le domaine de validité du concept à un nombre plus ou moins élevé de contextes historiques. Loin d'invalider un concept, une telle restriction en sauvegarde au contraire la pertinence et renforce son efficacité. Ce caractère est accentué par le caractère flou et mouvant des objets historiques toujours en devenir : la bourgeoisie du XIXe siècle différait de celle du siècle de Louis XIV tandis que le concept de bourgeoisie ne s'applique pas du tout à l'époque romaine (Veyne, 1971, p. 187). Une simple modification des coordonnées spatio-temporelles d'un concept suffit à le protéger de la réfutation poppérienne : un fait contraire n'invalide pas un concept historique, on décide simplement qu'il n'entre pas dans le champ du concept concerné dont on réduit alors le champ de validité. En histoire, la définition du degré de généralité du concept compte moins que la définition d'un champ de validité spatio-temporel qui lui donne du sens et auquel il donne du sens. Cette définition occupe une part non négligeable du travail de l'historien et fonde la scientificité des concepts historiques, comme l'explique F. Braudel à propos des modèles que l'on peut rapprocher de l'idéaltype de Max Weber :

> « J'ai dit que les modèles étaient de durée variable : ils valent le temps que vaut la réalité qu'ils enregistrent [...]. J'ai comparé parfois les modèles à des navires. L'intérêt pour moi, le navire construit, est de le mettre à l'eau, de voir s'il flotte, puis de lui faire monter ou descendre, à mon gré, les eaux du temps. Le naufrage est toujours le moment le plus significatif. » (Braudel, 1958, p. 71-72.)

De même que l'histoire ne saurait se réduire à une simple énumération de cas historiques singuliers, de même la définition abstraite, générale et finie d'un concept historique présente peu d'intérêt si l'on ne peut indexer les propriétés du concept à des singularités historiques. À titre d'exemple, il n'existe pas de dictionnaire des concepts historiques comparables aux dictionnaires des concepts de la géographie qui, en deux ou trois cents pages, font le tour de l'ensemble des concepts de la discipline accompagnés de définitions courtes, abstraites, générales, opérationnelles et rédigées dans un langage univoque. Il existe certes des dictionnaires encyclopédiques d'histoire pour des périodes ou des aires de civilisation spécifiques. Il n'en reste pas moins qu'il est impossible de produire une définition de chaque concept historique – dont le nombre est infini – qui soit courte, générique, compréhensible, formalisée et suffisamment opératoire. La définition d'un concept historique requiert l'exhaustivité, la complexité, des exemples abondants et contextualisés dans une infinité de nuances temporelles qui empêchent l'abstraction. Selon Kant, un concept empirique ne saurait en effet être défini car il suppose uniquement l'explicitation ou l'exposition (Kant, 1787, p. 612-613). L'énumération de quelques caractéristiques construites par l'expérience suffit à distinguer le concept sans préjuger des autres caractéristiques qui pourraient éventuellement lui être ajoutées pour affiner son explicitation, mais sans toutefois l'épuiser. Comme ses limites ne sont jamais assurées, la définition précise et bornée du concept empirique reste impossible.

Mots et concepts historiques

Les concepts historiques ne sont ni désignés par des noms communs à part entière, susceptibles d'une définition générale et définitive, puisqu'ils sont *indexés* à des faits et à des contextes singuliers, ni par des noms propres désignant une personne unique puisqu'ils sont fondés sur une typologie. Quand un mot désigne un concept historique, il recouvre une pluralité de sens et gagne un certain mais relatif degré de généralisation (Prost, 1996, p. 127).

Dans un chapitre de l'*Apologie* intitulé « La nomenclature », Marc Bloch éprouve la difficulté d'user des mots de l'histoire :

> « Toute analyse veut d'abord, comme outil, un langage approprié, un langage capable de dessiner avec précision les contours des faits, tout en conservant la souplesse nécessaire pour s'adapter progressivement aux découvertes, un langage surtout sans flottement ni équivoques. Or, c'est là où le bât nous blesse, nous autres historiens. » (Bloch, 1949, p. 135-146 ; voir aussi Prost, 1996, p. 141-142 et p. 180-181.)

Le choix du mot *Shoah* pour désigner le génocide des juifs est tout à fait significatif de l'établissement de la nomenclature en histoire. Dans son autobiographie, C. Lanzmann (2009, p. 525-526) explique le choix de ce mot comme titre de son film. Ce mot hébreu signifiant « la catastrophe » s'était imposé à lui par proximité phonétique avec « la chose », par quoi il désignait par-devers lui le génocide, mais aussi parce que ce mot, en France, ne signifiait rien alors. Il convenait donc parfaitement pour désigner un événement échappant selon lui à l'entendement. Par la suite, nous savons que, par la grâce du succès du film, ce nom propre – Shoah – devint un nom commun – *la* shoah – qui, dans de nombreux pays, désigne désormais ce que l'on parvenait difficilement à nommer jusque-là puisque l'on hésitait entre « solution finale », « extermination », « génocide », ou encore « holocauste ».

Plus généralement, l'historien utilise des mots qui lui viennent du passé, ces mots *hérités* qu'il rencontre dans sa fréquentation des archives, autrement dit des « mots indigènes » empruntés à l'objet étudié (Bourdieu, 1995, p. 116). S'il les utilise en l'état, leur signification risque d'échapper au lecteur. Il est alors nécessaire de vérifier le sens donné à ces mots au cours de la période concernée. Ainsi en va-t-il du mot *servus* qui a donné le mot serf en français mais qui désignait les esclaves à Rome et au début du Moyen Âge. Le travail de l'historien consiste à établir le moment historique où, dans les sources, sous le mot *servus*, l'esclave s'efface derrière le serf (Duby, 1973b, p. 208-209). En même temps, l'historien peut désigner la réalité du passé à l'aide des mots d'aujourd'hui, à charge pour lui d'en vérifier le degré de validité dans le passé. L. Febvre (1942) a montré que les concepts d'athéisme et d'incroyance – concepts invariants désignés par des noms communs – conduisaient à l'anachronisme s'ils étaient appliqués aux hommes du XVIe siècle. L'avertissement de L. Febvre contre l'anachronisme – « péché entre tous irrémissible » – réitère l'impératif d'historicisation des concepts historiques et des mots qui les désignent. Ce qui compte, c'est le sens attribué à un mot et l'usage que l'on en fait. Ainsi, les mots féodalité ou capitalisme apparurent aux XVIIe et XVIIIe siècles pour désigner des réalités antérieures qui existaient quand ces mots n'avaient pas encore été forgés. Ainsi, l'histoire d'un concept n'est jamais celle d'un affinement progressif, d'une rationalisation et d'une abstraction croissantes. Elle est l'histoire des règles d'usages successives et parfois contradictoires à l'intérieur de domaines de validité eux-mêmes variables (Foucault, 1969, p. 11).

En effet, une question historique est posée par un historien à un moment donné et dans une société donnée, elle se surajoute aux questions posées au même objet par les générations précédentes et se verra enrichie par les questions des générations suivantes. L'étude des *configurations historiographiques* successives d'un concept et des mots qui l'ont désigné permet alors d'envisager la perspective selon laquelle chaque génération d'historiens a questionné le même objet à partir des sources, des questionnements, des paradigmes et des modèles explicatifs propres à chaque génération (Prost, 1996, p. 90-92 ; Prost et Winter,

2004, p. 49 ; Prost, 2006). Il s'agit de suivre les significations successives et les usages d'un seul et même mot pour prendre les concepts historiques « avec des pincettes historiques » (Bourdieu, 1995, p 116), comme le prônait R. Koselleck avec la démarche de la *Begriffsgeschichte* (histoire conceptuelle). Ce dernier étudia par exemple les significations attribuées au fil des siècles à des mots tels que « bourgeois », « État » ou « révolution » (Koselleck, 1979). Dans une logique proche, M. de Certeau appelait à « historiser l'historiographie », à référer le discours historique aux conditions politiques, sociales, économiques et mentales de sa propre production (de Certeau, 1987, p. 75-76). Enfin, A. Brusa nous rappelle que le didacticien ne peut pas reprendre naïvement à son compte les mots de l'histoire scolaire susceptibles de recouvrir des stéréotypes éculés ou encore de renvoyer à des configurations historiographiques très anciennes, quand il analyse la logique d'attribution d'une signification à ces mots par les élèves (Brusa, 2004, 2009, 2010). On ne saurait faire l'économie de l'analyse des configurations historiques des concepts figurant dans les programmes d'histoire pour déterminer la nature du savoir à enseigner aux élèves.

La conceptualisation historique implique en outre le recours aux mots du langage naturel polysémiques et suffisamment chargés de significations variées pour rendre compte de la variété des cas particuliers et des configurations historiographiques qu'ils recouvrent, pour désigner une typologie ou recouvrir un ensemble de comparaisons dans une perspective de généralisation (Veyne, 1971, p. 178-179). À l'opposé, le langage formel, général et univoque des mathématiques interdit de circonstancier, d'exemplifier, de typologiser et de prendre en compte les cas particuliers dans un raisonnement général. Il ne rend pas compte des relations au fondement de toute société humaine. Seule l'épaisseur des mots du langage naturel est capable de désigner et catégoriser la sédimentation et la stratification de sens accumulées dans la richesse de l'expérience historique (Koselleck, 1979, p. 99-118).

La conceptualisation en histoire résulte de ce double mouvement de *généralisations successives* qui dégage de la gangue des faits les propriétés du concept typologique, et de *désignation* du concept par le choix d'un mot suffisamment polysémique pour recouvrir ces différentes propriétés et suffisamment précis pour éviter tout anachronisme. Nous verrons, dans différents écrits d'élèves, que c'est l'énoncé des propriétés d'un concept qui modifie le niveau de désignations et de formulation du concept pour aboutir finalement au mot juste, celui de la formulation scientifique. Comme dans toute science, la conceptualisation en histoire est une démarche de formulation (Veyne, 1974, p. 70). Dans l'analyse des écrits d'élèves, il est donc essentiel de porter son attention à l'apparition et à la transformation des mots historiquement pertinents qui signalent ce travail sous-jacent de conceptualisation.

La conceptualisation en classe d'histoire

Revenons-en maintenant à la conceptualisation dans le cadre scolaire. Nous pensons avoir montré que l'opération de conceptualisation ne saurait se résumer à la mémorisation d'une définition exposée magistralement. Les élèves ne peuvent appréhender un concept qu'à travers sa manipulation pour analyser, caractériser et nommer des objets historiques (Tutiaux-Guillon *et al.*, 1993, p. 274-275). Bien entendu, à la différence des historiens, les élèves ne mobilisent jamais la totalité des propriétés de concepts complexes. Ils mobilisent des concepts empiriques, partiels et précaires, sans cesse chargés de nouveaux savoirs empiriques et remodelés au cours de l'apprentissage. Mais ces concepts restent opératoires en ce qu'ils permettent aux élèves de caractériser et d'expliquer une situation historique.

Vérifions-le avec le concept de culte impérial défini par Hanane au début de sa seconde copie :

> « Au début du Ier siècle, les romains pratiquaient le culte impérial qui consistait à vénérer les empereurs romains morts qui étaient devenus des dieux. Les romains les vénéraient *car* ils pensaient qu'en les vénérant ils protégeaient Rome. »

La définition de ce concept historique, rapide mais suffisante, suppose tout d'abord l'établissement de données spatio-temporelles pour déterminer le champ de validité de ce concept (Rome, Ier siècle). Ce concept est en outre indexé à un personnage collectif (les Romains) dont on cherche à comprendre les intentions. Enfin, ce concept est intégré au réseau conceptuel des religions civiques, qui établit un lien avec d'autres concepts analogues et qui, à la fin du texte, introduit par conceptualisation prototypique celui de « religion officielle ». Notons que le travail d'écriture a favorisé l'opération de conceptualisation, par le développement du niveau de formulation du concept, en passant de « la religion de l'Empire romain » à la fin de la première copie à « la religion officielle » à la fin de la seconde copie. L'apparition de l'adjectif signale le passage de l'indétermination à la désignation plus précise d'un concept historique intégré au réseau conceptuel de la religion civique.

Nous savons que, selon le modèle classique de la conceptualisation hérité d'Aristote, les concepts d'une même classe sont hiérarchisés selon leur degré de généralisation au sein d'une arborescence qui verbalise le réseau conceptuel (Richard, 1990, p. 60-68). Les concepts les plus généraux et les plus abstraits, définis par un petit nombre de propriétés – ce qui élargit leur domaine d'application, leur *extension* – sont situés au sommet du réseau conceptuel. Les concepts spécifiques d'un moindre degré de généralité, définis par un grand nombre de propriétés au champ d'application plus réduit – ce qui élargit leur compréhension – sont placés aux échelons intermédiaires puis inférieurs du réseau conceptuel. Ce dernier est organisé en une arborescence hiérarchisée composée de nœuds (les concepts) et d'arcs (les relations entre ces concepts). Les propriétés que le concept de rang intermédiaire ou inférieur possède en commun avec des concepts du même rang sont stockées au niveau du concept de rang supérieur dans le réseau et dont elles constituent les propriétés, en vertu du principe selon lequel les concepts historiques sont construits par « généralisations successives ». L'opération de généralisation réside principalement dans la possibilité de parcourir ce réseau conceptuel en tous sens, verticalement – du singulier au général et inversement – et horizontalement – entre concepts de rang équivalent, qu'ils fussent complémentaires ou antonymes. En conséquence, généraliser c'est *donner du sens* à l'exemple particulier en l'intégrant à un réseau conceptuel et en le reliant à une catégorie générale afin de le caractériser. On utilise pour désigner ces concepts des mots qui supposent une mise en ordre, une interprétation et une catégorisation du réel (Marrou, 1954, p. 140-141). À l'instar des étiquettes de classement, ces mots regroupent, à des fins de connaissance, les faits qui présentent entre eux des points communs et qui renvoient à une théorie (Bloch, 1949, p. 149)

La mémorisation des informations nouvelles s'opère quand elle est structurée par des réseaux conceptuels riches en concepts et aux arcs étroits pour favoriser la comparaison et le stockage de l'information nouvelle dans le réseau conceptuel adéquat. À cette condition, l'information mémorisée sera mobilisable à volonté (Richard, 1990, p. 44-46). Pour conclure provisoirement, la pratique langagière consistant à expliciter et à nommer un concept suppose l'établissement d'un lien entre un nom commun, des coordonnées spatio-temporelles, des faits historiques avérés, des personnages, voire même des explications. La fonction de l'argumentation consiste à relier les exemples aux arguments et aux propriétés plus générales du concept historique, lui-même inséré dans un réseau conceptuel. Argumenter en histoire c'est, pour le moment, relier l'exemple à l'argument et à la propriété du concept, à relier les propriétés au mot pertinent ou encore le concept de rang inférieur à un concept plus général.

Argumenter pour expliquer

Un modèle mixte d'explication historique

L'autre grande démarche de pensée historienne est celle de l'explication. Là encore, la production d'explication dans les classes d'histoire se heurte à de nombreuses difficultés. Des observations de classe ont montré que, dans le discours professoral, les phases explicatives duraient en moyenne deux minutes par séance et qu'elles n'étaient jamais prises en note par les élèves. Ces derniers retiennent uniquement la conclusion factuelle de la leçon puisque le modèle disciplinaire les y incite (Tutiaux-Guillon et Mousseau, 1998a). Si les élèves souhaitent produire par la suite des énoncés explicatifs, ils doivent compter sur leur seule mémoire auditive ou sur les explications du sens commun. Ce discrédit de la forme explicative scolaire trouve en partie sa source dans les débats et les incertitudes pesant sur la nature de l'explication en histoire.

Depuis W. Dilthey, le représentant de la démarche herméneutique à la fin du XIXe siècle, héritier du dualisme scientifique dénoncé par J. Dewey, on oppose couramment *l'explication* causale des sciences de la nature à la *compréhension* des sciences humaines, ces deux termes supposant une irréductibilité des deux types de sciences. L'explication nomologique calquée sur le modèle des sciences de la nature – qui fut théorisé par le philosophe anglo-saxon Carl G. Hempel dans un célèbre article paru en 1942 – est couverte par des lois générales toujours vraies permettant la prédiction selon une formule du type : « Si A alors B. » Le début de la copie de Hanane nous en donne un exemple : les chrétiens ne peuvent pratiquer le culte impérial car, si l'on est monothéiste, alors on n'est pas polythéiste. Ce type d'explication à la limite de la tautologie est rare en histoire où tout événement est singulier, contextualisé et ne répète jamais à l'identique un autre événement. Quelques rares modèles utilisés en histoire, tel le modèle de la crise économique d'Ancien Régime de C. E. Labrousse, produisent quelques explications de type nomologique. Toutefois, l'objet de l'explication historique est d'abord l'intentionnalité humaine accessible surtout par la mobilisation d'une théorie de l'esprit relevant du sens commun qui attribue de la signification aux agissements des hommes du passé.

W. Dilthey voulait fonder une épistémologie propre aux sciences humaines en opposant radicalement l'appréhension de l'esprit de celle de la matière selon un rigoureux dualisme épistémologique qui n'est pas étranger à la pensée positiviste (Ricœur, 1975, p. 90-97). Selon lui, l'esprit humain ne peut être compris que dans un cadre psychologique, par la capacité de chacun à analyser ses propres états cognitifs et émotifs internes et à se transposer dans la vie psychique d'autrui pour y saisir les mêmes états. L'analogie postulée entre les états psychologiques de soi et ceux des autres produit une compréhension psychologique intersubjective. C'est pourquoi Marc Bloch a pu écrire que « les faits historiques sont, par essence, des faits psychologiques » (Bloch, 1949, p. 156). Selon Freud, cette logique subjective interindividuelle est transposable aux groupes humains les plus vastes dans la mesure où la psychologie des masses suivrait une logique analogue à la psychologie individuelle. La différence entre les deux psychologies serait d'ordre quantitatif mais pas qualitatif (Freud, 1939, p. 185-188; de Certeau, 1987, p. 90-91; Ricœur, 2000, p. 95-96). H. Rousso (1987) a montré que les manifestations collectives de la mémoire de Vichy pouvaient être désignées métaphoriquement par le vocabulaire psychanalytique des symptômes de la névrose. Une première phase de *deuil* (de l'épuration en 1944 aux dernières amnisties de 1954) est remplacée par une phase de *refoulement* (le mythe résistancialiste gaullien et communiste). Après 1968 et le discrédit du gaullisme et du parti communiste, un *retour du refoulé* est marqué notamment par le film *Le chagrin et la pitié* et par l'ouvrage de R. Paxton sur la France de Vichy, parallèlement au réveil de la mémoire juive du génocide consécutive au procès Eichmann à Jérusalem en 1961. Depuis les années 1980, nous connaissons une phase *d'obsession* qui semble ne jamais vouloir cesser et qui est marquée par des procès, des commémorations, un « devoir de mémoire », des déclarations officielles. Toutefois, contrairement à ce qu'indique H. Rousso, il semble que l'usage historien du vocabulaire psychanalytique ne soit pas simplement métaphorique car cette périodisation vaut également pour les autres grands traumatismes de la société française, qu'il s'agisse de la mémoire de la shoah (Wieviorka, 1992) ou de la mémoire de la guerre d'Algérie (Stora, 1992).

La compréhension herméneutique ainsi définie associe l'historien aux hommes du passé qu'il cherche à comprendre par l'établissement du lien entre le passé à connaître et le présent de l'historien. Elle place le passé à connaître et le présent de l'histoire sous le signe du Même : parce que je suis un homme comme les hommes du passé, je peux me projeter à leurs côtés par la pensée pour comprendre leurs états psychiques (Ricœur, 1985, p. 256-263). L. Febvre (1933, p. 15) a rappelé que l'historien projette vers le passé les interrogations du présent, les siennes propres et celles de la société tout entière. De même, Marc Bloch définissait l'histoire comme « une science des hommes dans le temps et qui sans cesse a besoin d'unir l'étude des morts à celle des vivants » (Bloch, 1949, p. 65).

Cependant, si nous en restions là, la compréhension serait affaire d'empathie et de subjectivité comme semblait le penser H.-I. Marrou (1954, p. 92-99). Mais comment éprouver de l'empathie pour Hitler ou Staline ? La compréhension suppose également la prise en compte de la distance temporelle qui fonde la méthode critique de l'histoire et qui nous fait en même temps envisager les hommes du passé sous le signe de l'Autre : ces hommes du passé vivaient dans des conditions très différentes de celle de mon époque, ils sont donc également très différents de moi (de Certeau, 1987, p. 189-195; Ricœur, 1985,

p. 263-271). Par exemple, P. Veyne explique que les Romains nous sont aussi exotiques que peuvent l'être les Tibétains ou les Nambikwara (Veyne, 1976, p. 8).

Les temps verbaux de la copie de Hanane illustrent ces deux aspects de la compréhension historique (Charaudeau, 1992, p. 459-471). La première version de la copie est rédigée au présent de l'indicatif. Il s'agit vraisemblablement du présent de généralisation qui dénote le détachement de Hanane par rapport à un savoir mémorisé et restitué sans implication de sa part. En revanche, le premier tiers de la seconde copie est rédigé au passé. L'imparfait suggère la permanence dans le passé et constitue la toile de fond de la description du contexte (« les Romains pratiquaient le culte impérial... ») tandis que le passé simple met en évidence la ponctualité de l'événement qui fait avancer l'action (« en 64, Rome fut incendiée... »). Dans cette première partie du texte, comme Hanane maîtrise le savoir historique et l'explication à produire, elle peut tenir compte de la distance temporelle. La fin de la première partie et la quasi-totalité de la seconde partie de la copie sont en revanche rédigées au présent de l'indicatif. Il s'agit cette fois d'un présent de narration qui actualise le passé et réduit la distance temporelle par rapport aux faits énoncés, comme si Hanane revivait les événements. L'emploi du présent de l'indicatif signale un effort de « réeffectuation » des faits du passé : Hanane entre dans la complexité du problème historique qui lui est soumis et elle actualise alors les faits du passé pour mieux se les représenter dans le passage de la copie qui suppose le plus gros effort de compréhension et de projection de soi vers les hommes du passé (Prost, 1996, p. 161-162). L'irruption du passé composé (« le christianisme est devenu toléré ») le confirme puisque ce temps marque le lien entre le passé des faits énoncés et le présent de la situation d'énonciation. En outre, deux modalisateurs concernant la « vision » de Constantin dans la première copie (« il raconte que », « il se dit que ») disparaissent dans la seconde (« il reçoit alors une vision ») comme si, à ce moment précis, Hanane vivait l'histoire et ne se préoccupait plus de la mettre à distance. Nous serions ici dans la dimension empathique de la compréhension. En revanche, le retour au passé dans la dernière proposition de la copie (« car les Romains n'avaient plus confiance aux dieux après tous ces désastres ») marque la prise en compte de la distance temporelle quand l'action est close et quand Hanane détient enfin l'explication qui la préoccupe. Parvenue au terme de son récit, elle replace une distance temporelle et emploie un temps du passé. Nous supposons que c'est seulement à ce moment-là qu'elle entre dans la compréhension de ce problème et qu'elle mobilise conjointement les deux dimensions de la compréhension historique.

Toutefois, l'esprit humain est pour une large partie une construction sociale et ne relève pas de la seule psychologie. Le modèle de la compréhension selon Dilthey ne rend pas totalement compte des explications proposées par Hanane car il existe une régularité dans ses explications liées au concept de culte impérial. Il semblerait que les modalités de l'explication scientifiques et celles de l'explication historique tendent à converger. En effet, les lois générales des sciences de la nature s'avèrent relatives à certains contextes précis : les lois de Mendel sur l'hérédité seraient relatives à l'existence de la reproduction sexuée des organismes et les lois de la physique seraient relatives aux caractéristiques des origines de l'univers (Leuridan et Froeyman, 2012). De l'autre côté, l'explication historique suppose elle aussi des régularités car elle ne peut se contenter de la compréhension subjective, émotionnelle et individuelle, elle suppose une forme de rationalité quant à la conduite des hommes du passé et, plus largement de tous les acteurs sociaux (Weber, 1971, p. 28-54). La conduite des acteurs sociaux est ordonnée par une régularité permettant d'établir, par l'observation et l'expérience, une typologie bien délimitée des actions humaines. Max Weber (1913) forgea donc la notion *d'explication compréhensible* réunissant l'explication et la compréhension pour atteindre « l'activité rationnelle par finalité » des acteurs sociaux. Elle associe la compréhension supposant l'interprétation d'une action humaine singulière à l'explication relevant d'une typologie de conduites sociales qui se manifestent avec régularité dans une société donnée. On suppose alors une rationalité des acteurs par la régularité des raisons qui, dans telle circonstance, orientent leurs actes si bien qu'il est possible de saisir par l'explication le sens qu'ils donnent à leurs propres actions. On peut ainsi rendre compte des raisons d'un comportement et établir qu'une action humaine obéit à une intention qui est connue par cette typologie. On parle alors d'explication *rationnelle* en ce sens qu'elle rend compte des *raisons* des acteurs à agir de telle manière dans tel contexte. Elle se rapporte alors moins à la psychologie qu'à une sociologique compréhensive car « il n'est pas besoin d'être César pour comprendre César » (Weber, 1971, p. 29). L'activité des individus se déploie selon un nombre déterminé de possibilités de réalisation présentant ainsi un certain caractère d'objectivité. Par exemple, une collision entre deux cyclistes résulte d'un hasard malencontreux mais elle peut conduire à un échange d'insultes, comportement prévisible car régulier des acteurs sociaux placés dans une telle situation (Weber, 1913, p. 321).

De fait, l'explication historique se déploie depuis l'explication causale nomologique jusqu'à l'explication compréhensive. Elle relève du *modèle mixte de l'intervention des acteurs sur le cours des choses* de G. H. Von Wright (Ricœur, 1983, p. 235-255). Elle associe des segments d'explication nomologique liée à des structures ou au monde physique et selon laquelle un *facteur* extérieur – catastrophe naturelle, épidémie, mauvaise récolte... – a fait arriver quelque chose, et des segments d'explication qui rendent compte des *raisons* des actions humaines et dépendent de l'appréhension de ce contexte par les acteurs. Par exemple, des catastrophes climatiques ont détruit les récoltes et provoqué un renchérissement du prix du pain en 1787-1789 comme l'explique le modèle de la crise économique d'Ancien Régime de C. E. Labrousse. Mais la situation de crise économique et sociale se mua en une situation révolutionnaire pour des raisons culturelles et politiques. L'opposition entre explication et compréhension supposant l'hétérogénéité irréductible de deux épistémologies se voit substituer une dialectique complexe entre l'étude du contexte physique et l'étude du monde social qui produit une nouvelle définition de l'explication, de la compréhension et de leurs relations réciproques. Alors que la compréhension engage des compétences sociales et reste largement intuitive et spontanée, l'explication opère à un niveau de généralité plus élevé. La compréhension *enveloppe* l'explication, elle la contextualise, elle permet une saisie immédiate des intentions des hommes du passé. De son côté, l'explication *développe* analytiquement la compréhension en l'orientant vers la généralisation et les régularités. Ces deux approches constituent elles aussi les deux faces de la science historique, loin de toute conception dualiste ou positiviste des sciences (Ricœur, 1977, p. 179-180 et p. 200-203). C'est pourquoi, dans son dernier ouvrage, P. Ricœur utilise systématiquement l'expression « explication/compréhension » pour désigner cette opération, car l'historien mobilise tout l'éventail des modes d'explications possibles pour expliquer l'agir humain (Ricœur, 2000, p. 231-236).

L'explication historique en classe d'histoire

Ce modèle d'explication est parfaitement illustré dans ce passage de la seconde copie de Hanane :

> « Arrivée au IIIe siècle, Rome connaît une crise économique et sociale et elle connaît aussi les menaces barbares. Les Romains sont déboussolés et n'ont qu'une explication, celle de la colère des dieux à cause des chrétiens qui ne pratiquent toujours pas le culte impérial. En 250, Dèce déclenche des persécutions dans tout l'Empire et en 257, c'est au tour de Valérien. Ainsi, ils se disent les chrétiens feront enfin le culte impérial. En 303, Dioclétien fait de même mais cela sera inutile. »

La crise économique et sociale, les menaces barbares relèvent du contexte. Le concept de culte impérial, qui introduit de la régularité et de la rationalité dans le comportement des Romains, permet de comprendre les raisons pour lesquelles ces derniers persécutèrent à nouveau les chrétiens en fonction de leur interprétation de ce contexte précis. Il apparaît également que l'explication est fortement contextualisée, comme l'indiquent les marqueurs temporels et l'intervention de personnages collectifs (*Rome, les Romains, les chrétiens, les dieux*) et individuels (*Dèce, Valérien, Dioclétien*), tous dotés d'états psychiques et d'intentions signalés par les modalisateurs (« les Romains n'ont qu'une explication », « Ils se disent que... »). Notons au passage l'expression familière : « Les Romains sont déboussolés » qui relève d'une pensée sociale du sens commun mobilisée pour se figurer les intentions des Romains, selon une logique de compréhension naturelle. Hanane nous rappelle que l'explication historique relève elle aussi du raisonnement naturel caractérisé ici par une « causalité mixte » qui articule la causalité scientifique et nomologique avec la causalité anthropologique de l'intention (Moscovici, 1976, p. 259-261).

Mais il convient de justifier cette explication historique par l'argumentation. Comme les causes d'un fait historique sont innombrables, l'historien doit justifier devant ses pairs le choix pratique qu'il opère entre les différentes causes possibles et il fournit les preuves de ce qu'il avance (Ricœur 1983, p. 311). À partir de ces développements théoriques, le texte de Hanane nous éclaire sur la manière dont à son niveau un élève peut argumenter pour justifier une explication, et entrer ainsi dans la pratique langagière de l'explication historique.

Expliquer en histoire consiste à proposer une forme de causalité linéaire pour rendre compte des causes d'un événement. En fonction du connecteur logique employé, cette causalité peut être soit progressive (vers le futur : « suite à cet incendie, les premières persécutions des Romains contre les chrétiens commencèrent », « les dieux étaient en colère donc ils avaient décidé de ne plus protéger Rome ») soit régressive (vers le passé : « le christianisme devint religion officielle car les Romains n'avaient plus confiance aux dieux romains »). Mais l'essentiel reste l'administration de la preuve de l'explication proposée. Dans le cadre scolaire il ne saurait évidemment être question de mobiliser les preuves documentaires de l'historien. Les preuves à la portée d'un élève sont les faits, les dates, les personnages, le cours des événements étudiés en classe et qui nourrissent l'argumentation. Ils suffisent à produire une argumentation en histoire par le déploiement des raisons qui justifient l'argumentation : « L'argumentation n'est pas une explication, mais le développement analytique, point par point, des raisons qui justifient l'argumentation. » (Prost, 1996,

p. 256.) Au titre des preuves figure également la restitution des intentions des personnages individuels ou collectifs engagée par les modalisateurs (*ils pensaient que, les Romains pensèrent que, les Romains se disent que, Les Romains... n'ont qu'une explication, ils se disent que, les Romains n'avaient plus confiance aux...*). Le conditionnel, certains verbes (vouloir, penser...), et des adverbes (peut-être, certainement...) fondent la modalisation qui manifeste le degré d'adhésion ou de distance de l'auteur par rapport ce qu'il écrit. Les modalisateurs constituent un indice fort d'énonciation et d'intervention de l'auteur dans son texte pour le mettre à distance et indiquer au lecteur : « Je ne suis pas tout à fait l'auteur de ce j'écris. » Certes, des modalisateurs figuraient déjà dans la première copie (« Les Romains veulent..., D'après les Romains..., Les Romains pensent que..., Constantin raconte... ») mais ils ne relevaient pas d'une argumentation dans la mesure où ils servaient uniquement à rapporter des intentions et n'étaient pas reliés à des arguments. C'est chose faite dans le second texte où les modalisateurs sont accompagnés de connecteurs logiques et temporels qui sont des indices de l'explication et de l'argumentation puisqu'ils transforment les intentions des Romains en arguments au service de l'explication.

L'explication de Hanane est alors très claire. Elle explique dans un premier temps les raisons pour lesquelles les Romains ne pratiquaient que des persécutions locales au IIe siècle (« les Romains se disent que tout va bien ») puis déclenchèrent des persécutions généralisées au IIIe siècle (« les romains sont déboussolés et n'ont qu'une explication, celle de la colère des dieux à cause des chrétiens qui ne pratiquent toujours pas le culte impérial »). L'épisode de la « vision » de Constantin conduit à une explication plus sommaire des raisons pour lesquelles le christianisme devint la religion officielle de l'Empire romain (« les Romains n'avaient plus confiance aux dieux romains après tous ces désastres »).

La pratique langagière de l'explication historique articule des segments d'explication causale et d'explication par des raisons. Elle est justifiée par la réeffectuation contextualisée des intentions des hommes du passé et signalée par des modalisateurs.

Repérer et baliser les pratiques langagières historiennes

À partir de la théorie des pratiques langagières, récapitulons ce que nous trouvons dans les écrits des élèves en histoire. Il convient à cet égard de se départir de la focalisation sur la maîtrise de la langue française, quitte à y revenir dans une phase ultime d'écriture. Il s'agit plutôt de porter son attention sur les *processus* d'écriture toujours perfectibles, structurés par une argumentation et concourant à la construction du savoir, plutôt que sur des *produits* tels que des savoirs qui devraient être déjà construits et correctement verbalisés avant même que l'élève ait saisi sa plume.

Il s'agit surtout de repérer l'usage qui est fait par l'élève du langage écrit (Bautier et Rochex, 1998, p. 168-170 et p. 212-216). S'agit-il d'énumérer pêle-mêle des savoirs mémorisés ou de construire du savoir à travers des hésitations, des tâtonnements, parfois au prix de grandes incohérences ? Cette question recouvre celle du rapport au langage, transparent au monde et véhicule du savoir ou bien langage épais, outil complexe de la construction du savoir. Il s'agit ensuite de percevoir l'inscription de l'élève dans le texte qu'il écrit. Le texte est-il structuré à partir d'un point de vue organisateur, du point de vue extérieur d'un « je » auteur de son texte capable de mobiliser des savoirs d'origines diverses, de s'impliquer pour énoncer des jugements et proposer des éléments d'explication, de tricoter des citations de textes différents ou de restituer les intentions de divers acteurs, en un mot, de produire un texte « polyphonique » ? En d'autres termes, l'auteur du texte écrit-il à partir des textes et des discours des autres pour redire la même chose ou pour construire un savoir nouveau ? Le tableau 6 récapitule les différents éléments abordés dans ce chapitre :

Tableau 6. – *Écrire pour restituer ou écrire pour construire le savoir historique*

Indices textuels	**Écrire pour restituer**	**Écrire pour construire**	**Démarche en jeu**
Présentation matérielle du texte	Paragraphes courts et nombreux, sans lien entre eux	Deux, trois ou quatre paragraphes assez longs reliés par des transitions	
Place des indications de datation	En début de phrase ou de paragraphe	Intégrées dans le corps des phrases comme élément de l'argumentation	Explication
Connecteurs logiques et temporels	Absents ou seuls	En relation avec les modalisateurs (restitution des intentions) pour produire une explication	Explication
Personnages historiques	Agissant (verbes d'action)	Agissant et dotés d'intentions (modalisateurs, verbes de volonté ou d'opinion)	Explication
Références aux sources	Énumération Paraphrase	Informations et exemples reliés à des arguments (généralisation)	Conceptualisation
Place de l'auteur	Absent, neutre	Il organise le savoir pour défendre une thèse à partir d'un point de vue situé en extériorité	Argumentation
Indices d'énonciation	Absents	Pronoms personnels Évaluation (adjectifs, adverbes...)	Argumentation
Modalisateurs	Absents ou seuls	En relation avec les connecteurs (introduction d'une relation de causalité) pour produire une explication	Argumentation
Temps verbaux	Présent de généralisation	Présent de narration (actualiser le passé pour s'y projeter par la pensée) = implication personnelle Ou : passé composé (lien entre le passé des faits énoncés et le présent de la situation d'énonciation) Ou : imparfait et passé simple (distance temporelle) = temps du récit	Rapport présent/passé

Chapitre V

UN MODÈLE D'APPRENTISSAGE DE L'HISTOIRE

Lors d'une enquête fondée sur la méthodologie de l'analyse du discours, des élèves de cinquième, de troisième, de seconde et de terminale furent invités, en début d'année scolaire, à indiquer par écrit leur définition de quatre concepts d'histoire et de géographie (Deleplace, 2006 ; Deleplace et Niclot, 2005). Cette enquête longitudinale a suivi la construction de ces concepts au fil de la scolarité secondaire. Retenons l'exemple du concept de « révolution » que l'on rencontre sous différentes formes à l'école : révolution néolithique, Révolution française, révolution industrielle et révolution russe. En cinquième, comme les élèves maîtrisent mal le concept, ils empruntent au sens commun une catégorie de substitution, celle de la guerre. En classe de troisième en revanche, à l'issue de l'étude de la Révolution française en quatrième, la révolte se substitue à la guerre. En seconde, un bond qualitatif est réalisé par les bons élèves avec l'énoncé d'une combinaison de révolte et de changement, qui signale une catégorisation généralisante et abstraite du concept de révolution. En terminale, l'association au changement devient le lot commun et les élèves déclinent le changement opéré sur le plan technique, économique, social et politique. Il s'avère ainsi que, au fil des leçons d'histoire, la manipulation concrète de catégories abstraites permet le passage des catégories du sens commun aux catégories du « sens scolaire ». Ce passage opère non pas par la substitution de l'un à l'autre mais par un contrôle et une reconfiguration des modalités du sens commun. Ce compte rendu trop rapide d'une recherche d'importance illustre en ouverture de ce chapitre le processus de construction du savoir historique que nous allons détailler ici à partir d'un modèle théorique fort éloigné mais aux résultats convergents.

Nous nous appuyons en effet sur le *modèle intermédiaire d'appropriation de l'histoire* construit dans le cadre théorique de la psychologie sociale, à partir de questionnaires soumis à des élèves de collège et de lycée et à partir d'entretiens individuels et collectifs (Lautier, 1994a, 1994b, 1997a). Il reprend un présupposé fort en didactique de l'histoire, celui du refus d'une rupture entre la pensée profane des élèves et la pensée historienne savante. À l'instar de la conscience historique qui donne du sens au passé par une dialectique subtile entre l'identification aux hommes du passé et leur mise à distance à des fins d'objectivation (chapitre II), l'apprentissage de l'histoire se situe constamment dans l'interaction de ces deux pôles (Lautier, 2003, p. 362). En effet, nous avons déjà indiqué qu'il n'existe pas une différence de nature mais une simple différence de degré entre le raisonnement des historiens et le raisonnement naïf que les élèves mobilisent quand ils sont placés en situation d'apprentissage de l'histoire : le raisonnement historique suppose la continuité entre le raisonnement naturel, relevant de la pensée sociale, et le raisonnement plus scientifique de la pensée historique contrôlée. Les historiens se distinguent bien évidemment des élèves par leur maîtrise de la méthode scientifique et le niveau de contrôle du raisonnement naturel. C'est pourquoi, sans considérer les élèves comme des « petits historiens », les didacticiens de l'histoire mettent en évidence la continuité entre le raisonnement naturel profane des élèves et le raisonnement historique et contrôlé des historiens (Lautier, 2001a).

Ce modèle distingue deux mouvements souvent simultanés dans l'apprentissage de l'histoire : les élèves mobilisent leurs représentations et leur mémoire sociale pour transformer le savoir historique en un savoir du sens commun par une compréhension naturelle « chaude », avant de mettre ce dernier à distance pour le « refroidir », le formaliser et le valider. Ces deux modalités de l'appropriation du savoir historique ne répondent pas à des critères distincts et elles agissent conjointement dans l'apprentissage de l'histoire.

À l'aide d'exemples, nous examinerons le fonctionnement de ce modèle d'apprentissage qui fonde la raison d'être cet ouvrage et dont des recherches de terrain ont vérifié la pertinence (Cariou 2003a ; Hassani-Idrissi, 2005 ; Kessas, 2008). Nous détaillerons d'abord le premier temps de ce modèle en pointant l'importance de la mémoire sociale dans l'attribution de sens au savoir à acquérir, puis le second temps de mise à distance de la mémoire sociale avant d'envisager ce modèle dans sa globalité.

Une première phase de socialisation du savoir historique

Du savoir historique au savoir du sens commun : les représentations sociales

Le modèle d'apprentissage de l'histoire établit que, dans un premier temps, les élèves procèdent à des rapprochements entre des savoirs divers pour établir un rapport intime à l'histoire et pour donner un sens concret aux concepts historiques. Ils transforment le savoir historique à s'approprier en un savoir du sens commun relevant de leur mémoire sociale et ils mobilisent parfois des stéréotypes pour catégoriser ce savoir (Lautier, 2005).

Selon J. Dewey (1938, p. 231-233) en effet, toute enquête découle d'un problème qui se pose à un scientifique, à l'homme de la rue ou à un élève. Celui qui mène l'enquête se trouve au départ dans une situation de délibération indéterminée qui requiert une action de sa part et qui le conduira finalement à une situation résolue. Le problème détermine le choix des théories utilisées empiriquement comme hypothèses susceptibles de diriger l'action pratique, de sélectionner les données pertinentes, de transformer et de reconstruire le matériel mobilisé. Par la transformation du matériau de l'enquête, il parvient à une connaissance nouvelle.

À titre d'exemple, la psychologie sociale nous apprend que l'appropriation d'un savoir scientifique suppose sa transformation par le profane ou l'élève (Moscovici et Hewstone, 1984). Pour le comprendre, distinguons la *pensée informative* par laquelle les scientifiques enregistrent en l'état, sans les modifier, les données et les informations de leur discipline, et la *pensée représentative* qui caractérise la transformation du savoir scientifique des spécialistes en un savoir du sens commun à la portée des profanes. Dans le premier cas, s'il n'appartient pas à la communauté des scientifiques concernés, l'individu oublie très vite les informations enregistrées sans transformation et sans attribution de sens par comparaison, classification et généralisation de l'information, comme nous l'avons vu au chapitre précédent. Il en est ainsi en classe lorsque les savoirs disciplinaires sont présentés uniquement comme des informations factuelles. Le second cas fonde le modèle d'appropriation du savoir en histoire.

Selon ce modèle, le savoir scientifique des spécialistes est *socialisé*, transformé par la pensée sociale représentative en un savoir du sens commun accessible aux profanes ou aux élèves qui se le représentent et lui donnent ainsi un sens concret, pour l'intégrer à leur mode de pensée habituel. Le sens ne jaillit pas de l'information, mais plutôt de la capacité de l'individu à la faire passer d'une modalité de savoir à une autre : du mot à l'image, du concept abstrait à l'image concrète, du langage scientifique au langage naturel. Cette transformation signale une activité cognitive et garantit l'appropriation pérenne du savoir.

En histoire, cette transformation passe par la mobilisation d'une pensée ou d'une mémoire sociales car le savoir de référence de l'histoire scolaire, celui de la science historique qui la légitime directement, ne peut pas être acquis en l'état par les élèves. Or, l'histoire savante comme l'histoire scolaire sont immergées dans le social puisque leur fonction commune en France depuis le XIXe siècle est d'attribuer du sens au monde social et de créer du lien social. Elles alimentent l'imaginaire social et s'en nourrissent tout autant (Moniot, 2001, p. 71). L'articulation de l'histoire scolaire et de l'histoire savante à la mémoire sociale apparaît à travers les « questions vives » telles que l'esclavage, la Shoah, la colonisation et la guerre d'Algérie. Ces questions traversent la société française actuelle et occupent une place croissante dans les programmes d'histoire depuis 2008, y compris pour appliquer la loi Taubira de 2001. Mais elles interpellent également les historiens qui leur consacrent toujours plus de recherches. Baignant ainsi dans la mémoire sociale, l'histoire savante peut donc être transformée en un savoir du sens commun dans le cadre de l'histoire scolaire.

Représentations sociales, représentations collectives, représentations mentales

L'instrument privilégié de la transformation du savoir scientifique en un savoir du sens commun est celui des représentations sociales qu'il nous faut maintenant définir précisément à partir de certains des textes qui font référence (Moscovici, 1976; Jodelet, 1984) en privilégiant l'explicitation fournie par N. Lautier (2001b, p. 15-18).

Comme le monde n'apparaît pas aux hommes de façon immédiate, il leur faut en effet recourir à la représentation pour produire du sens sur le monde et pour le partager avec les autres. On peut définir brièvement les représentations sociales comme un mode de connaissance naïf et spontané du sens commun sur le monde physique et social. Ce mode de connaissance socialement élaboré, transmis et partagé, résulte de l'intériorisation d'expériences, de pratiques, de modèles de pensée par chaque individu qui les a expérimentés personnellement tout en les ayant reçus par le canal de diverses institutions (famille, école, etc.) ou par l'interaction avec les autres membres de son groupe social. Le social est consubstantiel à ce mode de connaissance, par le contexte dans lequel se situent ces individus, par les interactions et la communication qui s'établissent entre eux, par la nature des savoirs, des valeurs, des codes liés à leur appartenance sociale. Les représentations sociales ont une visée pratique, elles fournissent aux membres d'un groupe social un cadre théorique du sens commun pour une catégorisation et une connaissance pratique du monde physique et social.

Les représentations sociales interviennent lorsqu'un savoir nouveau semble inexplicable par les connaissances que nous possédons déjà, quand il ne correspond pas à notre univers de pensée habituel. Elles permettent de se représenter un objet pas encore connu en le reliant à du déjà connu et à la mémoire d'un groupe social donné. Au cœur du processus de transformation du savoir scientifique en un savoir du sens commun, les représentations sociales remplissent le savoir abstrait de sens concret en opérant un mouvement de va-et-vient entre diverses modalités de connaissance, entre le concept scientifique, général et abstrait et la perception imagée et concrète de la mémoire sociale et du sens commun. Elles constituent ainsi une structure d'accueil du savoir historique en cours d'appropriation (Cariou, 2003b).

Un exemple nous en est fourni par une recherche menée en classe de CM1 (Doussot, 2011). Afin de comprendre la nature du rapport entre le seigneur et les paysans au Moyen Âge, les élèves sont d'abord tentés de se référer aux situations de domination qu'ils connaissent dans le présent. Les gardes du seigneur deviennent des policiers et le contrôle social est garanti par la peur ou la contrainte économique et matérielle. Dans un second temps, comme nous le verrons plus loin, les élèves sont conduits à envisager la singularité de la période où le seigneur avait par exemple droit de vie et de mort sur ses paysans. Ils doivent alors comprendre que le seigneur ne domine pas les paysans comme un patron ses ouvriers.

Les représentations sociales de Moscovici se distinguent des *représentations collectives* de Durkheim qui en sont intellectuellement à l'origine (Moscovici, 1989). Selon Durkheim, les représentations collectives s'imposent du dehors à la psychologie individuelle. Il considérait en effet que la sociologie devait étudier des faits sociaux considérés comme des choses afin de les analyser, de les observer, de les expérimenter, tout comme les faits des sciences de la nature (Durkheim, 1894). À l'instar des faits sociaux extérieurs aux individus qui débordent la simple addition des multiples pensées individuelles, les représentations collectives ne sont pas la simple somme des représentations psychiques individuelles, elles suivent des règles de fonctionnement spécifiques. Homogènes, partagées à l'identique par les différents membres d'un groupe social, elles les conduiraient à penser et agir de manière uniforme et contribueraient à la préservation du lien social.

Même si S. Moscovici retient que les représentations individuelles ont partie liée avec les représentations collectives, sa théorie des représentations sociales se situe toutefois en décalage avec celle des représentations collectives de Durkheim. Les représentations sociales ne sont pas imposées du dehors à des individus passifs car leur transmission suppose un travail dynamique par lequel chaque individu les réélabore pour les mettre en conformité avec son expérience propre, ses valeurs et ses pratiques, selon une finalité pratique :

> « La représentation sociale est un corpus organisé de connaissances et une des activités psychiques grâce auxquelles les hommes rendent la réalité physique et sociale intelligible, s'insèrent dans un groupe ou un rapport quotidien d'échanges, libèrent les pouvoirs de leur imagination. » (Moscovici, 1976, p. 27-28.)

Les représentations sociales ne sont pas la *reproduction* de rapports au monde spécifiques et imposés du dehors par le monde social, elles sont plutôt un processus dynamique de *production* par des individus et des groupes sociaux de théories sur le monde qui pilotent leurs comportements et leurs pratiques (Moscovici, 1976, p. 48).

Une représentation sociale ne se réduit pas non plus à une représentation mentale qui opérerait simplement la médiation entre le concept intellectuel et sa perception sensorielle. Les représentations sociales présentent au contraire deux faces qui interagissent constamment, le concept producteur de sens et la perception qui représente et rend concret :

> « Du concept, elle retient le pouvoir d'organiser, de relier et de filtrer ce qui va être ressaisi, réintroduit dans le domaine sensoriel. De la perception, elle conserve l'aptitude à parcourir, enregistrer l'inorganisé, le non formé, le discontinu. » (Moscovici, 1976, p. 56.)

Le concept (qui éloigne et abstrait) et la perception (qui rapproche et rend concret) sont indissociables. L'interaction entre le concept et la perception les conduit à se transformer réciproquement et à modifier l'objet nouveau en du déjà connu : le concept désormais représenté semble concret tandis que la matérialité de la perception est emplie de sens abstrait.

Les représentations sociales pilotent donc les processus cognitifs par lesquels le savoir scientifique des spécialistes est transformé en un savoir du sens commun à la portée des profanes. Cette définition des représentations sociales implique la levée d'un possible malentendu. Il convient en effet de se départir de la conception dualiste et cartésienne des représentations comme une réalité psychique intérieure, située dans « l'âme » ou dans « l'esprit », qui permettrait de modeliser le monde extérieur et d'agir sur lui. Nous retrouvons ici l'idée selon laquelle les représentations erronées des élèves pourraient les empêcher d'appréhender certains savoirs En effet, selon une lecture datée de Bachelard (1938), les représentations sont parfois considérées comme des « obstacles épistémologiques », des certitudes en contradiction avec la connaissance vraie et comme un frein à l'apprentissage. Chaque enfant posséderait une représentation *a priori* et souvent erronée des concepts de respiration, de digestion ou de fécondation. Cette conception est à l'origine de la pratique pédagogique qui visait, il y a encore quelques années, à « faire émerger les représentations » des élèves en début de séance pour leur substituer la connaissance « vraie » du professeur. D'où la nécessité de les combattre ou de les transformer pour rendre possible l'apprentissage. Cependant, une conception moniste des représentations nous semble être davantage en adéquation avec la definition tentée plus haut. Les représentations constitueraient davantage une ressource mobilisée par les élèves quand ils sont placés dans une situation d'apprentissage qui nécessite d'y recourir. Les représentations sont inséparables de la situation d'apprentissage qui les suscite (Sensevy, 2002).

En effet, en histoire, les élèves n'ont pas de représentation *a priori* des connaissances factuelles dont ils n'ont jamais entendu parler (Moniot, 1993, p. 109-114). En revanche, ils ont une connaissance souvent juste des situations sociales du quotidien qu'ils projettent ensuite sur les situations du passé pour les comprendre. Il est donc préférable de considérer les représentations sociales en histoire non pas comme un *produit* vrai ou faux mais plutôt comme un levier pour comprendre une situation du passé, comme un *processus* de construction du savoir historique. P. Ricœur nous fait avancer avec la notion de *représentations-opérations*, processus intellectuel par lequel l'historien s'efforce de retrouver l'expérience et les représentations des hommes du passé qui constituent l'objet de son investigation (Ricœur, 2000, p. 300). Par dérivation, nous considérons que ces représentations-opérations caractérisent également la démarche des élèves quand ils tentent d'approcher et de comprendre, à leur niveau, l'expérience des hommes du passé.

Pour conclure ce point, il apparaît à nouveau que ce processus de socialisation du savoir historique par sa transformation en un savoir du sens commun suppose que l'on mobilise son expérience sociale présente pour expliquer une situation du passé, tout comme on suppose que l'expérience des hommes du passé vient enrichir notre propre expérience. Ce modèle d'apprentissage et ce mode de compréhension de l'histoire supposent, d'un point de vue anthropologique, une relative régularité des expériences humaines à travers le temps. On postule le caractère structurellement répétable du capital d'expérience historique accumulé dans différentes situations du passé et du présent. Cette régularité, déjà perçue dans les modalités de la conceptualisation et de l'explication historiques (chapitre IV), signale à nouveau le caractère scientifique de l'histoire (Koselleck, 1997, p. 212 et 237).

Les processus d'objectivation et d'ancrage des représentations sociales

Les modalités du processus de transformation du savoir scientifique ont été précisément mises en évidence et se manifestent par divers indices significatifs dans les écrits des élèves. Il s'agit des *processus d'objectivation* (ou de *réification*) des représentations sociales par lesquels – selon une définition inverse de l'acception courante de ce terme – les profanes se représentent les concepts en rendant concret l'abstrait, en associant une image concrète à un concept, une chose à un mot, en transformant la signification des mots du langage scientifique pour les faire passer dans le langage naturel (Moscovici, 1976, p. 107-126). Ce faisant, les profanes introduisent le social dans la représentation puisqu'ils mobilisent leur mémoire sociale pour se représenter les concepts.

Nous allons détailler ces processus en analysant l'extrait du texte d'un bon élève, Hicham, portant sur la monarchie normande de Sicile, à l'issue du chapitre sur « La Méditerranée au XIIe siècle », en classe de seconde. Cet extrait est largement inspiré du texte d'Ibn Jubayr (1995, p. 346-347) présentant le roi de Sicile Guillaume II (1165-1189) comme un souverain musulman mais aussi d'une mosaïque d'inspiration byzantine figurant le même Guillaume II. Les processus des représentations sociales sont soulignés par nous :

> Écrit d'Hicham :
> « Il y eut aussi des échanges dans le Royaume de Sicile : avant que les Normands n'envahissent ces terres, il y avait vécu deux civilisations, des byzantins au Sud de l'Italie et des musulmans en Sicile. Afin de *montrer leur respect* aux byzantins et aux musulmans (à leurs coutumes), de *plaire à* ces deux peuples (*s'intégrer*) et de ne pas provoquer de guerres intérieures, les rois Normands Roger II et Guillaume II (l'un après l'autre) *mélangèrent les coutumes* des deux civilisations. Ils se firent représenter comme des Califes, nommèrent des vizirs (conseillers), des chambellans, employèrent des eunuques à différentes tâches et se vêtirent à la manière des empereurs byzantins. Il y eut donc de véritable *échange de coutumes*, de connaissances dans ce royaume. »

Un premier processus à l'œuvre est celui de la *classification* qui consiste à remodeler un savoir nouveau pour l'intégrer à l'univers de pensée familier, en une déconstruction de l'objet que l'on reconstruit ensuite en lui attribuant les propriétés d'un objet déjà connu.

Dans le texte d'Hicham, l'objet en question concerne la politique des rois normands de Sicile au XIIe siècle considérée dans les anciens programmes de seconde comme un modèle de syncrétisme culturel et politique des civilisations byzantine, musulmane et latine. Hicham simplifie le concept de syncrétisme en le transformant en un « mélange » ou un « échange de coutumes ». Ce processus apparaît également quand il explique que, pour asseoir durablement leur pouvoir et se faire respecter des populations locales byzantines et musulmanes, les rois de Sicile se placèrent ostensiblement et conjointement dans la continuité des modèles monarchiques byzantin et musulman tout en instaurant une monarchie féodale de type capétien. Pour se représenter les intentions des rois de Sicile, Hicham se réfère de manière anachronique au présent de la société française en utilisant, entre parenthèses, le verbe « s'intégrer ». En désignant ainsi la politique des rois de Sicile, il assimile ces conquérants normands (français) d'une terre musulmane aux immigrés de confession musulmane s'intégrant à la société française d'aujourd'hui. Il s'agit bien d'un processus de déconstruction/reconstruction du savoir puisque la référence à la situation sociale dominée des immigrés musulmans en France aujourd'hui sert à désigner un dessein de domination politique par des guerriers normands sur une société musulmane médiévale.

Un processus inverse est celui de la *naturalisation* qui conduit à modifier l'univers de pensée habituel pour le préparer à accueillir des objets nouveaux et hétérogènes. On ajoute alors les propriétés des objets nouveaux à l'univers de pensée existant pour le rendre compatible avec ces objets nouveaux. Plus simplement, ce processus de naturalisation passe par la désignation d'un objet familier au moyen d'un lexique nouveau qui conduit finalement à catégoriser différemment cet objet familier. S. Moscovici mit en avant que la psychanalyse avait changé les catégories du pathologique. Par exemple, le « complexe » et le « refoulement » sont devenus dans le sens commun les attributs du comportement de certaines personnes, voire mêmes les attributs de ces personnes elles-mêmes que l'on aurait simplement qualifiées auparavant de timides ou agressives. Dans son texte, pour expliquer le dessein politique des rois de Sicile, et pour se représenter le concept d'intégration déjà connu, Hicham recourt ici à un lexique nouveau extrait des documents étudiés (*calife, vizir, eunuque, chambellan, empereur byzantin*).

Cependant, ces processus de classification et de naturalisation sont rendus possibles par des processus qui opèrent à une échelle encore plus réduite (Moscovici et Hewstone, 1984, p. 561-563). Ces processus très fins ouvrent une compréhension précise des modalités de l'apprentissage et constituent un précieux outil d'analyse des écrits des élèves. La *personnification* des connaissances associe une théorie ou un savoir à un individu symbolique qui lui donne une existence concrète : Freud incarne la psychanalyse, Einstein la théorie de la relativité, Louis XIV la monarchie absolue. Par la personnification, Hicham fait intervenir des personnages individuels (les rois Roger II et Guillaume II qui incarnent la monarchie sicilienne) et collectifs (*les normands, les byzantins, les musulmans*), dotés d'intentions, agissant et donnant de la chair au concept d'intégration. Le processus de personnification s'accompagne parfois de jugements de valeurs comme l'indique dans les écrits d'élèves mexicains l'évocation de couples opposés personnifiant l'opposition du bien et du mal : Moctezuma et Cortés, Juárez et l'empereur Maximilien (Plá, 2005, p. 141). Dans le texte des historiens, la personnification est un procédé littéraire courant et F. Braudel en a largement usé en attribuant des intentions et des pensées d'êtres humains singuliers à la Méditerranée ou à la France (Carrard, 1998, p. 192-195).

Il n'y a qu'un pas de la personnification à la *figuration* qui substitue des images aux concepts et transforme la pensée abstraite en pensée figurative. Par exemple, la séance de psychanalyse est parfois assimilée à une confession. Les métaphores de F. Braudel relèvent également de ce processus : la métaphore marine distingue les différents temps de l'histoire, de l'écume du temps de l'événement à la navigation hauturière de la longue durée, et la métaphore géologique de la sédimentation caractérise le temps long de l'histoire de France (Carrard, 1998, p. 196). Ce processus complète la personnification car il permet de se représenter les intentions des personnages du passé. En ce sens, les expressions naïves du texte d'Hicham (« montrer son respect », « plaire à ») constituent une tentative pour se figurer les intentions des rois de Sicile. Personnification et figuration sont des deux processus essentiels pour entrer dans une démarche de compréhension historique des hommes du passé.

Enfin, le dernier processus est celui de *l'ontisation* des relations logiques du domaine scientifique, transformées en relations matérielles entre des choses. Ce terme fut qualifié de « barbare » par Moscovici lui-même qui l'a pourtant préféré à celui de *chosification*. Ainsi Hicham a-t-il transformé le concept de syncrétisme en un « échange de coutumes ».

Le texte d'Hicham nous montre en quoi les représentations sociales puisent d'abord dans l'expérience sociale concrète des individus. C'est pourquoi les représentations sociales ne sont pas un processus psychique individuel mais bien une construction sociale, socialement ancrée. Cet *ancrage* fait des représentations sociales un savoir pratique du sens commun élaboré par un groupe social en fonction de son expérience, de ses valeurs, de ses références. L'ancrage se manifeste par des thèmes récurrents dans les représentations sociales d'élèves fréquentant parfois des établissements scolaires différents mais qui se réfèrent à des cadres de pensée, à une culture, des codes, des valeurs propres à un groupe social identique. Il s'agit souvent de jugements naïfs (les hommes agissent par goût du pouvoir, soif d'argent, par bêtise) mais aussi de valeurs très fortes telles que celles des droits de l'homme qui font écho à l'idéal d'égalité des adolescents. D'autre part, l'ancrage fait des représentations sociales un savoir à visée pratique car, en transformant le savoir scientifique en un savoir *utile* à l'ensemble d'un groupe social, celles-ci lui fournissent un cadre interprétatif sur le monde pour agir (Moscovici, 1976, p. 74-78 et p. 170-173). En classe, les représentations sociales sont utiles aux élèves parce qu'elles transforment le savoir historique en un outil pour engager un dialogue avec les hommes du passé – afin de réussir les évaluations en classe d'histoire.

Les rapprochements opérés par les élèves sont souvent anachroniques, mais on considère cette première phase de socialisation du savoir scientifique comme un préalable indispensable à l'entrée de tous les élèves dans l'apprentissage de l'histoire (Audigier, 2004 ; Lautier, 2006a ; Vieuxloup, 2001). C'est même la condition *sine qua non* de l'attribution par les élèves d'un sens au savoir historique. À titre d'exemple, dans l'une de nos recherches, il s'est avéré que les élèves en réussite scolaire avaient produit chacun en moyenne 2,8 processus de figuration et 4 processus de personnification dans les séquences observées, contre respectivement 0,75 et 0,25 pour les élèves les plus en difficulté (Cariou, 2003a, p. 389-390). L'explication est simple même si elle relève apparemment de la tautologie : les élèves qui réussissent sont ceux qui s'autorisent à mobiliser les processus des représentations sociales pour transformer le savoir scientifique et produire ainsi du sens tandis que les élèves en échec se bornent à restituer un savoir qu'ils ne parviennent pas à s'approprier.

Histoire et mémoire

Nous savons désormais en quoi l'apprentissage de l'histoire est nécessairement ancré dans une mémoire collective ou sociale. Cette affirmation pose et renouvelle la question des rapports entre mémoire et histoire. Sur ce propos, on consultera avec profit le dossier coordonné par N. Tutiaux-Guillon et F. Jacquet-Francillon (2008).

Cette question essentielle fut surtout théorisée dans l'entre-deux-guerres par le grand sociologue durkheimien M. Halbwachs. Dans *Les cadres sociaux de la mémoire* (Halbwachs, 1925), il montrait que la mémoire individuelle est un fait social. Elle est certes enracinée dans une expérience personnelle, mais les souvenirs ne subsistent dans la mémoire individuelle qu'à l'état inconscient. La remémoration des souvenirs suppose une interaction sociale : nous faisons appel à notre mémoire pour répondre à une question que l'on nous pose ou pour évoquer à plusieurs des souvenirs communs. Nous nous souvenons avec les autres lorsque nous échangeons des souvenirs forgés dans des expériences vécues et partagées en commun. Hors du groupe social et de sa mémoire collective susceptible de réactiver notre mémoire individuelle, celle-ci disparaît. La mémoire individuelle (se) nourrit (de) la mémoire sociale des différents groupes auxquels nous appartenons, sans se confondre avec elle.

Dans son ouvrage posthume sur la mémoire, M. Halbwachs (1950) s'intéressait à l'articulation entre la mémoire individuelle, la mémoire collective et la mémoire historique. La lecture classique de cette œuvre tendait à opposer terme à terme la mémoire collective et l'histoire (Le Goff, 1988a ; Nora, 1984). Cette lecture est celle des historiens qui refusèrent par exemple l'ensemble des « lois mémorielles » (Bonafoux *et al.*, 2007, p. 18-30). Comme la mémoire collective serait celle d'un groupe restreint, il existerait autant de mémoires que de groupes sociaux. La mémoire serait partielle, plurielle, communautaire et en constante mutation. Elle retiendrait du passé uniquement ce qui correspond aux préoccupations et aux intérêts actuels du groupe concerné et elle actualiserait de ce fait le passé dans le présent en gommant toute discontinuité temporelle. En revanche, l'histoire, en extériorité à tout groupe social, serait universelle et critique. L'histoire explore en outre la discontinuité entre le passé et le présent qui fonde sa propre scientificité. Comme l'écrit fréquemment P. Nora, « la mémoire divise et l'histoire seule réunit ».

M. de Certeau (1987, p. 85-88) opposait en des termes proches la stratégie temporelle de l'histoire et celle de la psychanalyse. Par le refoulement et la névrose, le passé est perçu comme imbriqué dans le présent. La mémoire individuelle constitue alors le champ clos de l'affrontement de deux opérations contraires et complémentaires : l'oubli considéré non pas comme une perte mais comme une action présente contre le passé, et la remémoration qui actualise le passé dans le présent. Pour la psychanalyse, le passé se tient *dans* le présent. L'histoire en revanche se construit dans la distance entre le présent et le passé. Elle induit un rapport de savoir entre deux types de lieux, à savoir le lieu présent du travail scientifique d'enquête, d'interprétation et d'écriture où se tient l'historien, et les lieux où sont gardés les matériaux de la recherche : les musées, les dépôts d'archives, les bibliothèques, etc. En histoire, le passé se tient *à côté* du présent et ne se confond jamais avec lui.

Cependant, cette opposition entre psychanalyse et histoire autour du travail de mémoire est remise en cause aujourd'hui (Dosse, 2010b). Il existe un lien indissoluble entre le présent de l'historien et le passé actualisé par une trace qui joue un rôle équivalent à celui de la trace mnémonique dans la cure psychanalytique. La différence tiendrait plutôt en ce que le psychanalyste attribue à la mémoire un sens individuel là où l'historien lui donne un sens collectif. La perspective interprétative de l'historien comme celle du psychanalyste seraient donc tournées vers le futur – la santé recouvrée du patient ou la reconstruction du lien social – et l'écriture historienne, tout comme la parole du psychanalyste, prendrait ainsi une valeur performative. Elles assignent une place au passé – qu'on l'honore ou qu'on le remette à sa place – afin d'ouvrir d'autres possibles pour les vivants. Lorsque le passé « ne passe pas », parce que le travail de deuil n'a pas été effectué, le refoulement collectif provoque, à l'instar du refoulement individuel, des pathologies mémorielles mises en évidence par H. Rousso (1987) à propos de la mémoire de Vichy.

L'opposition radicale et binaire entre la mémoire et l'histoire paraît donc stérile à bien des égards (Coquery-Vidrovitch, 2009, p. 104-110 ; Joutard, 2010) et pose une série de problèmes. La mémoire constitue un objet d'histoire comme le montrent d'importants travaux d'historiens (Rousso, 1987 ; Stora, 1992 ; Wieviorka, 1992 par exemple), mais cette démarche risque aussi d'engager une logique d'expertise par l'histoire de la mémoire qui ne saurait être que fautive et sujette à des dérives. L'expertise distanciée occulterait en outre le poids de la mémoire sociale dans la recherche historique elle-même (Noiriel, 1999, p. 288-289). On sait bien pourtant que la prégnance de la mémoire gaulliste et de la mémoire communiste avant 1968 incitait les historiens à envisager la France dans la Seconde Guerre mondiale au prisme de l'opposition entre résistance et collaboration. Depuis les années 1980, le réveil de la mémoire juive de la shoah conduit plutôt les historiens à envisager Vichy sous l'angle de l'antisémitisme. L'historien qui mobilise une méthode scientifique de critique des sources est en même temps plongé dans le présent : son expérience sociale et ses convictions participent de sa compréhension du monde social présent, mais aussi passé. Les historiens produisent en outre un savoir scientifique sur le passé par l'enseignement, les publications, les interventions dans les médias qui alimentent, contredisent et enrichissent à leur tour la mémoire collective et nationale. La production de la connaissance historique n'échappe jamais à l'ensemble de ces contraintes sociales (Noiriel, 1996, p. 184 et p. 192).

Enfin, l'opposition tranchée entre mémoire et histoire alimente le refus des enseignants d'envisager la place de la mémoire sociale dans le processus d'apprentissage. Elle conduit à l'ignorance du double système cognitif par lequel s'approprie l'histoire : familiarité et identification d'une part, raisonnement scientifique et distancié d'autre part. Or, « les élèves ne peuvent comprendre l'histoire sans schèmes d'accueil constitués par une pensée partagée : on ne peut s'approprier l'histoire sans le recours à une mémoire chaude, sans la familiarité que donne l'expérience » (Lautier, 2003, p. 377).

Pour sortir de cette aporie, P. Ricœur nous propose une nouvelle lecture de l'œuvre de M. Halbwachs. Loin de s'opposer à l'histoire, la mémoire serait bien plutôt une « matrice d'histoire » et il existerait de fait un lien intime et dialectique entre la mémoire individuelle, la mémoire collective et l'histoire (Ricœur, 2000, p. 106). D'une part, l'histoire enrichit la mémoire individuelle et collective, elle s'y intègre par les canaux de la famille, de l'école et des médias. Les événements dont je n'ai pas été directement le témoin mais qui ont laissé une trace importante dans la mémoire collective intègrent ainsi ma propre mémoire individuelle sous la forme d'une « mémoire empruntée » (Halbwachs, 1950, p. 99). L'émotion réelle qui a saisi la société française lors de la disparition du dernier poilu, Lazare Ponticelli, en 2008, montre que la Première Guerre mondiale appartient à une mémoire toujours prégnante.

Mais les enjeux de mémoire suscitent également la recherche historique puisque la connaissance historique est une connaissance sociale qui a partie liée à la mémoire collective (Ricœur, 2000, p. 507; Noiriel 1999, p. 25). Certains travaux militants d'historiens non professionnels visant la réhabilitation d'une mémoire particulière – la mémoire juive de la shoah ou la mémoire du 17 octobre 1961 par exemple – motivèrent ensuite des recherches d'historiens. Selon G. Noiriel, membre du CVUH qui récusa la campagne des historiens hostiles à la totalité des « lois mémorielles », l'histoire est un savoir social impossible à opposer terme à terme à la mémoire collective (Noiriel, 1999, p. 34-40). Il nous rappelle que Marc Bloch et L. Febvre – proches collègues de M. Halbwachs à l'université de Strasbourg dans les années 1920 – indiquèrent fréquemment à quel point les recherches historiques étaient tributaires des questions que la société se pose à elle-même dans le présent. C'est pourquoi, dans un article très critique à l'égard de l'histoire, P. Bourdieu qualifie l'histoire de « ventre mou des sciences sociales » par son absence d'extériorité au monde social, bien loin de l'idéal de distanciation du savant (Bourdieu, 1995, p. 110).

Il en va de même pour l'histoire scolaire. Elle se résumerait à de sèches chronologies désincarnées si elle ne prenait pas non plus appui sur la mémoire individuelle et collective qui l'alimente d'images et d'expériences (Halbwachs, 1950, p. 105-111). L'étude de la fonction des représentations sociales nous montre que l'expérience et la mémoire sociales des élèves leur permettent, à leur niveau, de donner de la chair et du sens à l'histoire scolaire. La question des rapports entretenus par la mémoire et l'histoire ne concerne pas seulement les historiens, elle présente des implications décisives pour la didactique de l'histoire.

Une seconde phase de rationalisation du sens commun

Il est impossible toutefois de s'en tenir à ce savoir du sens commun truffé d'approximations et d'anachronismes. En effet, l'enquête du sens commun mobilise les représentations sociales, la culture et le langage ordinaire d'un groupe déterminé. Elle reste confinée aux significations spécifiques et contextualisées propres à ce groupe et ne saurait en tant que telle produire un savoir scientifique général (Dewey, 1938, p. 180). C'est pourquoi le modèle d'appropriation du savoir historique stipule, dans un second temps, une mise à distance et un contrôle de ce savoir du sens commun à des fins de formalisation et de validation. Cette mise à distance renvoie au procédé *d'estrangement* cher à C. Ginzburg

(1998), qui consiste à présenter les choses comme si elles étaient vues pour la première fois. Ce procédé est conçu comme un instrument de critique des évidences et de dépassement des apparences pour atteindre une compréhension plus profonde de la réalité. Les rapprochements opérés spontanément par les élèves avec leur savoir du sens commun sont ainsi examinés en compagnie de l'enseignant. Cette seconde étape de *rationalisation* du sens commun est d'abord rendue possible par le savoir scientifique et historique lui-même qui, transformé par le savoir du sens commun, n'en imprègne pas moins ce dernier de rationalité.

Dans les écrits rédigés par les élèves lors de cette seconde phase de l'apprentissage étayée par l'enseignant, le savoir du sens commun est transformé en un savoir plus formalisé et plus scientifique. Dans cette transformation intervient massivement la *modalisation* qui signale la mise à distance critique du propos initial, et le plus ou moins grand degré d'adhésion de l'auteur à ce qu'il écrit. Un exemple des plus fréquents est celui qui consiste à attribuer une expression ou une intention à des personnages historiques. Mais cette transformation se manifeste également par l'évolution des *processus de personnification et de figuration* comme le montrent les extraits successifs tirés des écrits de Bintou à l'occasion du chapitre sur la remise en cause de la monarchie absolue en classe de seconde :

> Premier écrit de Bintou :
> « Dans la monarchie absolue de droit divin, le pouvoir du roi lui vient de Dieu et tout les pouvoirs lui appartiennent : c'est la monarchie. Or les opposants ne pensent pas que les pouvoirs du roi lui viennent de Dieu, selon eux, c'est le peuple qui doit élire le roi : c'est une démocratie qu'ils veulent (souveraineté de la nation). »

Ce premier extrait signale une autre modalité de la transformation du sens commun passant par l'apparition de formulations de moins en moins naïves qui signalent l'évolution de ce que les didacticiens des sciences nomment le *niveau de formulation* des concepts (Astolfi et Develay, 1989, p. 49). Dans ce texte, le simple fait de verbaliser un premier niveau de formulation conduit aussitôt, en vertu du pouvoir généralisateur du langage, à des niveaux plus généraux de formulation. L'expression « c'est le peuple qui doit élire... » est suivie ici par le mot « démocratie » puis par l'expression « souveraineté de la nation ».

À titre de comparaison, nous avons rencontré dans de nombreux écrits d'élèves une évolution du niveau de formulation du concept de guerre sainte qui signale l'appropriation de ce concept (Cariou, 2004). Dans un premier temps, l'affrontement entre chrétiens et musulmans en Orient au XIIe siècle, est désigné par l'expression « guerre de religions ». Ce terme, anachronique pour nous puisque lié au XVIe siècle français, relève d'un processus de figuration de ces affrontements à tonalité religieuse : une guerre entre chrétiens et musulmans est bien une guerre entre religions. Dans un second temps, la mise en évidence du statut de Jérusalem en tant que « ville sainte » pour les trois religions monothéistes, rend compte de la volonté des acteurs du passé de s'en emparer. L'expression « ville sainte » conduit, par contamination lexicale, de la « guerre de religions » à la « guerre sainte ». Notons que ce processus a également été mis en évidence à l'identique dans des classes de CM2 : la guerre pour un lieu sacré ou pour une terre sainte devient dans un second temps une guerre sainte (Kessas, 2008). Dans le même ordre d'idées, dans le chapitre précédent, Hanane avait substitué l'expression « religion officielle » à la « religion de l'empire romain ».

Revenons au texte de Bintou qui porte sur l'origine du pouvoir. Selon une logique inverse, il vient de Dieu pour la monarchie absolue et de la nation pour la démocratie. Si Bintou définit avec pertinence la monarchie absolue de droit divin, elle ne peut encore définir le régime qui lui succédera. Cette définition constitue l'objet des extraits suivants.

> Deuxième écrit de Bintou :
> « Dans la monarchie absolue, tous les pouvoirs sont au roi, or dans le régime anglais tous les pouvoirs n'appartiennent pas au roi : le pouvoir législatif appartient au parlement, le pouvoir exécutif et judiciaire appartiennent au roi, mais il est contrôlé donc il ne peut pas faire ce qu'il veut. »

Dans ce deuxième écrit, le concept de séparation des pouvoirs n'est pas nommé car il n'est pas acquis. Bintou se le représente par un procédé naïf de figuration : le roi n'a pas tous les pouvoirs, « donc il ne peut pas faire ce qu'il veut ». Nous retrouvons la première étape du modèle d'appropriation de l'histoire, celle d'une attribution de sens par la pensée représentative du sens commun. Le procédé de la figuration évolue pourtant dans la seconde partie de la séquence où les élèves étudiaient certains textes des philosophes des Lumières :

> Troisième écrit de Bintou :
> « Et pour eux [les philosophes de Lumières], une même personne ne doit pas posséder tous les pouvoirs, ils doivent être attribués à plusieurs personnes : c'est la séparation des pouvoirs qu'ils veulent. Le roi aurait le pouvoir exécutif et judiciaire, (mais il serait contrôlé) et le parlement aurait le pouvoir législatif. »

Ce troisième écrit signale une mise à distance critique de la figuration initiale par les parenthèses, et l'apparition d'un second processus de figuration passant par le dénombrement (« une même personne »/« plusieurs personnes »). Cette opposition conduit Bintou à se figurer plus clairement le concept de séparation des pouvoirs qui peut alors être nommé, même si une imprécision demeure sur les pouvoirs effectifs du roi. Remarquons également l'élargissement du processus de personnification : au parlement et au roi présents dans le premier texte s'ajoutent désormais les philosophes des Lumières (« eux », « ils »). Nous supposons que la volonté de comprendre ce que veulent les philosophes, signalée par le modalisateur « pour eux », conduit Bintou au processus de figuration par le dénombrement. Enfin, Bintou est revenue sur le concept à l'occasion de l'évaluation finale de la séquence :

> Quatrième écrit de Bintou :
> « En fait, les Français ont suivi le modèle des Anglais et des Américains où, contrairement à la Monarchie absolue (où les pouvoirs étaient attribués au roi), les pouvoirs étaient attribués à plusieurs personnes (en Amérique), c'est la séparation des pouvoirs. »

Ce dernier extrait paraît moins riche que le précédent car les trois pouvoirs ne sont plus nommés et le propos reste flou. Il n'en reste pas moins juste et il signale un nouveau développement du processus de personnification qui se poursuit par l'intervention de nouveaux personnages collectifs agissant, les Anglais et les Américains. La progression vers un savoir contrôlé et mieux formalisé n'exclut pas la permanence des processus des représentations sociales, elle ne suppose pas la substitution d'un savoir scientifique à un savoir du sens commun, mais plutôt une étroite interaction et une modification réciproque.

L'apprentissage de l'histoire suppose la maîtrise par les élèves de ces divers registres de savoir et de mode de pensée. Les élèves en réussite en histoire sont ceux qui, tout en mobilisant leur pensée sociale du sens commun, sont également capables de mettre cette dernière à distance pour la contrôler. Pour citer les résultats de la recherche évoquée plus haut, les élèves de notre échantillon en réussite scolaire produisirent en moyenne 4,1 procédés de modalisation et 1,5 procédés de périodisation sur la totalité des séquences observées contre respectivement 1,25 et 0,25 pour les élèves plus en difficulté (Cariou, 2003a, p. 389-390).

Ces procédés de mise à distance conduisent les élèves à mobiliser les opérations d'historisation répertoriées par une analyse de l'épistémologie de l'histoire (Lautier, 2001a) : *la critique des sources, le contrôle du raisonnement analogique* (voir chapitre VIII), *la périodisation* (voir chapitres VII et IX), *la construction d'entités* (voir chapitre IX). Aider les élèves à maîtriser ces opérations d'historisation est une condition de leur réussite en histoire. Nous le montrerons dans les ultimes chapitres de cet ouvrage.

La porosité du savoir scientifique et du sens commun

Polyphasie cognitive et bricolage

Le *modèle intermédiaire d'appropriation de l'histoire* suppose donc le tissage de savoirs appartenant à des registres divers et construits dans les différents lieux de socialisation des élèves : des savoirs scolaires et scientifiques validés par l'institution, des représentations sociales et des savoirs relevant de la pensée sociale du sens commun forgée dans l'expérience individuelle et sociale de chacun, une psychologie et une sociologie naïve sur le comportement des hommes en société, une théorie de l'esprit, des jugements de valeur, etc. (Lautier, 1997a, p. 220-222). Dans les grandes classes de l'école élémentaire, la pensée sociale et narrative donne également du sens au savoir historique même si elle n'est jamais totalement maîtrisée par les élèves (Kessas, 2008). Dans les écrits des élèves du secondaire, ce tissage significatif du processus d'apprentissage donne lieu à une véritable *intertextualité* qui intègre la référence extralinguistique de la preuve historique au texte lui-même constitué d'une grande variété de discours (Plá, 2005, p. 145). Cette capacité à tisser ensemble différents modes de pensée, différents styles cognitifs ainsi que des fragments épars de savoirs disparates fonde la théorie de la *polyphasie cognitive* de S. Moscovici :

> « Avec l'essor du savoir et la division du social, nous sommes tous devenus polyglottes. Outre le français, l'anglais ou le russe, nous parlons le médical, le psychologique, le technique, le politique, etc. Nous assistons probablement à un phénomène analogue pour la pensée. D'une manière globale, on peut estimer que la coexistence dynamique – interférence ou spécialisation – de modalités distinctes de connaissance, correspondant à des rapports définis de l'homme et de son entourage, *détermine un état de polyphasie cognitive.* » (Moscovici, 1976, p. 286.)

Cette théorie rend compte de notre propension, dans la vie courante, à relier dans un tout cohérent la masse d'informations diffuses, partielles et hétéroclites que nous percevons quotidiennement, par un *principe de compensation* caractéristique du raisonnement naturel. Il vise à faire du même avec du divers, non pour faire avancer un domaine de la connaissance scientifique mais pour se tenir « au courant », pour trouver des réponses aux multiples questions qui se posent à nous dans la vie de tous les jours. Il est en effet nécessaire, sur le plan de l'équilibre psychologique personnel, mais aussi de l'équilibre social, de mettre en concordance les savoirs divers et contradictoires qui nous assaillent en permanence pour produire un tableau cohérent du monde. Tout individu ou groupe social s'efforce de réduire le conflit entre deux objets hétérogènes, de les identifier en dépit de leurs contradictions partielles et de parvenir ainsi à un équilibre cognitif. C'est la condition du consensus et du lien social (Moscovici, 1976, p. 52-54 et p. 268-274).

Un exemple historique célèbre illustre bien le processus de la polyphasie cognitive. Le meunier Menocchio étudié par C. Ginzburg (1976) avait bâti au XVIe siècle une vision du monde cohérente par la synthèse de bribes de la culture savante écrite de l'époque et un fonds culturel rural, oral et fort ancien. Il avait retenu des passages de certains livres (le *Décaméron* de Boccace, *Les voyages* de Mandeville, le *Fioretto della Biblia*, etc.) et rejeté ceux qui ne correspondaient pas à sa vision du monde. Ces morceaux de textes lui avaient donné les mots pour dire sa vision du monde dont la cohérence tenait à sa culture orale. Menocchio élabora ainsi une cosmogonie matérialiste fort éloignée du récit de la Genèse car il affirmait l'existence d'un chaos originel mêlant indistinctement les quatre éléments de la science antique (l'eau, l'air, la terre et le feu). Cette cosmogonie trouvait sa cohérence dans une analogie avec son expérience quotidienne, puisqu'il postulait la naissance des anges dans ce chaos originel par une forme de génération spontanée sans intervention divine, tout comme les vers dans le fromage. Il ne s'agit pas ici de la création d'un cerveau dérangé dans la mesure où cette cosmogonie renvoie à un vieux fonds de croyances ancestrales, au Véda indien et à des mythes Kalmouks attribuant l'origine du cosmos à la coagulation de la mer originelle, analogue à la coagulation du lait, d'où jaillirent les plantes, les animaux, les hommes et les dieux. Le monde de Menocchio construit par la polyphasie cognitive résultait de l'accession récente de franges du peuple des campagnes à la culture écrite.

La polyphasie cognitive rappelle également l'activité du *bricolage*, qui caractériserait le fonctionnement de la pensée mythique (Lévi-Strauss, 1962, p. 30-36). Tandis que l'ingénieur mobilise des outils spécifiques et des matériaux choisis pour l'objet à produire en fonction d'un projet pensé au préalable, le bricoleur utilise des outils et des matériaux hétéroclites de récupération, rassemblés en vertu du principe selon lequel « ça peut toujours servir ». Il produit un objet sans projet d'ensemble préalable, en exploitant les occasions qui se présentent à lui, en s'arrangeant avec les « moyens du bord ». À l'instar du bricolage, la pensée mythique élabore un système cohérent d'explication du monde à partir de résidus, de bribes et de morceaux d'origines diverses.

L'origine sociale de la pensée individuelle

Ce bricolage vaut pour nos sociétés actuelles. On sait désormais qu'il n'existe pas un mode uniforme de raisonnement par type d'individu ou par type de construction sociale car chacun traverse, au cours de sa vie ou quotidiennement, une pluralité d'expériences socialisatrices hétérogènes (Lahire, 1998, p. 36-43). Chacun dispose d'un stock d'expériences sociales et de modes de pensée distincts les uns des autres mais interconnectés, mis en cohérence *a posteriori* et mobilisables en fonction du contexte. Chacun les mobilise conjointement ou successivement dans la pluralité des rôles sociaux (familial, amical, professionnel, associatif, sportif, etc.) qu'il assume lors des diverses situations de la vie quotidienne. Dans la société et chez le même individu, divers types de rationalités coexistent, ils sont produits et activés dans différents types d'interaction sociale. On sait aujourd'hui qu'un très grand nombre d'individus, dans toutes les classes de la société, présentent des profils culturels « dissonants », associant le goût pour la culture « légitime » ou « dominante » (théâtre, littérature, musique classique, jazz, cinéma d'auteur, visite de musées, etc.) à l'attrait pour une culture moins légitime, « dominée » ou « relâchée » (musique de variétés, séries télévisées, lecture de magazines ou de romans policiers, etc.). Dans nos sociétés complexes, la dissonance et le pluralisme individuels l'emportent sur l'homogénéité (Lahire, 2004).

En conséquence, ne nous méprenons pas sur le sens de l'adjectif « social » largement utilisé ici. Le social ne se réduit pas à la dimension collective des différences de groupes, de classes ou de générations. Les différences psychiques, cognitives, affectives entre des individus appartenant au même groupe social sont également des différences sociales dans la mesure où ces dernières sont nées d'expériences sociales différenciées. Chaque individu est riche des expériences sociales multiples qu'il a intériorisées et assimilées et qu'il remobilise, en vertu du caractère régulier et répétable de l'expérience sociale, pour faire face à l'hétérogénéité des contextes sociaux qu'il traverse dans sa vie personnelle. Reprenons à B. Lahire la métaphore des « plis subjectifs du social » – empruntée à M. Foucault – pour caractériser ce phénomène : tout individu est comparable à un tissu plié en tous sens, chaque pli désignant une dimension de la multiplicité des expériences sociales qu'il a incorporées. Il en résulte que le *dedans* (le psychique, le cognitif, l'affectif, etc.) n'est que le *dehors* plié des expériences et des processus sociaux (Lahire, 1998, p. 232-234).

L'apprentissage est d'abord le fruit d'interactions sociales et le développement des capacités psychiques des individus résulte donc d'une genèse sociale. Pour paraphraser un titre célèbre de J. Bruner (1990), c'est la culture qui donne forme à l'esprit. Selon Vygotski (1934), l'expérience sociale et les fonctions psychiques individuelles sont les deux faces, externe et interne, de la réalité humaine. Cette conception marxiste du développement individuel renvoie à la sixième thèse sur Feuerbach : « L'essence humaine n'est pas une abstraction inhérente à l'individu isolé. Dans sa réalité, elle est l'ensemble des rapports sociaux. » (Engels, 1886, p. 90.)

Concept quotidien et concept scientifique

Les références théoriques de Vygotski sont éloignées de celles de S. Moscovici mais tous deux lurent Durkheim et en retinrent que le psychologique individuel n'est rien d'autre que du social intériorisé. C'est pourquoi ils s'attachèrent à l'étude des interactions entre la culture d'un groupe social et les activités cognitives individuelles.

Vygotski s'est notamment intéressé au processus de la conceptualisation chez les enfants et le résultat de ses recherches présente des liens de parenté avec la théorie de la polyphasie cognitive. À l'instar de S. Moscovici, il considère que la simple présentation d'un concept tout prêt à un enfant ne permet pas son apprentissage. Quand l'enfant rencontre un concept pour la première fois, il en a une représentation confuse, il ne parvient pas à le nommer de façon pertinente et ce n'est qu'à l'issue d'un processus complexe que le mot et le concept qu'il désigne sont mis en relation par l'enfant et assimilés par lui (Vygotski, 1934, p. 276-280). Alors que les didacticiens des sciences acceptent avec beaucoup de réserves le modèle de la conceptualisation selon Vygotski (Joshua, 2002), il rend parfaitement compte du processus d'apprentissage de l'histoire scolaire.

Vygotski a montré qu'un concept avait deux faces et que l'opération de conceptualisation passait par un développement inverse mais conjoint, en un mouvement dialectique, des deux parties constitutives du concept, le concept quotidien et le concept scientifique (Vygotski, 1934, p. 291-297 et p. 368-404). Le *concept quotidien* (ou spontané) est forgé dans l'expérience singulière, personnelle et pratique de l'enfant. Gorgé de quotidien, de concret et de sens commun, il n'est pas explicite et n'établit que des liaisons de type empirique avec les objets auxquels il renvoie. Il est caractérisé par un usage spontané et involontaire. En revanche, le *concept scientifique* est formé dans l'expérience scolaire de l'enfant où il fait l'objet d'un apprentissage explicite. Il renvoie à une formulation scientifique, générale et abstraite et pas à un objet concret. Il est une connaissance relative à des savoirs théoriques en lien avec d'autres concepts organisés en système. Par exemple, dans la vie quotidienne, l'enfant s'aperçoit qu'un morceau de bois flotte sur l'eau d'une bassine ou d'un étang. À l'école en revanche, l'élève aborde le principe d'Archimède par l'énoncé d'une loi générale accompagné d'expérimentations destinées à le vérifier. Ces deux types de concepts recouvrent tous deux le concept à s'approprier car ce dernier est unité du sens commun et de la science. En conséquence, le développement des concepts ne suppose pas l'éviction du concept quotidien par le concept scientifique, mais leur transformation réciproque à des fins d'apprentissage. Dans le célèbre passage qui suit, les propos de Vygotski font écho avant l'heure à ceux de Moscovici sur la socialisation du savoir scientifique par le savoir du sens commun et sur la rationalisation de ce dernier par le savoir scientifique :

> « Le concept spontané de l'enfant se développe de bas en haut, des propriétés les plus élémentaires et inférieures aux propriétés supérieures, alors que les concepts scientifiques se développent de haut en bas, des propriétés plus complexes et supérieures aux propriétés plus élémentaires et inférieures [...]. Les concepts scientifiques germent vers le bas par l'intermédiaire des concepts quotidiens. Ceux-ci germent vers le haut par l'intermédiaire des concepts scientifiques. » (Vygotski, 1934, p. 371-372.)

Pour paraphraser ce passage, le concept scientifique « germe vers le bas » en se remplissant du sens concret et figuré du concept quotidien qui le socialise, tandis que ce dernier « germe vers le haut » par généralisations successives, sous l'influence du concept scientifique qui le rationalise, le contrôle et le formalise. Quand le développement de chacun des deux concepts recoupe le même plan, alors le concept est acquis par l'enfant. Dans les écrits des élèves, le concept quotidien se présente sous les traits des processus d'objectivation de Moscovici, et le concept scientifique apparaît à travers les processus d'historisation de N. Lautier. Les écrits de Bintou sur la séparation des pouvoirs cités plus haut, le prouvent (Cariou, 2004). Pour varier les exemples, nous citons les extraits de deux écrits successifs de Sophia à l'occasion du chapitre sur la remise en cause de la monarchie absolue.

> Premier écrit de Sophia :
> « Avant la crise, la société d'Ancien Régime était composée d'un Clergé, du Tiers-État et de la Noblesse. Ce qui différenciait ces classes était le fait que le Clergé et la Noblesse étaient privilégiés car ils ne payaient pas d'impôts. Or, si le Clergé était amené à payer des impôts,

alors il n'y aurait plus de différences entre eux et le Tiers-État. Donc la société d'Ancien Régime serait remise en cause et disparaîtrait. »

Le concept sous-jacent à ce texte est celui d'égalité. Or Sophia ne parvient pas encore à le verbaliser. Il est d'ailleurs intéressant de noter que Bintou, dans un passage analogue, n'y parvient pas non plus car elle écrit : « S'ils paient des impôts, il n'y a plus d'ordres, donc tout le monde est pareil ». Ce texte énumère des informations (Clergé, Tiers-État, etc.) qui relèvent du concept scientifique, tandis que le concept quotidien apparaît derrière une formulation maladroite du concept en question (« il n'y aurait plus de différences entre eux »). Ce passage montre que, au point initial du processus d'apprentissage, les élèves ont une perception confuse et indéterminée du concept à s'approprier, qu'ils ne peuvent pas encore nommer ni désigner. Le concept en question n'est approché que dans l'évaluation, même si le processus d'apprentissage ne paraît pas totalement achevé.

Second écrit de Sophia :
« Il fallait faire payer des impôts au Clergé et à la Noblesse. Cependant cette solution fut un refus total de la part des privilégiés. En effet, ils refusaient de payer des impôts car cela les abaisserait au niveau social du Tiers-État. Ne pas payer d'impôts était la seule preuve de différence entre les trois ordres. Payer des impôts amènerait les privilégiés et le Tiers-État à égalité. Ce qui engendrerait la disparition de la société d'Ancien Régime. »

Ce texte reprend pour les grandes lignes des éléments identiques à ceux du texte précédent. Pourtant, des glissements montrent ce mouvement de double germination des concepts scientifique et quotidien. Un premier glissement tient dans l'apparition des processus de figuration et de personnification, autrement dit, de la germination vers le bas du concept scientifique qui se charge de contenu concret et imagé. Par la personnification, le Clergé et la Noblesse deviennent des personnages collectifs comme l'indique la transformation de l'adjectif « privilégiés ». Utilisé comme qualificatif dans le premier texte et comme substantif dans le second, il donne une dimension plus concrète à ces deux ordres qui, par le processus de la figuration, sont dotés d'intentions et sujets de verbe d'action (« ils refusaient »). Parallèlement, le concept quotidien se rationalise puisque l'expression naïve du texte précédent (« il n'y avait plus de différence entre eux ») est remplacée par l'expression « *à égalité* » qui marque une avancée, certes inachevée, vers le concept d'égalité à construire. On préférera donc sur ce point la phrase extraite de l'écrit final de Hicham qui parvient, lui, à verbaliser ce concept :

Écrit d'Hicham :
« L'Ancien Régime où Clergé et Noblesse étaient privilégiés par rapport au Tiers-État, va être remplacé dans un nouveau régime où les trois ordres auront les mêmes droits et devoirs (= égalité). »

Le cheminement de la conceptualisation en histoire scolaire

Ces exemples montrent que le mot adéquat surgit à la fin du processus de construction du savoir par les élèves, une fois que les propriétés du concept ont été énumérées à l'occasion d'une explication ou d'un court récit. La désignation pertinente du concept par le mot adéquat surgit au moment où concept scientifique et concept quotidien se recoupent, quand est atteint un certain niveau de formulation du concept et quand s'achève l'énumération des propriétés du concept scientifique accompagnée d'exemples précis et nourries de concret par les processus d'objectivation et par « le développement en zigzags de la pensée et de l'imagination » (Vygotski, 1934, p. 111). La verbalisation pertinente du concept selon les critères de la science historique fait coïncider le mot et le concept qu'il désigne et signale ainsi l'achèvement du processus de conceptualisation.

Ces préoccupations d'ordre didactique rejoignent les interrogations des historiens sur les mots qu'ils utilisent, comme nous l'avons vu au chapitre précédent. C'est bien le travail sur le concept historique et sur ses propriétés qui est premier, bien plus qu'un travail désincarné sur les mots vides de signification disciplinaire dans le cadre de la « maîtrise de la langue française » institutionnellement à la mode. L'apprentissage échoue non pas quand le mot, le vocabulaire ou la langue française font défaut aux élèves, mais en raison de l'absence du concept historique que désigne le mot. Citant Tolstoï, Vygotski affirme en effet que « le mot est presque toujours prêt lorsque le concept l'est » (Vygotski, 1934, p. 58 et p. 413).

On peut énoncer sur ce point un constat vérifié dans des centaines d'écrits d'élèves en histoire (mais aussi en géographie !) *si, à la fin d'un texte où l'on a vu se succéder les différentes propriétés d'un concept historique nourries des différents processus d'objectivation contrôlés par les procédés d'historisation, apparaît finalement le mot qui désigne le concept dans sa formulation scientifique, alors on peut considérer que le concept est construit et acquis par l'élève.*

À cela rien d'étonnant puisque Vygotski avait déjà pointé la valeur généralisante du mot, dans la mesure où le langage est principe de catégorisation du monde :

> « Le mot se rapporte toujours non à un seul objet singulier, mais tout un groupe ou à une classe d'objets. Chaque mot représente donc une généralisation cachée, tout mot déjà généralise [...]. Mais la généralisation [...] est éminemment un acte verbal de la pensée. » (Vygotski, 1934, p. 55.)

Le mot désignant le concept ne peut être dit ou écrit qu'à partir du moment où l'on a parcouru la classe des objets qu'il recouvre. C'est le travail sur les objets de l'histoire – et non pas le travail sur le « vocabulaire » – qui conduit les élèves à l'appropriation du savoir historique.

Les démarches de pensée de la discipline (conceptualisation, compréhension, explication) ainsi que le savoir disciplinaire contribuent à l'émergence de l'expression la plus juste sur le plan scientifique. Le tableau 7 récapitule les indices qui apparaissent dans les écrits des élèves quand ils construisent du savoir en histoire :

Tableau 7. – *Les indices textuels de l'activité cognitive des élèves*

	Définition	Exemples cités dans ce chapitre	Démarche de pensée engagée
Processus d'objectivation			
Classification	La déconstruction d'un objet de savoir nouveau pour le reconstruire en cohérence avec le savoir déjà là	Les rois de Sicile voulaient « s'intégrer » Le roi *« ne peut pas faire ce qu'il veut »*	Conceptualisation
Personnification	Un personnage individuel ou collectif incarne un fait ou une théorie	Tous les exemples de ce chapitre	Compréhension
Figuration	Substitution des images aux intentions des acteurs	*« montrer son respect aux musulmans »*	Compréhension
	Substitution des images aux concepts	*Une personne*/plusieurs personnes (séparation des pouvoirs)	Conceptualisation
Ontisation (ou chosification)	Transformation d'une relation logique abstraite en une relation entre des choses	Le syncrétisme des rois de Sicile : un *« échange de coutumes »*	Conceptualisation
Procédés de mise à distance			
Modalisation	Indicateur de la mise à distance par l'auteur de ce qu'il écrit	*Ils veulent...*	Compréhension
Contrôle de la comparaison	Vérifier la validité d'une comparaison	Jérusalem, *ville sainte* pour les chrétiens et pour les musulmans	Conceptualisation
Périodisation	Établir les bornes chronologiques du phénomène étudié	1099/1187	Conceptualisation
Niveau de formulation des concepts			
Désignation des concepts	Indicateur du passage d'une formulation du sens commun à une formulation scientifique du concept	*Élire le roi/la démocratie/la souveraineté de la nation* *Il n'y aurait plus de différences/à égalité/égalité*	Conceptualisation

Ce tableau récapitule les liens entre les processus et les procédés visibles dans les écrits des élèves. Par exemple, la personnification, la figuration et la modalisation sont indissociables : la modalisation montre que l'auteur du texte attribue à certains personnages incarnant une institution ou des idées (personnification) des intentions qu'il tente de se figurer concrètement (figuration). La modalisation contrôle la personnification et la figuration pour développer une démarche de compréhension historique. Par ailleurs, la comparaison induite par le processus de classification doit être contrôlée et validée pour produire un concept historique dont nous avons vu qu'il était souvent produit par typologie et comparaison. Enfin, le niveau de formulation des concepts résulte de la dialectique du développement du concept quotidien et du concept scientifique et il signale le travail de formalisation par le contrôle du sens commun. Les processus des représentations sociales et les procédés de mise à distance ne fonctionnent jamais séparément puisque les seconds contrôlent les premiers sans lesquels les seconds n'auraient nulle raison d'être.

De fait, le processus d'apprentissage de l'histoire est *spiralaire*, selon le mot du grand psychologue américain Jerome S. Bruner, psychologue cognitiviste qui s'est ensuite orienté vers une psychologie culturelle inspirée de Vygotski. Il a montré que l'enseignement d'un objet de savoir débute par une description intuitive du domaine de connaissance à la portée immédiate de l'élève. On y revient ensuite par une série de mouvements successifs d'approfondissement et de formalisation jusqu'à ce qu'un degré suffisant de maîtrise du sujet soit atteint par l'élève (Bruner, 1996, p. 8 et p. 149-150). Dans une expérimentation ultérieure, nous avons ainsi pu montrer que les représentations sociales ne disparaissent jamais du processus d'apprentissage : à chaque étape de l'apprentissage, elles reviennent, renouvelées, enrichies et mieux contrôlées pour permettre l'appropriation d'un savoir historique nouveau et toujours plus complexe à chaque étape de l'apprentissage (Cariou, 2006b).

Au total, nous rejoignons ici les analyses de J. Dewey (1938) défendant, contre tout dualisme, la continuité de la science et du sens commun. Nous avons constaté que l'enquête naît dans les préoccupations concrètes et familières du sens commun. Si la généralisation scientifique s'émancipe progressivement de l'environnement concret initial du sens commun par la mise à distance de ce dernier, le sens commun et la science ne s'opposent ni ne s'excluent réciproquement. Au contraire, la science transforme le sens commun (il suffit de voir à quel point les nouvelles technologies de production et de distribution de biens et de services, fruits de la science moderne, ont bouleversé les conditions d'existence de l'humanité depuis deux siècles) et, de son côté, l'expérimentation empirique permet de valider les propositions rationnelles et théoriques du discours scientifique.

De Moscovici à Vygotski et inversement

Des représentations sociales de Moscovici à la dialectique des concepts quotidiens et des concepts quotidiens, nous pensons avoir souligné les passerelles qui relient ces deux analyses relevant de cadres théoriques éloignés. Leurs points communs sont le refus de toute opposition mécanique binaire entre pensée scientifique et pensée du sens commun et l'attachement à la dimension sociale des phénomènes psychologiques individuels. Lançons une passerelle supplémentaire en notant le lien entre le *modèle intermédiaire d'appropriation de l'histoire* (Lautier, 1997) et le modèle plus général d'apprentissage de Vygotski connu sous le terme barbare de *zone proximale de développement* et traduit aujourd'hui par les expressions plus heureuses de *zone de proche développement* ou *zone de développement potentiel* (Vygotski, 1934, p. 343-348 ; Rochex, 1995 et 1997).

Pour construire son modèle d'apprentissage, Vygotski s'était opposé au behaviorisme selon lequel le développement mental et l'apprentissage ne seraient rien d'autre qu'une série de réflexes conditionnés. Il s'était également démarqué de ce qu'il connaissait – au début des années 1930 – de la psychologie de Piaget pour qui, selon une logique kantienne, les processus de développement psychique seraient premiers et précéderaient l'apprentissage : pour enseigner une chose à un enfant, il faudrait attendre qu'il ait atteint le stade de développement requis pour cet apprentissage. Vygotski considère au contraire que l'apprentissage préside au développement psychique de l'enfant et il postule que l'apprentissage précède le développement car « la pédagogie doit s'appuyer non sur l'hier mais sur le demain du développement enfantin » (Vygotski, 1934, p. 356). Il pointe ainsi le rôle essentiel des enseignants dans le développement des élèves qui leur sont confiés.

Vygotski distingue deux étapes dans l'apprentissage, auxquelles font écho les étapes du modèle d'apprentissage de l'histoire. D'une part, le *niveau actuel de développement* de l'enfant a trait au déjà là, à ce que l'enfant peut faire seul, sans l'aide d'autrui et qui correspond à l'exercice de ses compétences cognitives arrivées à maturation à ce stade. Ce niveau de développement présente quelque analogie avec la phase de *socialisation* et de transformation du savoir scientifique par les élèves qui mobilisent pour ce faire le déjà là des savoirs scolaires déjà acquis, des processus des représentations sociales et de leurs compétences sociales en général, en conformité avec le modèle d'apprentissage de Moscovici. Le *niveau de développement potentiel* désigne ce que l'enfant ne peut faire qu'avec l'aide d'autrui et dans une situation d'interaction asymétrique. Ce niveau de développement fait écho à la phase de *rationalisation* du sens commun par la mobilisation des procédés d'historisation qui suppose un étayage de l'enseignant à l'activité de mise à distance du savoir du sens commun pour conduire les élèves à une vérification et à une formalisation satisfaisante de ce dernier. Enfin, *la zone de développement potentiel* désigne l'espace entre ces deux niveaux de développement à l'intérieur duquel s'effectue l'apprentissage. Selon Vygotski, l'apprentissage consiste à emmener l'enfant de ce qu'il sait déjà faire à ce qu'il ne peut faire sans l'aide d'une personne plus experte que lui. L'apprentissage est un développement socialement entretenu et soutenu par les interactions avec un expert qui met à la disposition de l'enfant les savoirs et les démarches disponibles dans une culture donnée (Bruner, 1986, p. 169-170). Il s'appuie donc sur des fonctions psychiques encore immatures qui trouvent les conditions de leur développement dans les interactions qui conduisent l'enfant à dépasser ses limites du moment car « l'apprentissage n'est valable que s'il devance le développement » (Vygotski, 1934, p. 358). Les fonctions arrivées à maturité dans le cadre d'un apprentissage deviennent ensuite les conditions d'un développement ultérieur.

Vygotski propose donc un programme pédagogique ambitieux à plusieurs titres. Il suppose que les enseignants construisent des situations d'apprentissage qui incitent l'élève à mobiliser des savoirs et des compétences déjà là mais aussi à développer des ressources nouvelles. La difficulté consiste à se situer ni trop près, ni trop loin du stade actuel de développement de l'enfant. Il suppose également que les enseignants aient pour objectif le développement des compétences des élèves passant par la maîtrise explicite, consciente et volontaire des savoirs, des concepts, des processus et des démarches de la discipline. C'est une condition de la construction d'une progression de l'histoire enseignée qui dépende moins d'un déroulé chronologique du programme officiel que d'une vision réellement spiralaire des apprentissages (Heimberg, 2002, p. 102-105).

Il s'agit de construire des situations d'apprentissages où les élèves se sentent autorisés à mobiliser leur pensée sociale du sens commun, pour leur faire travailler les procédés d'historisation et les démarches de pensée historienne et pour leur laisser l'occasion de construire du savoir historique, en interaction avec l'enseignant et à l'occasion de séquences d'écriture autonome suffisamment ambitieuses. Ces orientations constituent l'objet des chapitres qui suivent.

Chapitre VI

DES ÉCRITS INTERMÉDIAIRES EN CLASSE D'HISTOIRE

Dans le chapitre précédent, nous avons présenté le modèle d'apprentissage de l'histoire en lien avec le modèle d'apprentissage de Vygotski. Faire passer un élève d'un stade à l'autre de l'apprentissage de l'histoire appelle un *étayage* pour la réalisation d'un travail du langage et sur le langage à ces fins de construction du savoir. Comme Vygotski l'a montré, l'activité d'apprentissage suppose alors la médiation conjointe des autres élèves et de l'enseignant, mais aussi d'un certain nombre d'outils matériels ou langagiers.

Nous allons, dans le reste de cet ouvrage, envisager les outils langagiers à la disposition des élèves et des enseignants. Vygotski les nomme *instruments psychologiques* car ces derniers favorisent le développement de l'enfant par l'exercice d'opérations cognitives nouvelles et complexes (Vygotski, 1930 ; Rochex, 1997, p. 118-119 ; Rabardel, 1999). Ils manifestent ce par quoi le langage contribue à la construction du savoir disciplinaire. Comme l'explique S. Doussot (2011), qui a consacré sa thèse à certains d'entre eux, ces instruments permettent de sortir de la double aporie de l'enseignement de l'histoire, qu'il s'agisse de la perception magique de la situation selon une certaine vulgate constructiviste (le dispositif suffirait à faire construire le savoir par les élèves) ou de la volonté de guidage exhaustif qui ne laisse aucune initiative aux élèves, selon une logique davantage transmissive (expliquer tout ce qu'il faut faire). Ces instruments référés aux pratiques langagières historiennes permettent aux élèves de réaliser un certain nombre d'opérations et les conduisent à mobiliser les démarches disciplinaires dans un cadre réglé par l'épistémologie de l'histoire.

Les écrits intermédiaires sont des instruments psychologiques

Les instruments psychologiques de Vygotski

Selon Vygotski et Bruner, l'étayage dans le processus d'apprentissage est opéré par une personne plus experte et/ou par l'intermédiaire des *instruments psychologiques*. Vygotski forgea la notion d'instrument psychologique par analogie avec l'instrument technique par lequel l'être humain agit sur son environnement physique et matériel. Il considère que l'homme agit sur son comportement et sur son propre fonctionnement cognitif par l'intermédiaire de systèmes de signes. Socialement construits et transmis, ces instruments langagiers sont les produits d'élaborations humaines complexes et artificielles. À l'instar des sociologues durkheimiens, mais surtout dans la continuité de Marx, Vygotski considère que ces instruments, construits au fil des siècles au sein des sociétés humaines, cristallisent des processus sociaux qui contribuent à l'apprentissage et au développement de l'individu. Le développement n'est pas un processus individuel ou biologique, il est un processus social qui suppose la mobilisation de ces instruments tout comme l'étayage d'une personne plus experte. Ces instruments constituent la « boîte à outils » de l'activité cognitive et langagière dont ils élargissent considérablement les potentialités et le champ d'action (Bruner, 1986, p. 169-170 ; Bruner, 1990, p. 36). Bien entendu, le caractère de l'outillage dépend des opérations concernées et il évolue en fonction du degré de développement de l'enfant.

Pour une première clarification, Vygotski fournit une liste indicative d'instruments psychologiques : « Le langage, les diverses formes de comptage et de calcul, les moyens mnémotechniques, les symboles algébriques, les œuvres d'arts, l'écriture, les schémas, les diagrammes, les cartes, les plans, tous les signes possibles, etc. » (Vygotski, 1930, p. 39). Dans les différentes disciplines scolaires, les instruments psychologiques sont les écrits qui renvoient à une pratique langagière. Leurs caractéristiques se sont construites tout au long de l'élaboration de la discipline et elles tiennent à ses démarches de pensée. Par exemple, dans cet inventaire, les schémas et les cartes évoquent immanquablement la géographie. Il nous faut donc réfléchir aux instruments psychologiques pertinents en histoire, à ceux qui « vendent la mèche » pour rendre possible la démarche de conceptualisation ou d'explication.

Écrits intermédiaires et écrits réflexifs

En histoire, comme en science ou en français – où l'on a déjà beaucoup réfléchi à la fonction des instruments psychologiques – nous verrons qu'il s'agit d'abord d'*écrits intermédiaires* associés à des situations dans lesquelles un élève s'engage dans une démarche d'élaboration cognitive (Bucheton et Chabanne, 2001 et 2002). Toutefois, ne confondons pas les écrits intermédiaires avec les différentes versions d'un même écrit jusqu'à l'état où ce texte correspond au projet initial de l'auteur, à l'instar des brouillons d'écrivains. Les écrits intermédiaires sont des écrits d'élaboration où, par un travail sur le langage, les élèves mobilisent progressivement des démarches de pensée disciplinaires pour produire finalement du sens (Jaubert, 2007, p. 156-158). Ces écrits sont des leviers pour l'apprentissage car ils sont des intermédiaires entre le simple relevé d'informations et la production d'un texte complexe. Ils peuvent également être intermédiaires entre deux états d'un texte quand ils permettent sa réécriture non pas seulement à des fins d'amélioration lexicale et syntaxique, mais surtout à des fins d'appropriation de savoirs et de démarches disciplinaires (Bucheton, 1995 ; Reuter, 1996, p. 170-181). À cet égard, ne confondons pas la *révision* qui vise la correction orthographique ou l'amélioration d'un texte, et la *réécriture* qui vise la production d'une autre version du texte d'origine voire même d'un autre texte.

Certains écrits intermédiaires sont également des *écrits réflexifs* par lesquels l'élève met à distance son propre écrit ou son expérience immédiate afin de les retravailler. Le langage écrit devient alors pour l'élève le moyen de contrôler sa propre activité (Rochex, 1997, p. 129). On sait en effet que les élèves en réussite savent expliciter la manière dont ils accomplissent un apprentissage Vygotski oppose sur ce point l'araignée tissant sa toile et l'abeille construisant ses cellules de cire, d'une manière toujours identique et génétiquement programmée, au tisserand et à l architecte qui pensent d'abord leur activité, qui en imaginent le résultat avant même que le travail concret ne débute. Seul ce « redoublement de l'expérience », en idée tout d'abord puis en situation concrète d'accomplissement ensuite, permet les adaptations actives et le développement de cette expérience (Vygotski, 1925, p. 72-73). Notre collègue S. Savier (2005) a montré que le fait d'écrire la critique du texte d'un autre élève, à l'issue d'une première écriture par tous les élèves de la classe, contribuait ensuite à l'amélioration du texte de chaque élève lors d'un exercice de réécriture : quand on écrit à propos du texte d'autrui, on écrit aussi sur son propre texte. Cette dimension réflexive de l'écriture se réalise au cœur même de l'activité et ne peut se mettre en place qu'en référence aux usages spontanés et empiriques des élèves.

Quelques écrits réflexifs

Des écrits réflexifs pour s'approprier le concept de religion

Les écrits réflexifs sont développés par la didactique du français (Bucheton et Chabanne, 2002) et la didactique des sciences à l'école élémentaire (Jaubert, 2007). Nous distinguons pour notre part trois types d'écrits réflexifs. Nous avons déjà vu un premier type d'écrit réflexif en forme de bilan d'expérience permettant au chercheur d'envisager le rapport des élèves à l'histoire (chapitre II). Un deuxième type d'écrit réflexif favorise l'apprentissage d'un savoir disciplinaire. Enfin, un dernier type permet de verbaliser et de s'approprier les caractéristiques d'une compétence ou d'une démarche disciplinaire mobilisées intuitivement par les élèves dans le cadre d'un *apprentissage expérientiel* (Dubar, 2000) pour les remobiliser ensuite systématiquement et avec succès. Nous l'aborderons dans le paragraphe suivant. Dans tous les cas, comme on a pu l'observer également en classe de sciences, l'écrit réflexif ne sert pas à l'élève à mieux dire quelque chose qui serait déjà dans sa tête. Il lui sert à s'approprier les démarches de pensée, les pratiques langagières et la posture d'écriture pertinente pour s'approprier les savoirs disciplinaires. Il favorise les tâtonnements et les déplacements nécessaires à la construction d'un apprentissage. Cet écrit intermédiaire entre deux états cognitifs successifs conduit également les élèves à se construire comme auteurs et acteurs de leur apprentissage en vertu de la dimension éminemment réflexive du langage écrit (Jaubert, 2007, p. 212-213).

Commençons par étudier la fonction des écrits réflexifs pour construire du savoir et pour conceptualiser. Nous utiliserons à cet effet le travail mené en classe de sixième pour conduire les élèves vers une définition du concept de religion dans un collège classé « Ambition réussite », à l'occasion de la séquence sur les débuts du judaïsme. Dans le cadre de l'étude du fait religieux, il s'agissait de faire comprendre aux élèves ce que signifiait une religion pour les hommes qui la pratiquaient dans le passé. Cette séquence déjà présentée par son auteur (Guigou, 2005) a été marquée par la rédaction de plusieurs écrits réflexifs. Nous suivrons plus particulièrement l'évolution des écrits d'une élève, Sehila.

Le point de départ de la séquence était le questionnement suivant : faut-il croire tout ce qui s'est écrit dans un texte en classe d'histoire ? En effet, les apprentissages des élèves sont souvent perturbés par le fait que, selon eux, un texte est soit vrai et crédible, soit faux et invalide. Cette logique binaire renvoie à un rapport à l'histoire comme une discipline qui dit le vrai du passé et ne laisse aucune place au doute, aux conjectures ou à l'interprétation. En conséquence, le savoir historique ne se construit pas, il est dispensé par la parole magistrale ou par les manuels qui toujours disent le vrai. Les élèves ne prendraient alors aucune part dans la construction et l'apprentissage du savoir historique. Le but de la séquence était au contraire de conduire les élèves à réfléchir au statut des textes étudiés en classe et à entrer dans une logique d'interprétation et de compréhension des textes étudiés en classe d'histoire. La séquence a donc débuté par un questionnement sur la possibilité de l'ouverture de la Mer Rouge ou de l'existence d'un homme aussi grand que Goliath. Les élèves ont débattu pour conclure à la nécessité de vérifier ces informations en les confrontant, quand c'est possible, à d'autres informations. Ils restent pour le moment dans l'alternative vrai/faux comme le montre le premier écrit de Séhila rédigé à l'issue du débat pour répondre à la question : « Que peut-on dire des textes qui se trouvent dans la Bible ? »

> Premier écrit de Séhila :
> « La Bible est un texte religieux pour les chrétiens. Il raconte des histoires passer. Il y en a 24 en tout. Je pense que sa donne beaucoup d'information sur l'antiquité comment vivaient il y avait des rois. Ces texte me paraissent vrais quelques uns sont faux car il y a du surnaturel. Et les autres me paraissent vrais car les gens sont pareil et il n'y a pas de surnaturel. »

Laissons de côté l'assimilation des Hébreux aux chrétiens, et notons simplement ici l'assimilation du faux au surnaturel : dans les textes non vérifiés, le surnaturel rend compte des faits invérifiables. L'utilisation sur le même plan des adjectifs « faux » et « surnaturel » signale sans doute que, pour Séhila, l'opposition vrai/faux ne suffit plus pour caractériser ces textes. La suite de la séquence a aidé Séhila à dépasser cette opposition vrai/faux et à qualifier autrement ce que les élèves désignaient comme faux. À l'issue d'un travail sur les Dix Commandements, une nouvelle question en forme de bilan provisoire a été posée aux élèves : « Que nous apprend ce texte sur les Hébreux ? » Voici la réponse de Séhila :

> Deuxième écrit de Séhila :
> « Ce qu'ils ont et n'ont pas le droit de faire. Les Hébreux croient que Yahvé a donné le texte à Moïse. Peut-être que s'est faut. On ne peut pas l'affirmer. »

Le début de la réponse restitue des informations en résumant la présentation du texte en classe. Tous les élèves s'en étaient tenus à cette réponse rapide quand le professeur est intervenu pour leur rappeler qu'ils devaient tenir compte du fait que ces informations étaient invérifiables puisqu'aucune autre source n'évoque l'épisode des Dix Commandements. Cette intervention magistrale explique la suite de la réponse. La question du vrai et du faux revient en avant mais la question de la croyance (« Les Hébreux croient que… ») conduit l'élève vers la compréhension du fait religieux. Une seconde question fut alors posée par le professeur : « Pourquoi étudions-nous des textes de la Bible qui ne sont pas vérifiables ? »

> Troisième écrit de Séhila :
> « Pour voir qu'il y a des textes vrais et faux.
> À aussi voir qu'un texte surnaturel peut être vrais mais d'une autre façon. »

Le surnaturel réapparaît pour désigner une catégorie située au-delà de la question du vrai et du faux. Cet adjectif montre finalement à Séhila l'inanité de l'opposition binaire vrai/faux puisqu'elle se rend compte qu'un texte qui n'est pas vérifiable peut fournir malgré tout des renseignements utiles. Ils nous renseignent sur les croyances des Hébreux, comme Séhila l'avait indiqué dans sa réponse précédente. Au final, un questionnement écrit rapide a été ensuite soumis aux élèves sous la forme de quatre questions auxquelles nous fournissons toujours les réponses de Séhila :

> Quatrième écrit de Sehila :
> *Que signifie « monothéiste » ?*
> « Être monothéiste, cela veut dire croire en un seul et unique dieu respecter les lois donné par ce dieu (exemple les Hébreux qui sont la première religion monothéiste). »
>
> *Qu'est-ce Yahvé ?*
> « Yahvé est le Dieu des Hébreux. Les Hébreux croient en Yahvé. »
>
> *Que sont les Dix Commandements ?*
> « Les dix commandements sont des phrases qui résument se que doient ou ne doient pas faire les Hébreux. Comment se comporter avec ses parents et comment se comporter avec Yahvé. Les Hébreux croient que Moïse a transmis ceci aux Hébreux et que Moïse est l'intermédiaire. »
>
> *Pourquoi les Hébreux doivent-ils les respecter ?*
> « Car c'est leur religion. Puisqu'ils croient en Yahvé alors ils croient Yahvé exige que les Hébreux respecte les Dix Commandements. »

Le verbe « croire » est présent tout au long de ces réponses. Ce verbe règle la question du vrai, du faux et du surnaturel : peu importe si ce texte est vérifié ou non, ce qui compte c'est son rôle dans la communauté des Hébreux. Le surnaturel des textes précédents trouve ici sa solution : il n'est ni vrai ni faux, il relève de la croyance par essence invérifiable. Dans la logique de l'enseignement du fait religieux, ce qui importe en effet n'est pas de savoir si l'épisode des Dix Commandements a réellement eu lieu, mais en quoi la croyance aux Dix Commandements nous permet de comprendre le peuple hébreu. Enfin, il n'est pas anodin que le mot religion apparaisse au début de la dernière réponse : le surnaturel, c'est la croyance en un Dieu et en une série de dogmes qui situent au-delà du monde sensible et de la vérification rationnelle. Certes, l'expression « première religion monothéiste » figurait déjà dans la première réponse, mais il s'agissait davantage d'un fait historique que du concept dont les propriétés sont déclinées tout au long des réponses (un dieu, des croyances, une morale, des obligations rituelles). Selon le modèle de la conceptualisation déjà énoncé, on peut supposer que cette série d'écrits réflexifs, passant par l'adjectif « surnaturel », a permis à Séhila d'approcher progressivement le concept de religion, de le désigner, et surtout, de comprendre le statut des textes étudiés en classe à ce sujet.

Un écrit réflexif pour s'approprier une démarche

L'écrit réflexif permet également aux élèves de verbaliser une démarche mobilisée intuitivement afin de l'institutionnaliser dans la classe. Nous citons ici un exemple de verbalisation de la démarche de compréhension historique réalisée à l'issue d'un travail sur les persécutions des chrétiens au IIIe siècle, lors de la séquence sur « Naissance et diffusion du christianisme » en classe de seconde. La consigne suivante avait été soumise aux élèves : « *Comment avez-vous fait pour expliquer pourquoi les Romains persécutaient les chrétiens et pourquoi ils ont ensuite adopté la religion chrétienne ?* »

Les élèves en difficulté évoquent d'abord des tâches scolaires mécaniques et dénuées de tout contenu intellectuel comme le montre la première partie du texte de Jérémy :

> Écrit de Jérémy :
> « J'ai trouvé grâce aux documents et j'ai réfléchit après avoir lu est analysé les documents et textes. Je me suis posé des questions (où, pourquoi, quand, comment, qui).
> Les Romains tolèrent toute les religions a condition que les chrétiens et autres prient aussi les dieux romains. J'ai supposé pourquoi Dèce a obligé tous les citoyens de l'empire à participer au culte impérial. Ils pensaient que les dieux étaient fâchés. »

Dans la deuxième partie du texte, à l'occasion d'une énumération de faits historiques, la réflexivité inhérente à tout processus d'écriture conduit l'élève à produire une explication historique pertinente : « Ils pensaient que... ». Certes, Jérémy ne fait que reproduire l'explication sur laquelle il était interrogé, mais il franchit une première étape vers la réflexivité puisque cette explication explicite la proposition de la phrase précédente « j'ai supposé pourquoi... ».

De son côté, Salima, qui n'est pourtant pas une élève en réussite, a su mettre directement des mots sur la démarche de compréhension des hommes du passé :

> Écrit de Salima :
> « Je pense que les romains persécutés les chrétiens parce qu'ils ne pratiqués pas la religion civique donc ils avaient peur de ne plus être protéger par les dieux. J'ai imaginé ce que les romains pensés.
> Je pense que Constantin a toléré les chrétiens parce qu'il a vu le Christ qui lui parlé donc peut être que Constantin a eut peur de ne plus être protéger par les dieux si il n'écoute pas le dieu des chrétiens. J'ai imaginé ce que pensé Constantin. »

Le verbe au début de chaque paragraphe (« Je pense que... ») signale la volonté de l'élève de prendre à son compte la démarche envisagée et de mettre du sens personnel dans la démarche mobilisée en classe. Son texte débute là où s'achevait celui de Jérémy car il n'est nullement fait mention ici de tâches mécaniques désincarnées : Salima restitue la raison des persécutions des chrétiens par les Romains et de la conversion de Constantin. Mais, en reproduisant son explication par l'écriture, elle envisage en même temps la démarche qui l'avait conduite à proposer cette explication. Grâce au pouvoir réflexif de l'écriture, Salima peut alors mettre un mot sur la démarche de compréhension, dont elle propose une illustration relevant du sens commun : « J'ai imaginé ce que pensé... »

Envisageons maintenant d'autres écrits intermédiaires très utiles pour la conceptualisation. Nous nous appuyons désormais sur les analyses de J. Goody (1979) qui a montré la valeur cognitive de la liste et du tableau. Ces écrits favorisent l'entrée systématique des élèves dans les démarches d'écriture et la construction des savoirs disciplinaires.

La liste pour conceptualiser

Rédiger une liste structurée et hiérarchisée

Il est souvent difficile de demander aux élèves de rédiger la définition d'un concept historique car ils considèrent généralement qu'une définition doit être recherchée dans le lexique du manuel ou « donnée » par le professeur et apprise par cœur. Nous retrouvons ici le rapport à un savoir considéré comme un objet figé et imposé par le manuel ou l'enseignant.

S. Doussot (2011) a montré tout l'intérêt de faire rédiger des listes par les élèves afin de poser des hypothèses et les critiquer pour résoudre un problème historique. Pour notre part, nous considérons que la liste constitue également un moyen aisé de faire entrer les élèves dans une activité de conceptualisation en histoire car ce type d'écrit correspond le mieux à cette démarche. La liste est également un écrit intermédiaire, une aide langagière à la structuration de la pensée dans le but de rédiger un texte, en l'occurrence une définition, comme cela a été mis en évidence en classe de CE1 (Cellier et Demougin, 2002). Pour le comprendre, il nous faut tenir ensemble la fonction cognitive de la liste telle que J. Goody (1979) l'a mise en évidence et la démarche de la conceptualisation en histoire. Nous nous intéressons uniquement aux *listes savantes* en tant qu'outil d'inventaire et de mise en ordre du monde, de catégorisation et de construction du savoir, qui signalent une entrée dans le monde de l'écrit (Charlot, 1999, p. 67-76). Nous présentons ici les écrits successifs d'un bon élève de seconde, Yanis, qui mettent en évidence les activités langagières et cognitives mises en œuvre lors de la rédaction d'une liste puis d'une définition du citoyen à Athènes.

Dans un premier temps, les élèves ont relevé des informations dans divers documents classiques et rédigé des écrits constitués d'une accumulation d'informations recueillies au fils de la lecture et mises bout à bout sans soucis de sélection ou de hiérarchisation de l'information. Voici ce qu'a noté Yanis :

> Premier écrit de Yanis :
> « Les Citoyens : 40 000, homme libre, dont le père est citoyen athénien et la mère est fille de citoyen athénien. Citoyen athénien sont composés uniquement d'hommes. »

À partir de ce premier écrit, les élèves ont rédigé une première définition du concept de citoyen athénien. Lacunaire, elle est structurée principalement par l'idée issue du cours d'éducation civique de Troisième, selon laquelle un citoyen a des droits et des devoirs, termes absents des documents étudiés, comme on le voit dans la définition de Yanis :

> Deuxième écrit de Yanis :
> « Définition du citoyen athénien : le citoyen athénien est un homme libre qui possède plusieurs droits, dont les droits politiques, il fait partie de l'assemblée des citoyens après sa majorité (18 ans) et après son service militaire (18-20 ans). Le citoyen athénien peut tenir une fonction politique dès l'âge de 30 ans. Il doit habiter Athènes. »

Lors de la deuxième séance, les élèves ont listé ces caractéristiques en les classant de la plus importante à la moins importante afin de réécrire ensuite une nouvelle définition plus structurée du concept de citoyen athénien. La liste de Yanis constitue un écrit intermédiaire pour la réécriture de la définition qui suppose une élaboration cognitive plus poussée.

Troisième écrit de Yanis :
« homme 1
père et mère 4
40 000 ~~6~~8
libre 2
droit politique 5
service militaire ~~4~~ 7
mariage ~~9~~ 10
18 ans 3
réside à Athènes ~~10~~ 9
juge et magistrat ~~5~~ 6 »

Cette liste illustre plusieurs des analyses de J. Goody sur la fonction cognitive des listes (Goody, 1979, p. 140-196 ; prolongé par Lahire, 1998). Il met cette fonction en évidence en étudiant les listes retrouvées dans les vestiges archéologiques des civilisations mésopotamiennes où est apparue l'écriture.

Le premier intérêt de la liste est de stocker l'information, de la classer, de libérer le cerveau de la charge de la mémorisation et donc de décontextualiser le savoir. Par son agencement, la liste introduit en outre une discontinuité spatiale dans le langage (Goody, 1979, p. 150-151). Elle substitue, au flux continu du discours oral ou à l'accumulation linéaire de l'écrit initial de Yanis, un agencement vertical des mots, ligne par ligne. Elle oblige à sélectionner l'information et à extraire les mots importants de la gangue de la linéarité du langage et du contexte de l'énonciation. Elle conduit à séparer les mots les uns des autres pour trier spatialement, individualiser et objectiver ces informations. On peut ensuite retravailler ces mots, les manipuler et les déplacer comme des objets, en s'interrogeant par exemple sur leur place à l'intérieur de la liste pour les classer selon un ordre hiérarchique par exemple. En rupture avec la linéarité du langage oral et écrit, la liste est lue verticalement, de haut en bas et inversement. La disposition verticale permet d'ajouter, de retrancher et de corriger des informations, en réduisant ou en allongeant la liste. Elle permet de classer ces informations selon différents moyens (ordre alphabétique, chronologique, hiérarchique, classement numérique) ou différentes logiques. À titre d'exemple, la déclinaison de la liste des cinquante États des États-Unis peut obéir à une logique spatiale (« Maine, New Hampshire, Vermont… ») ou bien à une logique alphabétique (« Alabama, Alaska, Arizona… ») (Goody, 1979, p. 194). Il existe certes des listes rédigées sans logique : elles sont des énumérations désorganisées qui ne sauraient conduire à une quelconque élaboration.

La liste savante conduit à une double abstraction, celle du contexte de l'énonciation, par le passage du flux de la communication orale ou de la linéarité de l'accumulation à la fixité de la communication écrite, et celle du contexte de l'énoncé, par le passage de l'énoncé global linéaire à la discontinuité des mots pris individuellement et séparément dans la spatialisation verticale (Lahire, 1998, p. 124). Seule la liste permet cette activité de classement : il est impossible d'individualiser et de classer les informations dans un texte où les informations sont énumérées linéairement, au fil de la plume. La liste favorise ainsi une démarche réflexive d'évaluation et de correction de sa propre activité.

La liste de Yanis signale un classement hiérarchique – du général au particulier – des informations accompagnées d'un numéro. Toute liste est en effet structurée selon un principe hiérarchique. En haut, les éléments « supérieurs » et généraux, en bas les éléments « inférieurs » et singuliers (Goody, 1979, p. 184-187). La liste relie elle-même le général au singulier et donne de la chair à toute catégorie générale en déclinant ses propriétés, jusqu'aux exemples concrets. En outre, à l'issue d'un dialogue avec ses camarades, Yanis a modifié son classement en remplaçant certains numéros. La plasticité de la liste, qui se construit au fur et à mesure de la réflexion, autorise les remaniements au coup par coup, en fonction des circonstances (Lahire, 1998, p. 164). Comme elle permet le tâtonnement, la liste est un outil de construction du savoir et un levier dans la modification du rapport des élèves au langage qui apprennent avec la liste à transformer un écrit. La liste est l'écrit le plus adapté à la conceptualisation en histoire car elle permet l'énumération des propriétés d'un concept.

Différents types de listes

La liste de Yanis illustre deux des quatre types de listes répertoriées par J. Goody (1979, p. 149). Elle se rattache tout d'abord au genre de la *liste lexicale* déjà présente dans les tablettes sumériennes. À la différence de la *liste administrative* qui comptabilisait les recettes fiscales, les tributs, les stocks, etc., cette liste de mots inventorie les concepts et préfigure en cela le dictionnaire. En effet, tout dictionnaire n'est jamais qu'un emboîtement de listes : la liste alphabétique des termes définis et, à l'intérieur de chaque définition, la liste des significations possibles d'un mot sans compter les listes d'exemples et de citations. Dès la première moitié du IIe millénaire, des listes lexicales mettaient en ordre l'univers matériel et humain classé en rubriques et en catégories. Elles relevaient déjà d'une forme scolaire en tant qu'outil d'apprentissage du vocabulaire pour les apprentis scribes à Sumer et en Égypte.

La liste lexicale de Yanis se rattache également à la *liste prospective* qui sert de guide pour l'action à venir tout en favorisant un retour réflexif sur sa pratique, puisque sa liste lui a permis de rédiger finalement le texte ci-dessous. Elle se différencie de la *liste rétrospective* ou *inventaire* tournée vers le passé qui, telle la liste des ancêtres ou des rois, le sommaire ou l'index, inventorie pour mémoriser. La liste prospective quant à elle, peut être une liste d'itinéraire dans la géographie arabe classique ou, dans la vie quotidienne, une liste des commissions, une liste des devoirs dans le cahier de texte de l'écolier, une liste des choses à faire dont on barre chaque élément au fur et à mesure de l'avancement de l'action, une liste des affaires à emporter dans ses valises pour un départ en vacances (Lahire, 1998, p. 159-167). Au restaurant, le menu, liste des plats, permet aux clients de composer leur repas. De même, la recette, à la fois liste des ingrédients et liste des opérations à mener pour cuisiner ces ingrédients, guide l'action du cuisinier (Goody, 1979, p. 228-244).

Des collègues, pour leur part, distinguent la *liste inventaire* comme support de remémoration, de la *liste classante* qui réorganise l'information pour généraliser et donner du sens par rapport à un objectif d'écriture (Kessas, 2007, p. 100) que l'on peut nommer également une *liste structurante* construite à l'issue d'une série d'activités et de délibérations collectives des élèves instrumentée par des listes inventaires préparatoires (Doussot, 2011).

Si l'on confond ces différents types de listes, l'action s'en trouve entravée. On peut rédiger une liste de commissions sur le mode de la liste d'inventaire rétrospective : on répertorie les produits qui manquent à la maison. Mais alors la durée des achats dans le supermarché risque de se trouver allongée par toute une série d'allers et retour dans les rayons du magasin. C'est pourquoi certaines listes de commissions sont rédigées comme des listes prospectives en fonction de la répartition spatiale des différents rayons du supermarché. La liste des produits à acheter obéit alors à la logique d'un itinéraire optimisé d'un rayon à l'autre, depuis l'entrée jusqu'aux caisses du magasin (Lahire, 1998, p. 160).

Finalement, la *liste lexicale prospective* de Yanis constitue bien un écrit intermédiaire vers la rédaction d'un écrit final plus riche en informations et obéissant à une logique de conceptualisation puisque, armé de sa liste, Yanis a finalement rédigé la définition suivante :

> Quatrième écrit de Yanis :
> « Le citoyen athénien est : un homme libre âgé d'au moins 18 ans (âge de la majorité). Il doit avoir un père citoyen et une mère fille de citoyen athénien. Le citoyen athénien a plusieurs droits dont les droits politiques et doit pour devenir citoyen se marier. Une fois citoyen, il peut exercer la profession de juge ou encore magistrat. À 18 ans, le citoyen doit passer obligatoirement son service militaire qui dure deux années. À 20 ans, il siège à l'assemblée des citoyens où il peut exercer le métier de juge ou magistrat. À Athènes, les citoyens sont au nombre de 40 000. Le citoyen doit impérativement habiter dans la ville d'Athènes. Antonymes : métèque, femme, esclave. »

Cette définition du citoyen athénien, tout à fait acceptable malgré quelques maladresses, présente ses différentes propriétés selon un ordre hiérarchique. Le verbe « être » initial met en relation le mot qui désigne le concept, son « étiquette », (« le citoyen athénien ») et les propriétés qui le définissent. Les premières propriétés (« homme libre âgé d'au moins 18 ans ») renvoient à la classe générale à laquelle appartient le concept. Les autres propriétés précisent ce concept en l'ancrant dans le concret de la situation historique. Plus la liste des propriétés est longue, plus l'identification du concept (sa *compréhension*) gagne en précision. Or, c'est la particularité du concept historique que d'être longuement défini et de n'être valide que dans un contexte spatio-temporel très réduit. Il perd alors en *extension*. En revanche, plus la liste des propriétés est réduite et plus le concept perd en compréhension et gagne en extension. Mais il devient alors très abstrait et très peu utile en histoire.

Cet exemple nous montre en quoi la liste comme écrit intermédiaire favorise la réécriture d'une définition, mais une réécriture qui gagne en complexité.

Une liste scolaire : le plan détaillé

Le plan détaillé n'est rien d'autre qu'une liste de titres et de sous-titres donnant lieu à un classement à des fins de généralisation et de production de sens. L'exemple développé ici a été réalisé dans une classe de troisième d'un collège en ZEP de la proche région parisienne, à l'occasion du chapitre sur la Première Guerre mondiale[1]. L'objectif était de construire le concept de guerre totale.

Dans un premier temps, les élèves ont extrait des informations de divers documents afin d'établir trois listes dont le titre leur était indiqué : *mobilisation de l'économie, mobilisation de la population, mobilisation de l'information*. Les élèves, placés en groupe de quatre ou cinq, ont ensuite réalisé un plan détaillé destiné à montrer que la Première Guerre

1. Séquence élaborée par Camille Canteux.

mondiale était une guerre totale. Ils devaient ensuite définir la guerre totale. Surpris par la consigne, les élèves ont commencé à rédiger un texte à partir de leurs trois listes initiales comme le montre le début de l'exemple ci-dessous. La consigne de travail leur a donc été à nouveau rappelée. Les élèves ont alors repris le titre des trois listes en listant en dessous les divers éléments extraits de leurs listes mais aussi du texte du manuel. Le plan rédigé par Mohand en collaboration avec les autres membres de son groupe, et suivi de leur définition de la guerre totale, fournit un exemple du travail accompli :

Premier écrit de Mohand :
« La guerre total déclenche une mobilisation de l'économie (de l'industrie, de l'argent) ainsi que la mobilisation de l'arrière (la guerre et les civils) et enfin la guerre et l'information. La guerre totale déclenche une mobilisation de l'économie, c'est-à-dire… [intervention de l'enseignante].
La mobilisation de l'économie :
– la guerre et l'industrie : participation des usines en armement (ex. : production de charts d'assaut, moteur d'avion, obus par l'usine Renault) ;
– l'État finance la production des armements ;
– augmentation des impôts, emprunts de la défense nationale ainsi que l'augmentation des billets en circulation.
La mobilisation de la population
– la guerre et les civils : appel aux femmes françaises pour maintenir l'activité des campagnes que dans les industries ;
les femmes travaillent dans les usines d'armement britannique ;
le front : 66 000 000 d'hommes sont partie au combat.
La guerre et l'information :
– document 4 p. 27 : la liberté de la presse est censuré pour maintenir le moral des soldats mais aussi pour que l'arrière continue à soutenir la guerre.
Définition de la guerre totale :
La guerre totale est une guerre dans laquelle tout est vouée à elle c'est-à-dire que tout le monde y participent : femmes, enfants (économie : industrie, usines, campagnes). »

Cet écrit dénote le classement opéré par le plan détaillé sur la base des listes initiales. La définition de la guerre totale signale également la fonction cognitive de ce plan détaillé : en articulant simplement les faits particuliers aux catégories générales, il conduit les élèves à remarquer l'essentiel (c'est-à-dire le général) pour proposer finalement une définition certes naïve mais opératoire de la guerre totale. Si le plan détaillé avait été dicté par l'enseignante, il est certain que les élèves n'auraient jamais su distinguer l'accessoire de l'essentiel dans cet écrit. Les écrits suivants de Mohand, lors de l'évaluation de cette séquence permettent de vérifier la réalité de l'activité favorisée par cet écrit. Il s'agissait de rédiger un paragraphe argumenté, sans passer par l'étape d'analyse des documents déjà réalisée en classe, en répondant à la consigne suivante : « Montrez que la première guerre mondiale est une guerre totale. » L'enseignante avait demandé la rédaction d'un brouillon puis d'un paragraphe.

Second écrit de Mohand : brouillon :
« Dans les usines
Les campagnes
Les citoyens doivent donner leur richesse pour financer la guerre

Tout le monde y participe
– les hommes se batte à la guerre
– les soldats se sacrifie pour leur pays
– les femmes et les enfants
Assure l'arrière
Travaille dans les usines (et fabrique les armes)
La participation des citoyens. Il participe à la guerre en versant leurs or pour financer la guerre
La première guerre mondiale est une guerre TOTAL car tout le monde y participe. Pendant que les soldats se battent à la guerre ce les femmes, les enfants, qui travaillent à l'arrière dans les campagnes et dans les USINE (fabrique d'arme). »

Paragraphe argumenté
« La première guerre mondiale est une guerre totale car tout le monde y participe, les hommes partent à la guerre *pour* donner leur vie à leurs patrie.
Pendant ce temps, les femmes et les enfants assure l'arrière en travaillant dans les usines *pour* fabriqué des armes de guerre et travaille aussi dans les campagnes *pour* les récolte.
Les taxes augmente tout est pour la guerre, la participation des citoyens en versant leur or à l'état *pour* financer la guerre et *pour* la victoire. »

Le plan détaillé au brouillon n'est pas un décalque mais une réélaboration du plan détaillé travaillé en classe et en groupe. Les répétitions (« les usines », « pour financer la guerre ») signalent des tâtonnements et une construction progressive du savoir. Les trois premières lignes s'apparentent à un balbutiement. C'est seulement à partir de « tout le monde y participe » que le brouillon, présenté explicitement sous forme de liste avec les tirets et les alinéas, verbalise le concept de guerre totale. En fonction du modèle de la conceptualisation déjà énoncé, on peut supposer à bon droit que la rédaction de cette liste permet à l'élève de construire réellement le concept de guerre totale qui est verbalisé ensuite, à la fin du brouillon.

Ce brouillon est devenu un instrument psychologique car il rend apparent le travail de gestion de sa production textuelle par l'élève et il le conduit à la construction du concept de guerre totale qui n'était pas encore acquis à la fin de la séquence. Ce brouillon présente en outre de grandes différences avec le texte final puisque ce dernier opère une synthèse entre le plan détaillé – la liste – et le texte rédigé au brouillon. Cette liste n'était pas un *brouillon linéaire*, un texte déjà élaboré en attente d'une correction orthographique, mais un véritable *brouillon instrumental*, un écrit intermédiaire préparatoire à partir duquel le texte final peut être rédigé (Alcorta, 2002). Les brouillons instrumentaux prennent souvent la forme de listes prospectives, hiérarchisées, articulant la généralité à l'exemple, puisque ces listes planifient le texte à venir en fournissant sa structure sous-jacente. Ici, chaque phrase du texte final est structurée par les listes précédentes et articule chaque idée générale à une explication introduire par un « pour » (en italique dans le texte).

Le travail d'élaboration du savoir apparaît également avec l'effacement des titres des trois listes initiales proposées par l'enseignante. En revanche, les listes successives ont fait émerger une définition générale indiquée en introduction (« car tout le monde y participe ») et les trois phrases du texte développent ce « tout le monde » : les soldats, les femmes et les enfants, et les énigmatiques citoyens qui ne semblent ni combattre ni travailler. Cette entrée par le processus de la personnification conduit ensuite à envisager les différents secteurs concernés : les industries, les campagnes et les finances. En conséquence, la propagande a sombré dans l'oubli parce qu'elle se prêtait mal à la personnification.

Ces listes lexicales successives – liste rétrospective de classement des informations déjà relevées et liste prospective d'organisation des informations au brouillon en vue de la production d'un texte – ont conduit Mohand à la généralisation mais aussi à la structuration de son argumentation dans le texte final. Le pouvoir structurant de la liste apparaît avec d'autant plus de force que la seconde partie de la démarche présentée ici n'était pas encadrée par l'enseignante puisqu'il s'agissait d'une évaluation.

Des tableaux pour comparer

De la liste au tableau

Le tableau est un autre écrit intermédiaire pour la conceptualisation en histoire. Il était devenu une « coutume pédagogique » (Lautier, 1997b) à l'occasion de l'épreuve d'étude de documents au baccalauréat de 1997 à 2003 – alors que jamais aucun texte officiel ne fit référence à ce type d'écrit – dont les modalités furent ensuite modifiées afin de se débarrasser de cet outil encombrant. Le tableau perturbait la préparation de l'épreuve du baccalauréat car il en était devenu une étape obligée sans que l'on ait saisi le fond de la démarche qu'il impliquait. Les difficultés liées à l'usage du tableau tenaient vraisemblablement à l'illusion de sa transparence car le tableau remplit deux fonctions qu'il convient de distinguer (Sensevy et Rivenc, 2003, p. 74 ; Duval, 2003, p. 21-23). L'utilisation *synoptique* du tableau produit l'illusion qu'il donne à voir des données déjà existantes mais auparavant disséminées et désormais disposées dans des colonnes à des fins de classement et de comparaison. Une simple lecture, par balayage horizontal et vertical du tableau, ferait surgir le sens. Or, il n'en est rien. En effet, la comparaison et les conclusions sur le sens qui en découlent relèvent de la dimension *procédurale* du tableau, beaucoup plus complexe. Il s'agit par exemple de comparer les informations contenues dans deux colonnes afin d'en tirer des conclusions pour remplir une troisième colonne. En histoire, il s'agit surtout d'inférer des relations entre les informations disposées dans le tableau et d'en tirer des conclusions pour construire du sens.

Nous allons donc essayer de clarifier la fonction du tableau dans sa dimension procédurale. Elle conduit à considérer également cet outil comme un écrit intermédiaire au service d'une réelle démarche de construction du savoir en histoire. Plusieurs démarches sont possibles. Signalons l'usage du tableau pour faire entrer les élèves dans une démarche de comparaison et de problématisation (Doussot, 2010 et 2011, p. 151-164). Nous aborderons pour notre part les effets cognitifs de la construction d'un tableau.

À l'issue du chapitre sur « la Méditerranée au XIIe siècle » en classe de seconde, les élèves furent invités à réaliser un index – une série de listes lexicales rétrospectives – des personnages, des lieux et des notions abordés durant la séquence. Voici la série de listes élaborées par Fatiha qui furent ensuite complétées avec l'enseignant :

Premier écrit de Fatiha :

Personnages :	*Lieux :*	*Notions :*
Richard Cœur de Lion	Jérusalem	Croisades
Saladin	Israël	Djihad
Al-Sulami	Sud de l'Italie	Connaissances médicales
Guillaume II	Tolède	Échanges commerciaux
L'Empereur Jean II		Empereur byzantin
Roger Guiscard		Roi de Sicile
Roger II		Calife musulmans
Gérard de Crémone		Traductions
Pierre le Vénérable		Reconquista
		Musulmans
		Chrétiens

Dans un second temps il fut demandé aux élèves de regrouper tout ce qui allait ensemble afin de produire du sens, sans consigne sur la forme précise attendue. La liste ci-dessous montre que Fathia produit à nouveau une liste rassemblant les concepts proches sous un titre générique. Nous retrouvons ici la fonction cognitive de la liste qui, en favorisant la manipulation, le déplacement et le regroupement des mots qui la constituent, produit cette série de généralisations successives caractéristiques de l'histoire. Toutefois, les personnages et les lieux ont disparu de cette seconde liste car la simple liste ne permet pas de relier entre eux des objets au statut varié :

Second écrit de Fatiha :
Guerres saintes
– Croisade et Djihad et Reconquista

Souverainetés
– Empereur byzantin
– Roi de Sicile
– Calife musulman

Savoir
– Connaissances médicales et scientifiques d'orient
– Traduction

Commerce
– Échanges commerciaux

Religions
– Musulmane
– Chrétienne

Utile pour la généralisation et la verbalisation des propriétés d'un concept, la liste semble être un outil insuffisamment complexe pour réaliser le travail demandé. Tournons-nous vers l'écrit produit par Hanane qui, en tâtonnant, est allée beaucoup plus loin.

Écrit de Hanane :

	Notions :	Lieux :	Personnages :
Guerres	Guerre Sainte Croisade Djihad Reconquista	Terre Sainte → Jérusalem Espagne Occident	Saladin Ibn Jubayr Richard Cœur De Lion
Médecine	Médecine → Sorcellerie	Orient → Occident	Thabit
Religion	Islam → Christianisme	Orient Occident	
Échange	Échanges Commerciaux → Bibliothèques Traductions	Orient Tolède →	Pierre De Tolède Mohammed Hermann Le Dalmate Gérard De Crémone Robert De Keten Pierre Le Vénérable
Monarchies	Calife Empereur Byzantin Roi → Chambellan Eunuque	Royaume De Sicile	

Hanane a réalisé au départ trois listes parallèles. Elle a regroupé les concepts proches (en gras dans le texte) dans une liste de notions, à l'instar de Fatiha. Les deux autres listes (lieux et personnages), sont organisées en fonction des regroupements de cette première liste. Elles permettent de localiser et de personnifier les concepts de la liste des notions. En procédant ainsi, Hanane articule les concepts et les cas singuliers qui les illustrent. Dans un dernier temps, dans la marge de sa feuille, à gauche, elle a placé une dernière liste de termes génériques permettant cette fois de lire horizontalement les listes jusqu'alors verticales.

En ajoutant deux marges, l'une horizontale (au-dessus du tableau) et l'autre verticale (à gauche du tableau), Hanane a construit un tableau (Duval, 2003). Cette construction résulte du croisement des deux marges qui mettent en correspondance les données des différentes listes énumératives. Cette disposition spatiale bi-dimensionnelle opère une séparation visuelle des données enfermées dans les cellules du tableau et localisées au croisement d'une liste et d'une colonne. Le tableau livre donc un nombre clôt et fini d'énoncés, à la différence de la liste unidimensionnelle, plastique et extensible à l'infini. Cette apparente simplicité du tableau, qui se présente sous forme de carte visuelle, recèle en réalité des opérations cognitives fort complexes.

Le tableau est ici construit par la juxtaposition de quatre listes. Chaque liste verticale devient une colonne du tableau que l'on peut également lire horizontalement, en ligne, à partir de la liste de droite dont les termes génériques fournissent le titre de chaque ligne du tableau car « un tableau en effet est une matrice de colonnes verticales et de lignes horizontales » (Goody, 1979, p. 109). Le tableau assigne à une information une position dans une cellule située à l'intersection d'une ligne et d'une colonne (Goody, 1979, p. 133). Il est une matrice complexe construite une fois pour toutes car on ne peut la modifier sans la reconstruire totalement, et qui se lit de haut en bas et de gauche à droite. Le tableau suggère que les informations disposées sur la même ligne partagent l'élément de sens commun à toute la ligne désigné par le terme général de la colonne de gauche, qui est en même temps le titre de chaque ligne. Sur chaque ligne de son tableau, Hanane a donc disposé une généralité, un ou plusieurs concepts, les lieux et les personnages afférents. Elle articule ainsi le général du concept au singulier et à l'individuel des personnages. Par exemple, dans la première ligne, le terme générique « guerre » est décliné en plusieurs concepts (guerre sainte, croisade, djihad, reconquista) spatialement contextualisés (Terre sainte, Jérusalem, Espagne) et incarnés par des personnages qui les personnifient (Saladin, Richard Cœur de Lion). En même temps, cette disposition spatiale suggère des relations complexes sous une forme graphique simplifiée et réduites soit à un système d'identité (équivalence ou analogie) soit à un système de différences (opposition ou polarités). Par exemple, la ligne « médecine » du tableau de Hanane oppose la médecine en Orient à la sorcellerie en Occident. D'autre part, la ligne « guerre » s'oppose à la ligne « échanges ». Le tableau est donc utile pour comparer, mettre en évidence les similitudes et les différences dans une perspective de généralisation (Goody, 1979, p. 136 et p. 197). Il est un outil de construction d'un nouveau savoir par la confrontation d'informations d'origines diverses, analogues, complémentaires, contradictoires ou différentes. Il permet enfin la construction d'un concept historique quand chaque information constitue un exemple de la propriété d'un concept, et quand le titre de chaque ligne se révèle être une propriété du concept.

Enfin, le tableau ne constitue pas une fin en soi. Il ne fait que classer les informations pour révéler des relations d'identité ou d'opposition si bien que la « langue tabulaire » reste une langue artificielle et formalisée (Passeron, 2006, p. 201 et p. 571-572). En croisant les deux dimensions du tableau, elle livre un nombre fini d'énoncés dans un espace codé, selon une logique binaire de la ressemblance et de la différence. Or le lien entre les informations n'apparaît jamais explicitement dans un tableau, il est déduit du positionnement respectif de chaque information. C'est pourquoi nous considérons également le tableau comme un écrit intermédiaire vers la rédaction d'une argumentation qui, seule, verbalisera ces liens qui sont bien souvent des liens explicatifs ou des liens conceptuels quand les informations d'une ligne du tableau constituent autant d'exemples de la propriété du concept qui a donné le titre de la ligne. En d'autres termes, pour expliciter les liens entre les différents énoncés disposés dans le tableau, il convient de revenir au langage linéaire du texte.

Du tableau au texte

Le tableau une fois rempli ne permet pas de produire aisément un texte si la dimension procédurale du tableau disparaît derrière la lecture synoptique. Produire un texte à partir d'un tableau suppose un certain ordre de construction et de lecture articulé par les modes de pensée de l'histoire. S. Doussot (2010) a montré que les élèves choisissaient entre deux stratégies pour remplir leur tableau. L'enregistrement du dialogue des élèves lors de la séance de réalisation des tableaux a établi que certains élèves remplissaient linéairement les cellules de leur tableau : de la première à la dernière ligne, de gauche à droite et de haut en bas. D'autres élèves en revanche remplissaient les cellules de leur tableau de manière non linéaire en allant et venant dans les lignes et les colonnes, au gré des discussions et des rapprochements.

De même, le sens de lecture d'un tableau est essentiel pour la rédaction d'un texte. Le tableau ne fait que disposer des informations en ligne et en colonne, les inférences qui découlent de cette disposition ne sont jamais explicites. Seul, le langage linéaire du texte rend possible la verbalisation de ces inférences, qu'il s'agisse de la généralisation à partir de la mise en relation de plusieurs informations, de l'explication à partir de la confrontation d'éléments contradictoires et problématiques ou encore de l'argumentation qui relie l'exemple à l'argument. Or, il s'avère que, bien souvent, les élèves paraphrasent le tableau en recopiant le contenu des cellules sans produire des inférences.

La confrontation du tableau et des deux écrits d'un élève de troisième en grande difficulté dans un collège en ZEP de la proche banlieue parisienne, lors de la séquence sur les totalitarismes, nous montre à quel point le sens de lecture d'un tableau influe sur les opérations cognitives des élèves[2]

Les deux premières colonnes du tableau ci-dessous furent réalisées en classe à l'issue de la séquence sur l'URSS de Staline. La troisième colonne fut ajoutée à l'issue de la séquence sur l'Allemagne nazie. Nous voyons donc que la colonne de gauche (la marge du tableau) rassemble les propriétés du concept de totalitarisme. Chaque cellule appartenant aux deux autres colonnes met en relation des exemples avec chaque propriété du concept. Ce tableau signale les ressemblances mais aussi les différences entre ces deux régimes.

Tableau 8. – *La comparaison de deux régimes totalitaires*

Régime totalitaire	URSS de Staline	Allemagne nazie
Pouvoir contrôler, parti unique, un seul chef	Staline, partie communiste	Hitler, partie NSDAP
Économie contrôler par l'État	Ce qui montre que l'économie est contrôler par l'État : la collectivisation, les sovkhozes, les plans quinquennaux	Politique de grands travaux : commande de matériaux par l'État pour les travaux ; donne du travail Politique de réarmement : relance de la production et politique autarcique : multiplication des produits de substitution
Société contrôler par l'État : propagande, culte de la personnalité, ennemi à pourchasser	Grâce aux propagandes, il y a un culte de la personnalité qui est Staline, moyen de répression : NKVD et goulag Ennemis à pourchasser : antisoviétique	Grâce aux propagandes (radio, journaux, etc.) => l'État contrôle la population grâce à des encadrements de loisirs : « la force par la joie » (pour les adultes) et la jeunesse hitlérienne, le culte de la personnalité qui est Hitler, moyen de répression : S.S., SA Gestapo, ennemis à pourchasser : les juifs, les slaves, les handicapés
Idéologie	Communisme => égalité entre les hommes	[illisible] tout les juifs, les slaves, etc.… leurs ennemis

2. Séquence élaborée par Camille Canteux.

L'évaluation de la séquence sur l'Allemagne nazie a consisté à demander aux élèves en quoi, sur la base de ce tableau, l'Allemagne nazie était un régime totalitaire. Le premier écrit de Dylan signale une lecture verticale et littérale du tableau. La première phrase énumère les propriétés du concept de totalitarisme présentes dans la colonne de marge. Le reste du texte est une copie du contenu de la troisième colonne. Cependant, le contenu de chaque cellule est précédé du contenu de la cellule correspondante dans la colonne de marge. L'élève a rapproché les cellules de chaque ligne par une sorte de copier/coller mais aucune inférence n'en découle.

> Premier écrit de Dylan :
> « Nous pouvons dire que le régime nazie est un régime totalitaire car elle a les 4 critères qui définisse un régime totalitaire qui sont : pouvoir contrôler (parti unique, un seul chef), économie contrôler par l'État et société contrôler par l'État (propagande, culte de la personnalité, moyen de répression, Ennemis à pourchasser). L'Allemagne nazie a un seul chef qui est Hitler et un parti nazie qui est le NSDAP. Ce qui montre que l'État contrôle l'économie est les mesures qu'ils ont pris : politique de grands travaux : l'État commande des matériaux pour les travaux et donne du travail. Politique de réarmement : il relance la production. Politique autarcique : multiplication des produits de substitution. Ce qui montre que la société est contrôler par l'État est : propagandes (radio, journaux, etc.) et les loisirs encadrer : "la force par la joie" (pour les adultes) et la jeunesse hitlérienne, le culte de la personnalité (Hitler), les moyens de répression S.S., SA, Gestapo et les ennemis à pourchasser qui sont les juifs, les slaves, handicapés. Tout cela s'appuit sur une idéologie qui est de nier tout les juifs, les slaves, les handicapés : leurs ennemis pour que l'Allemagne soit la race supérieur. »

Une fois ce texte achevé, l'élève a refusé de le rendre au professeur car il ne lui convenait pas et il lui a demandé l'autorisation de le réécrire chez lui. Une telle demande venant d'un élève davantage habitué à perturber le cours a provoqué la curiosité de l'enseignante qui a accédé à sa demande. Lors de la séance suivante, l'élève a rendu son texte ainsi réécrit :

> Second écrit de Dylan :
> « Le régime nazie est un régime totalitaire car le pouvoir est contrôlé par un parti unique qui est le NSDAP (parti ouvrier national-socialiste) mais aussi parce qu'il est contrôlé par un seul chef qui est Hitler. Le régime nazie n'est pas seulement un régime totalitaire parce que le pouvoir est contrôlé, mais aussi parce que l'économie et la société sont contrôlées par l'État. Ce sont les mesures qu'ils ont pris *qui montrent que* l'Économie est contrôlée par l'État. *Par exemple* l'État commande des matériaux pour les travaux et donne du travail, ou encore l'État achète des matériaux pour la guerre (armes, chars d'assauts etc.) et multiplie la fabrication et la vente de produits de substitution donc *tous ces exemples nous montrent que* la production est relancer et nous prouvent que *l'État contrôle l'Économie car c'est l'État qui fait toutes ses démarches et c'est aussi l'État qui les contrôles.* Ce sont tous les moyens possibles que met en œuvre l'État nazie qui *montre que* la société est contrôlée par l'État. Comme le *montre* les moyens de répression, la Gestapo (police politique) et les camps de concentration, qui sont mis en place pour réprimer toute opposition et pourchasser les ennemis déclarés du régime : les Juifs, les Slaves, les handicapés. Ainsi, la population, est contrôlée par le pouvoir. *C'est grâce aux propagandes (radio, journaux etc.) et aux loisirs encadrés ("la force par la joie" pour les adultes et la jeunesse hitlérienne) que l'État se sert de la population, pour lui faire croire et faire tout ce qu'il veut. Par exemple*, grâce aux propagandes et aux loisirs encadrer, l'État arrive à faire croire à la population qu'Hitler est le culte de la personnalité et que les ennemis à pourchasser sont : les Juifs, les Slaves, les handicapés, ou encore elle arrive à leur faire voter pour le parti nazie et à ne pas acheter dans les magasins juifs. *Tout ces exemples montrent et*

prouvent que la société est contrôlée par l'État. Tout cela s'appuie sur une idéologie qui est de pourchasser tout les Juifs, les Slaves, les handicapés : leurs ennemis, pour que l'Allemagne soit la race supérieur. »

Les changements introduits par ce second texte sont limités et en même temps essentiels. Le sens de lecture du tableau n'est plus vertical mais horizontal, il s'opère de gauche à droite puis de haut en bas, ligne par ligne. D'autre part, l'élève a remplacé les deux points, qui signalaient simplement une apposition des différentes cellules dans le texte initial, par les expressions surlignées par nous en gras dans ce texte et qui signalent la prise de conscience de l'existence d'un lien invisible entre les cellules : « qui montre que » « prouvent » et « par exemple ». Ces expressions montrent que l'élève a compris que les informations contenues dans les cellules de la colonne « Allemagne nazie » constituaient des exemples singuliers illustrant les propriétés plus générales du concept de totalitarisme contenues dans les cellules de la colonne de gauche. Ces expressions verbalisent donc les inférences produites par le rapprochement entre les cellules des deux colonnes. Ces inférences, découlant de la dimension procédurale du tableau, relèvent de la généralisation puisqu'elles relient le singulier de l'exemple au général des propriétés du concept. Elles relèvent également de l'argumentation puisque les deux verbes « montrer » et « prouver » signalent que ces exemples sont utilisés comme des preuves de la nature totalitaire de l'Allemagne nazie. Enfin, les deux phrases soulignées par nous constituent également des ajouts par rapport au premier texte. Elles signalent un commentaire personnel de l'élève qui conclut en quelque sorte deux des segments de son argumentation.

Nous ne saurons jamais ce qui a provoqué le développement de l'activité de l'élève et la transformation de la transcription littérale du tableau en une argumentation passant par l'explicitation des inférences potentiellement offertes par le tableau. Nous supposons seulement que le simple fait de juxtaposer dans son texte le contenu de la colonne de gauche et de la colonne de droite a fait prendre conscience à l'élève qu'un lien caché existait entre ces deux colonnes et qu'il fallait le verbaliser par la réécriture de son texte. Cette hypothèse suppose une puissance cognitive du langage et un rôle déterminant des écrits intermédiaires dans le processus d'apprentissage.

Chapitre VII

CONSTRUIRE LE TEMPS HISTORIQUE EN CLASSE

La didactique de l'histoire ne saurait se passer d'une réflexion sur le temps qui, plus qu'une unité de mesure des événements historiques, est le « plasma » et le lieu d'intelligibilité des faits historiques dans la mesure où l'histoire est la « science des hommes dans le temps » (Bloch, 1949, p. 52). De même, c'est par le principe d'organisation temporelle que les élèves donnent du sens à l'histoire (Lautier, 1997a, p. 45-48).

Pourtant, si la question du temps est centrale en histoire, on y réfléchit assez peu en classe et elle ne fait pas l'objet d'une construction explicite avec les élèves. En conséquence, l'histoire enseignée s'apparente souvent à « une histoire de musées qui présente le temps historique comme une accumulation de données et de dates » (Santisteban, 2006, p. 79). Elle n'articule pas le passé au présent et au futur pour construire la conscience historique garante d'un réel apprentissage de l'histoire. Cela vient peut-être de ce que la construction de la conscience historique et du rapport au temps qu'elle implique est aussi construction d'un rapport à soi dans le temps (chapitre II). En outre, le temps n'est pas une chose en soi mais un concept de l'entendement au sens kantien et on ne saurait l'appréhender par une accumulation de dates et par la réponse à la question « quand ? » (Allieu-Mary, 2010, p. 58-59). Comme l'espace, le temps est un concept *a priori* qui ne peut être déduit de l'expérience (Kant, 1787, p. 126-130). Le temps ne serait rien d'autre qu'une forme pure de l'intuition sensible par laquelle on comprend le changement ou le mouvement (en tant que changement de lieu) qui affecte un objet. On ne peut avoir du temps une connaissance comme d'une chose en soi (Kant, 1787, p. 82).

Reflétant cet impensé, les recherches en didactiques sur le sujet restent rares, alors que les programmes scolaires, du cycle 2 jusqu'au lycée, insistent sur la nécessaire construction du temps historique et des grands repères chronologiques (Lautier et Allieu-Mary, 2008, p. 104). Pourtant, l'épistémologie de l'histoire s'est intéressée de près à cette question, de P. Ricœur (1983/1985) à R. Koselleck (1979) en passant par J. Leduc (1999) et F. Dosse (2010a). N'ayant pas suffisamment investigué cette question pour le moment, nous nous tournerons à nouveau vers l'épistémologie qui fournit un éclairage conceptuel sur ce sujet.

Afin de poursuivre notre enquête sur les pratiques langagières historiennes, nous nous interrogerons donc ici sur ce que peuvent bien signifier « dater » et « périodiser » en classe d'histoire. En effet, la compréhension de l'histoire suppose une appréhension générale du temps passant par les opérations de *l'évaluation de la durée*, de *la sériation des événements* (leur succession) et de la prise en compte de leur *simultanéité* (Kant, 1787, p. 275 ; Piaget,

1933, p. 98). Une autre typologie peut se surajouter car, en d'autres termes, l'expérience temporelle stipule *l'irréversibilité des événements* (se succédant les uns par rapport aux autres selon un avant et un après), mais aussi la *répétitivité des événements* (par l'identité de ces événements et par leur appartenance à des typologies qui permettent de les penser, comme nous l'avons vu avec les concepts historiques) et enfin la *simultanéité du non simultané* (par superposition de strates temporelles différentes dans une période identique) (Koselleck, 1979, p. 121). Toutes ces opérations peuvent être réalisées dans une réflexion sur la signification d'un événement et de la périodisation, considérée comme un procédé essentiel d'historisation pour la maîtrise des démarches de pensée historienne (Lautier, 2001a) afin de construire l'articulation et la différence passée/présent/futur.

Comme toujours, il s'agit de tenir ensemble les productions liées aux pratiques langagières et les démarches de pensée qu'elles supposent, même si le cadre vygotskien qui est le nôtre est moins pertinent ici que le modèle piagétien des opérations formelles (Allieu-Mary, 2010, p. 87). Piaget a montré que le temps psychologique, subjectif et intuitif de la perception immédiate suppose d'être objectivé en un temps physique et intellectuel qui ordonne le classement des événements successifs pour envisager le passé comme révolu. Cette rationalisation de la perception du temps par l'interaction entre le temps psychologique et le temps physique suppose des opérations cognitives explicites de mise en série des événements pour instituer des rapports logiques et chronologiques entre les causes et leurs effets (Piaget, 1946). Selon Piaget, ces opérations sont à la portée des enfants à partir de l'âge de 7 ou 8 ans. Nous essaierons à cet effet d'envisager les écrits qui permettraient de construire le temps mais les propos qui suivent relèvent d'avantage de la proposition et ne s'appuient pas sur une réalité constatée en classe. Mais, nous formulons seulement des propositions pour amorcer une réflexion sur la question de la construction scolaire du temps historique.

Penser la chronologie

Une conception linéaire du temps

Actuellement, une coutume pédagogique envisage la construction du temps historique à partir de la frise chronologique linéaire en forme de flèche, malgré la suspicion des enseignants à son égard dès l'école primaire (Audigier et Tutiaux-Guillon, 2004, p. 115). Cet objet figure dans tous les chapitres des manuels d'histoire du primaire comme du secondaire. Il est censé donner une cohérence temporelle à la période décrite dans le chapitre ou inscrire ce chapitre dans un contexte historique plus vaste, à l'échelle d'un siècle ou de l'ensemble de la durée couverte par le manuel. La frise chronologique est orientée de gauche à droite dans le sens de la progression temporelle de notre écriture. Elle est orientée de droite à gauche dans le monde arabe. Et pourquoi ne serait-elle pas plutôt orientée de bas en haut, selon la stratification temporelle de la géologie et de l'archéologie, en vertu du principe selon lequel plus un objet est profondément enfoui, plus il est ancien (Grataloup, 2011, p. 169-171) ?

Alors que les historiens n'y recourent jamais, la frise chronologique appartient de longue date à la culture scolaire. En effet, la construction du temps suppose l'établissement conjoint d'une relation d'ordre (antériorité, postériorité, simultanéité) et d'une métrique permettant de comparer les durées (Piaget, 1946, p. 2-3; Allieu-Mary, 2010, p. 84). Fort de ce constat, on pourrait penser que la linéarité de la frise chronologique est adaptée à cette opération. C'est pourquoi les instructions de 1820 présentaient déjà comme « naturelle » cette présentation scolaire du temps historique sous une forme chronologique et linéaire (Borne et Garcia, 2004). Depuis deux siècles, le respect de la continuité chronologique reste un dogme de l'enseignement de l'histoire pour la présentation du « roman national » depuis l'homme de Tautavel jusqu'à de Gaulle dans les actuels programmes du cycle 3, ou dans les programmes plus européens du secondaire. Pourtant, la construction d'une frise suppose d'abord, plutôt qu'une réflexion sur les temps historiques, une réflexion d'ordre mathématique sur l'échelle et sur les coordonnées des repères chronologiques (Audigier et Tutiaux-Guillon, 2004, p. 115).

Pourtant, N. Lautier a pointé l'attachement du corps enseignant à la « diachronie logique » par laquelle l'explication reste inféodée à la continuité temporelle de la frise qui exclut le hasard et remplit les blancs de la documentation (Lautier, 1997a, p. 184-186; Lautier, 1997b, p. 101-102). Cette représentation linéaire orientée par une flèche produit en outre une conception téléologique de la causalité : la cause antérieure explique l'effet postérieur selon une logique déterministe implacable (*Post hoc ergo propter hoc*). Cependant, la linéarité serait également réclamée par les élèves qui se sentent mis en difficulté lorsque les enseignants s'autorisent des comparaisons ou des allers et retours entre différentes périodes.

D'ailleurs, les rares programmes qui ont introduit de la discontinuité chronologique furent soit rapidement vidés de leur substance, à l'instar du « programme Braudel » de terminale en 1957, soit confinés à la classe de seconde, éloignée des enjeux d'examen, en 1981 (« Les fondements de la civilisation occidentale »), en 1996 et 2002 (« Les fondements du monde contemporain ») et en 2010 (« Les Européens dans la diversité des mondes du passé »). Les programmes des séries technologiques au lycée obéissent également à une logique thématique mais le faible volume horaire et le faible coefficient au baccalauréat montrent que ces séries ne constituent pas – et c'est regrettable – un enjeu fort pour l'enseignement de l'histoire.

La question des repères chronologiques

Cette logique temporelle linéaire fut accentuée – au corps défendant de leurs initiateurs – par l'introduction des repères chronologiques et spatiaux dans les programmes de l'école primaire et du collège au milieu des années 1990, réactivés plus récemment par le Socle commun des connaissances et des compétences. Cette introduction relevait d'une logique patrimoniale dans une société française en proie au doute sur son avenir et donc sur son passé. Doit-on alors envisager la question des repères chronologiques comme le retour aux « bonnes » pratiques de l'école de la IIIe République qui avait su inculquer à tous les petits Français une culture historique commune détruite par les didacticiens des années 1970 ? Peut-on l'envisager au contraire comme un moyen de construire avec les élèves une réflexion sur le temps historique ?

Dans l'état actuel des connaissances, il semblerait que l'on doive répondre par la négative aux deux interrogations : dans les années 1990, les élèves méconnaissaient un grand nombre de repères chronologiques et manifestaient peu d'aisance dans l'articulation des relations de causalité historique. Toutefois, l'évaluation de ces connaissances et de ces compétences se heurte à des obstacles méthodologiques (Lautier, 1997b, p. 86-87). Tout d'abord, aucune enquête ne permet d'établir scientifiquement une méconnaissance croissante des repères par les élèves. D'autre part, les modalités de l'enseignement de l'histoire se sont déplacées et associent la mémorisation à davantage de compréhension. Aujourd'hui, la date Marignan-1515 semble moins pertinente pour comprendre la Renaissance qu'une photographie du château de Chambord liée à une histoire politique, sociale et culturelle plus en phase avec la recherche historique et avec la civilisation de l'image dans laquelle nous baignons aujourd'hui (Prost, 2005). Dès lors, mieux vaut laisser de côté la déploration d'une inculture historique des élèves largement supposée pour engager une réelle réflexion sur la construction scolaire du temps historique.

Pourtant, il est essentiel de connaître des repères chronologiques pour faire de l'histoire car les dates ancrent les faits historiques dans la temporalité. Mais la seule mémorisation de savoirs chronologiques ne résume pas l'apprentissage de l'histoire. La manipulation des repères chronologiques doit obéir à la nécessité ressentie par les élèves de connaître une date pour établir des liens d'antériorité ou de postérité entre plusieurs événements afin d'examiner des relations possibles de causalité. En effet, un repère chronologique permet d'identifier, de situer et de catégoriser un événement ou une période. Il ne prend sens que par rapport aux autres repères dans une logique diachronique d'antériorité ou de postérité, mais aussi dans une logique synchronique de la simultanéité qui articule différents niveaux d'analyse (Falaize et Lauby, 2004). Ces repères sont des exemples significatifs d'un fait historique ou d'une période (Salamine pour la démocratie athénienne, la bataille de Bouvines pour la société féodale, etc.), mais ils peuvent également illustrer une rupture (Alésia, le voyage de Christophe Colomb, etc.) entre deux périodes.

Chronologie et chronosophie

L'épistémologie indique quelques pistes de réflexion sur la question de la chronologie et de la datation. K. Pomian (1984, p. III-X et p. 26-30) distingue en effet diverses manières de traiter le temps. Nous en retenons deux. La *chronologie* assigne des coordonnées temporelles à des événements uniques en mesurant les intervalles qui les séparent. Cette opération constitue le point de départ du travail de tout historien au moment de la construction des faits historiques. La chronologie n'est pas une simple énumération car elle suppose le choix des événements, un classement et une mise en ordre de ces derniers. Elle ne se résume pas à placer sur un axe temporel des événements déjà datés et choisis par l'institution.

La *chronosophie* constitue quant à elle une étape décisive dans la construction de l'historiographie. Alors que la chronologie est tournée vers le passé qu'elle relate, la chronosophie assigne au temps une direction orientée vers le futur selon une logique linéaire progressive, à l'instar de la frise chronologique. Tout comme la divination qui scrute le futur dans les entrailles des oiseaux, elle introduit un questionnement explicite sur le futur qui ne se satisfait pas de ce qui est uniquement visible ou mesurable. Elle porte son attention sur l'invisible ou le souterrain (la divine providence, le progrès ou la lutte des classes par exemple) qui donne du sens au temps et oriente le passé et le présent vers le futur. En attribuant un sens à l'histoire orientée vers le jugement dernier (Bossuet), le progrès (Turgot) ou l'émancipation des travailleurs (Marx), la chronosophie devient l'instrument d'une conscience historique. En effet, la science historique croise la chronologie et la chronosophie dans la mesure où, une fois établis les faits ordonnés dans une chronologie, l'historien interprète la dimension souterraine de leur enchaînement pour en proposer une explication.

La distinction entre chronologie et chronosophie réitère la question du statut de l'histoire (Pomian, 1984, p. 10-16 et p. 151-159). Depuis Hérodote jusqu'au Moyen Âge, un fait n'était historique que par la perception directe et immédiate d'un témoin, qu'il fût l'historien lui-même ou qu'il fût convoqué par cet historien. À partir de la Renaissance, se développa l'idée d'une non-coïncidence de la perception et de la connaissance. L'histoire devint connaissance médiate par traces et l'historien fut alors moins le témoin-narrateur que le chercheur qui établit la fiabilité des sources, selon le modèle établi par Lorenzo Valla à propos de la *Donation de Constantin*. L'histoire perdit son statut épistémologique univoque fondé sur la perception directe et immédiate pour acquérir le statut équivoque que nous lui connaissons aujourd'hui, par l'articulation des deux modalités de l'opération historiographique : l'histoire-art prétend par la narration *restituer* le passé à la perception du lecteur tandis que l'histoire-science, en tant que recherche, prétend *reconstruire* le passé à partir de traces. La perception directe cesse d'être le mode de la connaissance historique et, en rupture avec l'expérience vécue, l'histoire devient chronosophie par la reconstruction méthodique et scientifique de l'invisible à partir du visible des traces du passé.

Ces constats expliquent la difficulté à travailler le temps historique. Si nous suivons K. Pomian, il s'agirait d'articuler la construction de la chronologie à la production de sens par la chronosophie. À cet effet nous suivrons ici le programme d'historisation du temps proposé par N. Lautier (1997b, p. 96-99) qui suppose de penser les usages du temps par la reconnaissance de la *multiplicité des temps*, par l'interrogation de la nature de *l'événement* et par l'activité de *périodisation* du temps.

Périodiser

Périodisation et intelligibilité de l'histoire

Une orientation possible pour penser le temps en classe d'histoire est celle de la réflexion sur la périodisation historique. En effet, l'enquête déjà citée de la DEPP signale, lors d'une publication plus récente de certains résultats, que les élèves de collège parviennent plus facilement à lister les caractéristiques d'une période (par exemple rattacher le sceptre et le château de Versailles au règne de Louis XIV) qu'à mémoriser et situer des faits ponctuels (par exemple indiquer les dates de règne de Louis XIV). Un questionnement précis sur des dates ponctuelles produit des performances décevantes alors que les élèves maîtrisent assez bien les caractéristiques de la période concernée (DEPP, 2011, p. 39-40).

La périodisation est l'une des opérations qui confèrent à l'histoire son caractère scientifique car le temps n'est pas donné tel quel à l'historien qui le construit en fonction d'une problématique. La périodisation constitue également l'un des procédés d'historisation mis en évidence par N. Lautier (2001a) pour la construction du savoir historique. Opération insuffisamment pensée, elle constitue pourtant un objet d'étude légitime pour la didactique de l'histoire. Essayons d'en comprendre quelques ressorts.

La périodisation intervient dans le travail de l'historien, une fois établie la chronologie des faits (Prost, 1996, p. 114-118). Elle met le temps à distance en le considérant comme un objet susceptible d'analyse (au sens étymologique du terme : découper). Elle consiste en une activité de repérage, de mise en ordre et de classement de faits différents ou de séries liées au politique, à l'économique, au social, au culturel, etc., par un découpage du temps en segments cohérents et bornés chronologiquement. Ce découpage n'est pas opéré au hasard mais selon une problématique initiale. Sans la périodisation, le temps resterait un flux ininterrompu et incompréhensible. La périodisation permet également de penser la multiplicité des temps de l'histoire ainsi que leurs interactions éventuelles. Elle signale par exemple la simultanéité de séries hétérogènes appartenant à des domaines différents (économique, social, politique, culturel, etc.) ou à des temporalités différentes.

En effet, la périodisation consiste à chercher dans une chronologie des continuités au sein d'une période et des ruptures entre différentes périodes. L'identification des ruptures entre différentes périodes établit les bornes chronologiques d'une période donnée tandis que la continuité d'une période permet d'en dégager les caractéristiques pour la caractériser et la nommer. La périodisation reste une activité centrale de l'historien et elle se retrouve également dans de nombreuses activités scolaires car elle structure bien souvent les différentes parties du plan d'un paragraphe argumenté ou d'une composition d'histoire. On voit qu'elle ne consiste pas seulement en une mémorisation de chronologies déjà établies.

Périodisation et chronosophie

Toute périodisation est porteuse d'intelligibilité. K. Pomian évoque Christian Thomson, conservateur des Antiquités nordiques au musée de Copenhague (Pomian, 1984, p. 105 et p. 159-163). En 1819, ce dernier introduisit la division de la préhistoire en trois âges (de la pierre, du bronze, du fer) subdivisés ultérieurement en un plus grand nombre de périodes. Dans cette périodisation, les objets visibles et les événements perçus furent mis en correspondance avec des périodes. En effet, les objets furent classés par ce conservateur danois selon leurs propriétés visibles, celles de la pierre ou du métal. Mais ce classement repose également sur des faits invisibles inférés à partir de ces traces : on se réfère à des hommes maîtrisant les techniques de taille de la pierre ou de métallurgie qui supposaient elles-mêmes un certain degré d'organisation technologique et sociale. Les objets matériels deviennent ainsi la manifestation *visible* d'une évolution anthropologique, sociale, économique ou culturelle *invisible*. À l'instar de la chronosophie, le lien établi par la périodisation entre le visible et l'invisible rend les faits pensables dans le temps. Mais cette opération suppose qu'il existe plus qu'un lien de voisinage ou de contiguïté entre les objets ou les faits qui relèvent de la même période. Elle laisse penser qu'ils possèdent des caractéristiques communes qui légitiment à leur tour une périodisation.

Toute périodisation devient alors une opération d'inférence de l'invisible à partir de traces visibles, et donc de généralisation à partir du factuel car « les périodisations servent à rendre les faits pensables » (Pomian, 1984, p. 162). Chaque période est nommée en fonction des caractéristiques attribuées aux faits qui la constituent : on peut aisément définir la Renaissance, le Baroque ou la Belle Époque. En englobant des faits dans la généralité constituée par une période, au nom de leurs caractéristiques qui permettent de définir cette période, la périodisation correspond donc à une activité de conceptualisation. Mais la périodisation entretient surtout un lien très fort avec la chronosophie car la modification d'une périodisation découle de/provoque une transformation de la problématique et de la manière d'envisager un objet historique (Bloch, 1949, p. 150-151). Les bornes chronologiques d'une période dépendent des préoccupations propres à chaque configuration historiographique.

Par exemple, si une étude de la Première Guerre mondiale est centrée sur la période 1914-1918 alors elle met en avant les aspects diplomatiques et militaires de la guerre, si elle court de 1905 (l'affrontement des impérialismes et la première révolution russe) jusqu'au début des années 1920 (fin de la guerre civile en Russie, vagues de grèves en Europe occidentale), elle met davantage l'accent sur les aspects économiques et sociaux de la guerre. Enfin, une configuration culturelle de l'étude de la guerre, centrée sur le deuil, la commémoration ou la brutalisation par exemple, retient une périodisation beaucoup plus large et plus floue (Prost, 2006). Il en va de même pour la périodisation de la Révolution française. A. Soboul travaillait principalement sur la brutalité de l'événement révolutionnaire de 1789 à 1799 tandis que F. Furet intégrait la Révolution dans la longue durée de l'affirmation des principes des Lumières dans la vie politique française entre 1770 et 1880, sans oublier que M. Foucault voyait dans la Révolution une étape de la discipline des corps entre 1750 et 1850.

De même, la coupure entre les quatre périodes historiques (Antiquité, Moyen Âge, Temps modernes, période contemporaine) structure les programmes de collège depuis le milieu du XIXe siècle. Mais cette périodisation canonique, peut-être pertinente pour l'histoire européenne, ne l'est plus à l'échelle de la planète où de nombreuses civilisations connurent un déroulement temporel différent qui ne suit pas nécessairement le modèle de développement des sociétés occidentales induit par cette périodisation (Grataloup, 2011, p. 77-96). Sur le plan scientifique, cette périodisation canonique ne correspond pas toujours à d'autres périodisations plus fines. Ainsi, l'Ancien Régime démographique ne s'acheva pas en 1789. Les révolutions dans l'économie, l'art, la religiosité ou l'alphabétisation s'opérèrent bien après 1789 (Pomian, 1984, p. 148-149). On ne peut donc utiliser une périodisation sans en expliciter les objets et les contenus.

Périodiser la préhistoire en CE2

Tournons-nous vers les programmes du cycle 3 pour penser les modalités d'une périodisation et de la construction de la frise chronologique correspondante. Les programmes de 2007 indiquent les repères essentiels (cités dans le désordre !) pour le chapitre sur la préhistoire : les premières traces de vie humaine, la maîtrise du fer et les débuts de l'agriculture, l'apparition de l'art, l'homme de Tautavel, Lascaux. On suppose donc que soient construites les périodes paléolithique et néolithique, même si *homo sapiens* semble plus utile à cet égard que l'homme de Tautavel. La pratique pédagogique habituelle consiste à placer ces différents repères sur une frise chronologique, mais elle ne permet pas aux élèves de comprendre les caractéristiques de ces deux périodes. L'expérience prouve également que les élèves rencontrent de grandes difficultés à distinguer les caractéristiques du paléolithique de celles du néolithique, voire même à situer chronologiquement l'une par rapport à l'autre.

La construction d'une frise chronologique suppose des étapes intermédiaires passant par exemple par la construction de deux listes ou d'un tableau comparatif. La liste des caractéristiques de la civilisation paléolithique (nomadisme, chasseurs-cueilleurs, habits en peau cousue, Lascaux, etc.) et celle de la civilisation néolithique (agriculture, élevage, premiers villages de sédentaires, poterie, stockage des céréales, tissage, etc.) pointent des caractéristiques antinomiques et signalent l'opération de conceptualisation derrière l'opération de périodisation pour penser la succession temporelle. À cette condition, les élèves comprennent la succession du paléolithique et du néolithique puisque l'agriculture succède nécessairement à la cueillette et cela donne finalement du sens à la frise chronologique.

Dans une perspective d'historisation du temps, il serait donc utile d'initier une réflexion des élèves sur les périodisations qui leur sont soumises (Moniot, 1993, p. 164-165). Il est essentiel en effet que les élèves les manipulent pour comprendre que la périodisation est un principe d'intelligibilité de l'histoire. Comme nous venons de le constater, le classement de séries de faits, le choix de ruptures temporelles marquantes, l'attribution d'un titre aux périodes ainsi mises en évidence, constituent autant d'exercices scolaires de périodisation (Lautier, 1997b, p. 125-126). Nous y retrouvons les compétences habituelles de confrontation des informations, de hiérarchisation et de généralisation.

Penser la multiplicité des temps historiques

Les topologies du temps historique

Il convient ensuite d'abandonner la vision d'un temps historique linéaire et uniforme, motivé par la seule dimension du changement, qui serait scandé par des événements principalement politiques et européo-centrés (voire même franco-centrés) pour envisager plutôt la notion de la *temporalité* (Pinson, 2007, p. 89). La temporalité se distingue du temps physique des astres ou de l'horloge constitué d'unités rigoureusement identiques car le temps historique est un temps social au rythme variable, lié à des individus concrets et à des organisations sociales spécifiques. Même si le temps physique est divisé en siècles, années, mois et jours afin de disposer de repères communs, chaque société et chaque moment de la vie sociale possède une appréhension spécifique du temps, car ce temps est *plastique* (Bloch, 1949, p. 153). Il suffit de penser à l'opposition du temps religieux et du temps profane, au temps inégal des saisons qui rythment les travaux des champs, au temps des cadences de production sur une chaîne de montage et au temps de la grève et de la manifestation, etc. Le temps historique est épais de la multiplicité des temps humains et sociaux, il est consubstantiel à l'expérience humaine dans sa pluralité (Koselleck, 1979, p. 10). En histoire, comme en didactique de l'histoire, la réflexion sur la temporalité reste incontournable pour appréhender l'expérience des hommes du passé. L'échec de l'introduction du calendrier républicain est par exemple susceptible de nourrir cette réflexion (Heimberg, 2002, p. 58-59). Une démarche comparatiste peut mettre en regard le calendrier grégorien d'essence chrétienne, alternant les semaines de sept jours et les douze mois aux noms d'origine latine, et le calendrier révolutionnaire « rationnel » – car décimal et référé aux saisons et à la Nature – inspiré par Fabre d'Églantine. Cette comparaison déconstruit l'évidence de l'appréhension quotidienne du temps et montre qu'un calendrier découle d'une vision religieuse ou philosophique du temps et de la société. En outre, l'échec du calendrier révolutionnaire montre qu'on ne saurait modifier brutalement par décret la représentation et la perception du temps qui relèvent de pratiques sociales très profondément enracinées.

Selon les cultures en effet, le temps est vécu selon diverses *topologies* (Pomian, 1984, p. 37-99). Le temps peut être cyclique en fonction de l'alternance du jour et de la nuit, de la succession des saisons, mais aussi des cycles économiques. Le présent fut ainsi perçu comme la répétition du passé indépassable lors des différentes « renaissances » qui scandèrent l'histoire de l'Occident. La Renaissance carolingienne, la Renaissance du XIIe siècle, la Renaissance du XVIe siècle se voulaient chacun un retour à l'Antiquité perçue comme un modèle. L'histoire se réduit alors à un recueil d'*exempla* à imiter dans le présent selon la maxime de Cicéron : *historia magistra vitae*. Cette topologie cyclique du temps caractérise le *régime passéiste d'historicité* entièrement tourné vers le passé (Hartog, 2003). Mais le temps peut également être linéaire, organisé à partir d'un événement fondateur, la naissance du Christ, l'Hégire ou l'avènement de la République, et orienté selon une logique religieuse de l'attente du jugement dernier ou selon la logique moderne de l'aspiration au progrès depuis le siècle des Lumières. J. Le Goff nous rappelle ainsi que Louis IX vivait dans une multitude de temps incertains avant l'invention des horloges mécaniques et avant la numérotation des rois de France (Le Goff, 1996, p. 558-570). Il vivait dans un temps quotidien rythmé par l'alternance du jour et de la nuit et par les cloches qui christianisaient le temps, dans un temps circulaire de l'année liturgique (Noël, Pâques, l'Ascension, etc.) et des travaux des champs, mais aussi dans le temps linéaire de l'eschatologie dans laquelle s'insère la vie d'un croyant, et dans celui de l'histoire dynastique des rois de France rédigée par le moine de Saint-Denis.

Dans un temps linéaire, lié au *régime futuriste d'historicité* (Hartog, 2003), la confrontation du présent au passé change de caractère car elle introduit la perception d'une différence entre le passé, le présent et le futur. Quand le présent diffère du passé, la conscience du changement apparaît et introduit une distance critique à l'égard du passé. À cette condition émergent la science historique et la conscience historique qui caractérisent l'homme moderne (Detienne, 2000, p. 68-69). L'histoire devient alors connaissance du passé *en soi* dans une articulation de l'horizon d'attente et du champ d'expérience.

La différence radicale entre le passé et le présent instaure un va-et-vient entre ces deux moments et elle suppose désormais un temps objectivé, daté et situé, un temps qui constitue l'objet même de l'histoire (Bloch, 1949, P. 63 ; de Certeau, 1975, p. 9 ; Prost, 1996, p. 110-114). Nous savons que l'historien interroge le passé à la lumière des questions qui se posent aujourd'hui dans le présent et il convient de garder à l'esprit l'historicité des questions historiques : les historiens méthodiques confrontés à la construction de la République questionnaient les institutions politiques du passé, les historiens des annales confrontés à la crise économique des années 1930 s'intéressaient à l'histoire économique et sociale.

La multiplicité des temps historiques

F. Braudel a montré que la diversité des faits historiques postule également des rythmes temporels différenciés (Pomian, 1984, p. 83-88). Dans plusieurs textes, il rappelle que chaque objet étudié possède sa propre temporalité (Braudel, 1958; 1963, p. 66-68; 1969, p. 11-13). La *longue durée* pluriséculaire est le temps des structures. Elle désigne moins une histoire immobile qu'une histoire répétitive et cyclique des saisons et des générations. Elle concerne les objets du plus grand degré de généralité : des civilisations, les structures de la vie matérielle, des mentalités, une organisation économique telle que le capitalisme marchand, etc. F. Braudel opéra ce ralentissement du temps pour répondre au défi structuraliste lancé par C. Levi-Strauss afin de porter l'analyse historique sur des structures quasiment immobiles et susceptibles d'expliquer le fonctionnement des sociétés passées (Dosse, 2010a, p. 67-69). L'accent mis sur la longue durée engage alors une perspective objectiviste par laquelle le temps deviendrait une réalité observable et mesurable (Noiriel, 2003, p. 125-136). Le *temps long* séculaire ou décadaire, inspiré des travaux d'histoire économique de C. E. Labrousse, est celui de la conjoncture économique et sociale, des empires et des institutions mais aussi des grandes périodes historiques : le romantisme, la révolution industrielle, les Trente Glorieuses, etc. Nous avons vu que ces dernières constituent une catégorie à part entière de la typologie des concepts de H.-I. Marrou. Il s'agit même des seuls concepts réellement inventés par les historiens eux-mêmes (chapitre IV). Ce temps long s'articule en outre aux mutations lentes des structures. Enfin, le *temps bref de l'événement* à l'échelle des hommes est celui de l'histoire politique et du récit. Il ne serait pas pensable par lui-même mais par son articulation aux niveaux précédents. En effet, si la bataille de Lépante du 7 octobre 1571 fut un événement unique de peu d'importance effective, elle appartient à un ensemble de batailles entre Espagnols et Turcs lié à la permanence de deux civilisations, de deux empires et de deux organisations socio-économiques vouées à l'affrontement. À chaque objet historique correspond un temps spécifique, si bien que les diverses séries de phénomènes n'évoluent pas à un rythme identique. Ces temps s'emboîtent et il est nécessaire de tenir compte de leurs interactions pour expliquer un fait historique.

Selon R. Koselleck (1979, p. 136-139) en effet, la science historique articule l'événement à la longue durée de la structure. La représentation de la structure relèverait de la description statique du tableau tandis que l'événement et la conjoncture donneraient lieu au récit. Mais ces différents niveaux se croisent et interagissent. Certaines structures sont les conditions de possibilités d'événements de même que d'autres structures sont appréhendées par le biais d'événements qui les révèlent. Dès lors, les structures peuvent être intégrées au récit en tant que causes générales ou facteurs d'événements. Pour sa part, C. Lévi-Strauss (1962, p. 311-313) assignait à chaque temps historique un certain degré d'abstraction et de généralisation. Le temps de l'événement, toujours pas pensable en soi, serait une « histoire faible ». Il ne prendrait de sens qu'en lien avec une temporalité plus longue, plus abstraite et plus générale. En élevant le degré de généralité des temporalités, on perdrait certes en informations anecdotiques et individuelles pour gagner en compréhension.

L'image du temps historique dénotée par la frise chronologique, celle d'un temps linéaire, uniforme, irréversible et au flux imperturbable ne correspond donc pas à la topologie et à la diversité du temps historique alternant des cycles ancrés sur des structures qui se transforment lors de révolutions brutales (Pomian, 1984, p. 92-98). En outre, depuis Einstein, il est difficile d'envisager un temps linéaire et univoque. Le temps n'est pas un flux inexorable à l'instar du flux du cours d'eau car, « coordination de plusieurs objets, le temps est une relation » (Pomian, 1984, p. 353).

Articuler les différents temps historiques

Dans un article sur les grèves de mai-juin 1936, A. Prost (2002b) produit justement une explication de l'événement par l'articulation des différents temps de l'histoire. La grève avec occupation d'usines appartient au temps court de l'événement politique, depuis le choc du 6 février 1934 jusqu'aux élections législatives de mai 1936 en passant par diverses phases de mobilisation politique et syndicale. Durant ce temps court du politique, s'affirme la nouvelle culture politique du Front populaire qui cherche à concilier l'héritage républicain et la lutte des classes, le drapeau tricolore et le drapeau rouge. D'autre part, A. Prost estime que le temps de la conjoncture et de la crise économique n'eut pas d'effet direct sur la mobilisation ouvrière dans la mesure où la pression sur les salaires, le chômage et le chômage partiel pesèrent d'un poids relativement limité sur le niveau de vie de la classe ouvrière en France. En revanche, la crise économique eut des effets sur le temps plus long de la taylorisation. Dans un contexte de franc fort et de contraction du commerce mondial, les entreprises françaises réduisirent leurs coûts de production par les gains de productivité obtenus grâce à l'introduction de la taylorisation à partir du début des années 1930. L'explosion des grèves apparaît ainsi comme une réaction à l'intensification du travail qui introduisait les cadences soutenues, le salaire au rendement et une pénibilité accrue du travail. Cette explosion s'affirma justement de façon spectaculaire dans les usines automobiles, mais aussi au service d'expédition de la Samaritaine, où la « rationalisation » du travail avait été la plus forte. De même, les grandes mesures du Front populaire constituèrent des victoires contre ce nouvel aspect du travail industriel : des gains sur le plan du temps (les 40 heures et les congés payés) pour échapper aux cadences infernales et l'introduction des délégués d'atelier par le biais des conventions collectives et qui fournirent un contre-pouvoir à l'autorité des contremaîtres. En ce sens, les grèves du Front populaire qui relèvent du temps court de l'événement politique, s'articulent au temps de la conjoncture économique qui pousse les industriels à comprimer leurs coûts de production en accentuant la taylorisation qui relève d'un processus séculaire.

L'articulation des temps de l'histoire dans cet exemple devient principe explicatif. Cette articulation peut trouver à s'exprimer par la surimposition – dans un ordre inhabituel – des trois frises chronologiques correspondant à chacun des temps : le temps de la conjoncture de la crise économique de 1931 à 1939 joue sur la longue durée de la taylorisation amorcée avant-guerre aux États-Unis. Celle-ci explique le temps court des grèves de mai-juin 1936. Ici, le lien entre les différents temps de l'histoire n'est pas linéaire ou hiérarchique (de la longue durée au temps long et au temps bref de l'événement), il est spiralaire.

PENSER L'ÉVÉNEMENT HISTORIQUE

L'éclipse de l'événement historique ?

Un dernier élément de réflexion sur la construction du temps historique en classe d'histoire concerne l'événement historique. Engager cette réflexion contribue également à donner du sens à un certain nombre de repères chronologiques.

Les historiens des *Annales* nous avaient largement prévenus contre l'événement de « l'histoire-récit » et de « l'histoire bataille » car une histoire réellement scientifique devait tendre vers le temps long voire la longue durée des structures. On a pu parler d'une « éclipse de l'événement » dans l'historiographie française du XXe siècle (Ricœur, 1983, p. 173-199) puis d'un « retour de l'événement » (Nora, 1974). On a longtemps opposé, pour reprendre la typologie de K. Pomian (1984, p. 26-30 et p. 152), l'événement visible et singulier rapporté par la chronique qui se contente d'enregistrer ce qui se passe, au fait historique plus général construit par la chronosophie et l'histoire-science qui conceptualisent et dégagent le sens invisible et sous-jacent de l'évolution historique.

La réhabilitation récente de l'événement se nourrit de la remise en cause de l'opposition entre l'événement et le fait historique (Furet, 1974). Ce que l'histoire quantitative et sérielle des années 1960 et 1970 appelait un fait n'était plus l'événement unique, existant pour lui-même et scandant l'histoire politique. Le fait devint au contraire un phénomène choisi et construit par l'historien en vertu de son caractère répétitif, inclus dans une série et articulé de préférence au temps long. La valeur du fait ne tenait plus à la réalité qu'il signalait mais à sa position relative dans une série. Il fallut donc abandonner l'événement unique pour le fait réitérable qui s'observe dans la répétition et renvoie à des catégories générales (Rancière, 1992, p. 12). Le relevé des signatures des actes de mariage tout au long du XIXe siècle en France permettait de construire des séries statistiques d'alphabétisation pour mettre en évidences des différences régionales et temporelles. De même, le recensement du nombre d'enfants par femme dans les registres paroissiaux permettait de construire une courbe décroissante de la fécondité – qui attestait du développement de procédés de contraception conjugale – en lien avec la courbe également décroissante de la pratique religieuse au XVIIIe siècle. Chaque série ou ensemble de séries possédait une temporalité propre et l'histoire sérielle montrait que le temps était clairement une construction de l'historien à partir de son objet de recherche. Cette orientation historiographique s'est maintenue aussi longtemps que les historiens s'intéressaient à des faits quantifiables établis à partir de sources permettant la construction de séries statistiques. À partir des années 1980, cette opposition tranchée entre le fait et l'événement conduisit à une aporie. Il fallut donc revenir à une définition plus opératoire de l'événement historique dans sa parenté avec le fait historique.

Nature et fonction de l'événement historique

P. Ricœur propose une définition philosophique de l'événement (Ricœur, 1983, p. 173-174). Un événement historique est tout d'abord ce qui s'est effectivement produit dans le passé. Il renvoie au réel du passé, à l'intention des hommes qui le firent advenir, et il procède d'une altérité absolue par rapport à notre présent. D'autre part, un événement historique n'arrive qu'une fois, il est singulier et ne se répète jamais. Ne relevant d'aucune nécessité logique, il aurait pu se produire autrement et constitue bien souvent un écart par rapport à toute prédiction et à tout modèle. Ces caractéristiques rendent l'événement historique difficilement pensable et renvoient de nouveau à la question du statut épistémologique de l'histoire (Furet, 1975). Deux pistes permettent de penser l'événement historique.

L'ouvrage de G. Duby, *Le dimanche de Bouvines, 27 juillet 1214* (1973a) pense l'événement de manière rénovée (Dosse, 2010a, p. 167-168). Au moment où l'histoire des *Annales* était triomphante, G. Duby traita d'un événement bref, une bataille précise qui se déroula un dimanche et qui vit la victoire de Philippe Auguste contre une coalition dirigée par Othon de Germanie et Ferrand de Flandre. G. Duby reste cependant persuadé qu'un événement ou un fait divers est l'indice d'une réalité profonde ou d'une structure sous-jacente. La bataille de Bouvines, aux confins du royaume de France, de la Flandre et de l'Empire, trancha un nœud d'intrigues politiques complexes impliquant les grands seigneurs de l'Europe du nord-ouest. C'est pourquoi G. Duby affirme dans l'introduction de l'ouvrage que son travail constitue « une sorte d'ethnographie de la pratique militaire au début du XIIIe siècle », ou encore « une sociologie de la guerre au seuil du XIIIe siècle dans l'Europe du Nord-Ouest ». À travers l'événement bref, il recherche les structures de la société chevaleresque. Sans vouloir résumer un ouvrage aussi riche, nous en gardons quelques traits susceptibles d'éclairer notre compréhension la réalité sous-jacente à l'événement. Tout d'abord, c'est la première bataille que, depuis près d'un siècle, un roi de France se risquait à livrer en personne. En outre, cette bataille eut lieu un dimanche. Or, l'Église interdisait de rompre la trêve de Dieu et de se battre le dimanche. La victoire renforça donc l'autorité de Philippe Auguste et contribua à l'expansion de l'État monarchique capétien car la bataille, un dimanche, relevait du jugement de Dieu. G. Duby montre ainsi que la bataille n'était ni la guerre faite de chevauchées et de pillages des terres ennemies ni le tournoi motivé par l'appât du gain obtenu en capturant de riches chevaliers dont on escomptait de solides rançons. Enfin, les fracas de cette bataille retentirent jusqu'au XXe siècle et s'ancrent sur le temps long des mentalités. Cette histoire suppose donc l'interconnexion des événements et des structures, de la synchronie et de la diachronie (Koselleck, 1997, p. 112). Un événement se situe à l'intersection des diverses temporalités, il est un « croisement d'itinéraires possibles » (Veyne, 1971, p. 57). Cet événement précis contient donc en lui-même la globalité de la société chevaleresque du XIIIe siècle.

Finalement, l'ouvrage de G. Duby illustre à merveille la distinction établie par M. de Certeau entre le fait et l'événement afin de penser leur étroite interaction, loin de toute logique dualiste (de Certeau, 1975, p. 114-115). L'événement chronologiquement situé *découpe* le flux temporel en coordonnées chronologiques clairement individualisées. Il organise le récit et produit de l'intelligible. Le fait pour sa part *remplit* l'événement d'un ensemble de significations. Le découpage temporel de l'événement recouvre le découpage sémantique ordonné par le fait. M. de Certeau nomme les entités ainsi dégagées des « catégories historiques » voire même des « concepts », qu'il s'agisse de la bataille médiévale, de la Révolution française ou du Baroque.

Cependant, l'événement n'est pas réductible à sa relation au fait historique. Il est surtout perçu comme un changement qui accélère l'évolution d'un phénomène. N. Lautier a interrogé les élèves sur leur perception de l'événement à partir des exemples de la Première Guerre mondiale et de la crise de 1929 enseignés alors en classe de troisième (Lautier,

1997a, p. 61-87). L'événement est identifié par les élèves comme un changement inattendu et important dans le cours des choses. Ce changement appelle une explication qui mobilise différents cadres interprétatifs pour analyser les transformations intervenues. L'événement permet précisément de rompre avec une conception téléologique de l'histoire (Dosse, 2010a). Ainsi, la fuite du roi à Varennes peut être perçue comme un événement contingent qui aurait à ce point bouleversé l'opinion publique qu'il aurait modifié le cours ultérieur de la Révolution et contribué à l'instauration de la Terreur.

Même dans une histoire structurale et quantitative, l'événement peut apparaître comme une rupture, une discontinuité révélatrice entre deux séries homogènes (Pomian, 1984, p. 30-34). C'est ainsi que F. Braudel avait pu concilier l'histoire et l'approche structuraliste de la longue durée par l'historisation des structures. Pour lui, une structure ne saurait constituer en histoire un invariant absolu, elle est contextualisée dans sa dimension temporelle. Elle est un élément explicatif du monde social qui s'applique à une réalité historique aussi longtemps que celle-ci existe. En conséquence l'historien s'intéresse moins à la structure en soi qu'aux moments de rupture qui établissent le champ temporel de validité de la structure et qui marquent la substitution d'une structure à une autre.

Penser l'été 1789

Un exemple illustrera la complexité des opérations en œuvre dans la construction de l'événement en classe d'histoire. Cet exemple porte sur l'année 1789 et fut envisagé selon des modalités légèrement différentes en classe de quatrième et de seconde. La présentation succincte qui en est faite ici ne donne pas lieu à présentation de travaux d'élèves. L'objectif de l'exercice proposé était de remplir le tableau ci-dessous à partir d'informations indiquées par le récit du professeur ou bien prélevées dans quelques textes célèbres dont le titre figure dans la colonne de droite du tableau. Le point de départ est l'organisation politique et sociale de la France avant 1789, signalée dans la première ligne du tableau, à savoir la monarchie absolue de droit divin et une société d'Ancien Régime caractérisée par les privilèges. Il s'avère que chaque journée apporte un changement dans cette organisation. Par exemple, lorsque les Parisiens s'emparent de la Bastille, symbole de l'arbitraire du roi, ce dernier perd le pouvoir judiciaire. Au total, la Déclaration des droits de l'homme et du citoyen du 26 août 1789, peut être lue comme la synthèse de ces changements fondatrice d'une société nouvelle.

Cette présentation révèle trois caractéristiques de l'événement historique. La première lie l'événement au fait selon une logique conceptuelle puisque chaque journée contribue à modifier une ou plusieurs caractéristiques de l'organisation politique et juridique, et conduit à des bouleversements institutionnels. Ces bouleversements voient les concepts de monarchie constitutionnelle, séparation des pouvoirs, souveraineté nationale, liberté politique, égalité juridique succéder à ceux de monarchie absolue de droit divin, ordres, privilèges, etc. Plus précisément, un événement modifie une propriété de l'un des concepts de départ. L'ensemble des journées, ayant modifié toutes les propriétés des concepts concernés, leur substituent d'autres concepts. Par exemple, la monarchie constitutionnelle succède à la monarchie absolue et la souveraineté nationale se substitue au droit divin. On peut donc lier l'histoire événementielle à une lecture conceptuelle des programmes.

Tableau 9. – *L'année 1789, la destruction de l'Ancien Régime et de la monarchie absolue de droit divin*

Événement et signification	Régime politique		Organisation de la société
Ancien Régime, avant 1789	Monarchie absolue : le roi contrôle les trois pouvoirs	Monarchie de droit divin : origine divine du pouvoir du roi	Société d'ordres Trois ordres : clergé, noblesse, Tiers État Privilèges
5 mai : Ouverture des États Généraux	Convoqués par le roi		Députés des trois ordres
17 juin : Le Tiers-État se proclame Assemblée nationale	Le roi perd le pouvoir législatif	L'Assemblée nationale représente la volonté de la nation	Le Tiers-Etat est la nation
Transformation		*Le pouvoir vient de la nation et plus de Dieu*	
20 juin : Serment du jeu de Paume : rédaction de la Constitution	La constitution fixe l'organisation des trois pouvoirs qui sont séparés	Souveraineté nationale	
14 juillet : Prise de la Bastille	Le roi perd symboliquement le pouvoir judiciaire		
Transformation	*Monarchie constitutionnelle*		
4 août : Abolition des privilèges			Suppression des ordres Égalité devant l'impôt, devant les emplois Suppression ou rachat des droits féodaux
Transformation			*Égalité juridique*
26 août : Déclaration des droits de l'homme et du citoyen	Monarchie constitutionnelle Assemblée nationale La loi garantit les libertés politiques et individuelles	Souveraineté nationale La loi est l'expression de la volonté générale	« Les hommes naissent et demeurent libres et égaux en droits » Égalité devant l'impôt, devant les emplois Égalité devant la propriété

La deuxième caractéristique est celle de la brutalité de l'événement révolutionnaire, à l'échelle des journées et des mois envisagés ici, qui provoque justement le changement politique et juridique par quoi l'événement peut être également pensé.

Enfin, l'événement est articulé à la longue durée des institutions et des principes politiques (le passage de la monarchie absolue à la monarchie constitutionnelle selon des principes politiques toujours en vigueur aujourd'hui) mais aussi de l'organisation sociale (des trois ordres inventés au XIe siècle jusqu'au principe d'égalité juridique toujours actuel) et des mentalités, puisque la prise de la Bastille connaît un retentissement toujours aussi fort dans la France du début du XXIe siècle. Pour reprendre les termes de F. Braudel (1958), l'événement signale le naufrage d'une structure mais il indique aussi l'apparition de nouvelles structures.

De l'événement à l'étude de cas

Un changement d'échelle

L'événement peut être abordé également à travers la démarche de l'étude de cas, de plus en plus intégrée dans les programmes d'histoire – sous des appellations variées et plus ou moins barbares – avec les « moments historiques » en classe de seconde depuis les programmes de 1996, les « sujets d'études » dans les filières STG ou ST2S depuis 2006 et 2007 et les « exemples intégrateurs » dans les programmes de collège publiés en 2008. Cette innovation sur le plan pédagogique renvoie en effet, sur le plan historiographique, au « retour de l'événement » et à la réflexion sur les échelles de l'histoire mise en avant lors du fameux « tournant critique » des *Annales* en 1988. La pensée par cas s'est développée dans les sciences sociales selon les règles de la démarche clinique qui, depuis la fin du XIXe siècle, est devenue la démarche concurrente de la méthode expérimentale des sciences de la nature (Passeron et Revel, 2005, p. 10-15 et p. 31-43). En histoire, l'orientation vers le cas est apparue le plus nettement avec la micro-histoire italienne qui délaisse l'histoire sociale quantitative et collective du plus grand nombre pour s'intéresser à des petits groupes (communauté villageoise, groupe de familles) voire même à des individus quand ils constituaient une exception représentative. Ce changement d'échelle ne consiste plus à réaliser des monographies conçues comme le modèle réduit d'ensembles plus vastes, selon la perspective labroussienne des monographies départementales destinées à valider un modèle général. Il recherche du spécifique et de l'individuel dans la rationalité et l'expérience vécue des acteurs. Dès lors, le social n'est plus perçu comme un objet collectif et réifié, doté de propriétés invariantes mais comme un ensemble d'interactions se déployant dans une multiplicité de lieux et de temporalités, suivant le modèle de la *social history* britannique de E. P. Thompson. L'exemple local permet de la reconstruction des réseaux et des logiques individuelles et familiales, la compréhension des rôles sociaux des uns et des autres, leurs interactions réelles. Il enrichit et complexifie l'analyse sociale (Revel, 1989, p. XII-XIII).

Classiquement, l'étude de cas scolaire s'appuie sur un dossier documentaire destiné à poser une problématique et à fournir la réponse à cette dernière. Elle s'incarne dans un événement, un personnage, une institution, un lieu précis ou tout autre fait historique singulier mais signifiant, car elle articule le singulier du cas envisagé et le général auquel il donne accès. En effet, un cas singulier utile n'est jamais marginal par rapport au thème étudié dans un chapitre. Il se tient plutôt au cœur même de ce thème, il en cristallise les caractéristiques générales et il contient en lui-même sa propre généralisation. C'est pourquoi un cas n'est pas un simple exemple, il vaut pour tous les autres cas analogues : la fête des Panathénées subsume toutes les cérémonies civiques de la Grèce ancienne, Érasme incarne les humanistes et l'humanisme, Florence, la Chapelle Sixtine ou Léonard de Vinci incarnent la Renaissance, le tableau du sacre de Napoléon par David définit la nature politique du Premier Empire, la collectivisation caractérise l'exercice du pouvoir par Staline (Borne, 2000). Pour devenir un objet scolaire pertinent, le cas ne s'accommode ni de l'exhaustivité ni de l'approche diachronique : il relève essentiellement de l'individuel et de l'événement bref, d'où son évocation dans le cadre de ce chapitre. La démarche de l'étude de cas engage une démarche conceptuelle (le cas historique recouvre une généralité qu'il permet de penser et qui permet de le penser) et problématique (hypothèse/vérification). On se situe alors dans une démarche réellement pédagogique d'apprentissage, de construction du savoir et de recherche d'explications doublement en rupture avec l'idéal d'exhaustivité de l'exposé linéaire des faits.

Une étude de cas est un « cas »

Le cas recouvre donc une *singularité irréductible*. Il est incomparable et ne peut se dissoudre dans les généralités déjà connues. Il s'incarne dans un événement factuel, un personnage, un groupe d'individus, une institution, un objet clairement identifiable. Comme l'exemple du dimanche de Bouvines nous l'a montré, un cas est ramassé et cristallise en lui-même des concepts généraux ou les grandes tendances d'une société donnée. En conséquence, la démarche de l'étude de cas procède par la description de cas singuliers qui ne sont jamais considérés comme interchangeables. Elle rompt avec l'exigence objectiviste qui ramène toujours les différents cas à du semblable et à des moyennes, « toutes choses étant égales par ailleurs », comme l'explique A. Corbin (1988).

Le cas réellement intéressant est *aberrant*, du moins en apparence. Il défie les moyennes et les règles générales. Rappelons que le mot « cas » vient du latin *casus*, lui-même dérivé du verbe *cadere* (tomber), à l'origine de l'expression : « C'est un cas ! » On reconnaît un cas en ce qu'il pose des questions car il présente un déroulement des faits inhabituel, il interrompt le raisonnement commun et ne correspond apparemment pas à la théorie. Le cas est donc bien autre chose qu'un exemple car il fait problème, il suscite l'étonnement et appelle des solutions qui passent par la suspension du raisonnement habituel ou du moins par la remise en cause au moins temporaire des règles établies. Ainsi, une bataille menée par un roi de France un dimanche constitue-t-elle triplement un « cas » dans le contexte médiéval. L'ouvrage de G. Duby sur Bouvines montre combien l'étude de cas est féconde en histoire et elle constitue « le fin du fin du métier d'historien » (Bourdieu, 1995, p. 119).

L'historien italien Edoardo Grendi a résumé la question du cas par la notion d'« exceptionnel normal » qui s'apparente à l'indice au sens de C. Ginzburg tout en s'en distinguant (Revel, 1996, p. 31). Dans cette acception, le cas relève moins du marginal, de la déviance, du périphérique ou de l'écart – à la différence des recherches des historiens après 1968 qui portaient sur la folie, les criminels, les femmes ou les sorcières – que d'une exception par rapport aux modèles généraux, trop abstraits et incapables d'intégrer les parcours et les choix individuels. Le cas est moins une déviance qui invaliderait les modèles explicatifs, qu'un moyen d'enrichir ces mêmes modèles pour les rendre capables d'intégrer ces configurations singulières. C'est en ce sens que l'exceptionnel est susceptible de devenir « normal ». Une bonne étude de cas relève de l'« exceptionnel normal ».

Dans *Le village des cannibales*, A. Corbin (1990) expose magistralement cet « exceptionnel normal » à travers le cas d'un événement bref mais spectaculaire. Le récit débute par la description d'un fait divers exceptionnel et particulièrement abject, un cas qui défie *a priori* l'entendement et qui pose problème : le supplice atroce d'un jeune noble local, Alain de Monéys, par une foule de 300 à 800 individus rassemblés sur le champ de foire de la petite commune de Hautefaye en Dordogne, le 16 août 1870. Ce fait divers réitère de manière anachronique les massacres des guerres de religion et les massacres de septembre 1792. On accusa ce jeune noble d'avoir crié « Vive la République » et d'être un espion prussien. Cette accusation naquit d'un mélange de rumeurs et d'un amalgame dans ce monde rural reculé : la haine des nobles (la peur de la restauration de l'Ancien Régime, le souvenir des nobles émigrés en Prusse), mais aussi la haine des républicains (le souvenir de l'impôt de 45 centimes instauré en 1848) et la crainte des Prussiens (quand on reçoit les nouvelles des premières défaites de l'Empire dans la guerre de 1870). A. Corbin analyse ce fait divers comme un « cas » et mobilise des schémas explicatifs selon différentes échelles spatiales (locale et nationale) et temporelles (temps long et temps court) pour expliquer cet événement qui défie les catégories d'analyse habituelles. Paradoxalement, ce massacre dénotait un solide attachement à l'Empire et à la personne de Napoléon III. Monéys fut massacré en raison d'un amalgame opéré par ses tortionnaires entre les nobles, les républicains et les Prussiens. Les massacreurs étaient persuadés d'avoir tué un espion prussien et d'avoir sauvé l'Empereur, ils avaient expulsé le monstre de la communauté nationale.

Ce fait divers ne relève pas des révoltes locales au sujet des forêts ou des communaux, ni contre l'État. Il est une révolte au service de l'État et signale un désir d'intégration à la communauté nationale menacée par l'envahisseur prussien. L'événement violent agit donc comme le révélateur d'un système d'élaboration du politique au plus près d'une communauté villageoise. C'est la transformation des sensibilités au cours du XIXe siècle qui en fait un cas dans le sens initial du terme : ce massacre devient un écart monstrueux en 1870. En ce sens, ce « cas » relève de « l'exceptionnel normal » : « exceptionnel » dans ses caractéristiques atroces, il signale la volonté « normale », dans le dernier tiers du XIXe siècle, d'adhésion d'une communauté rurale à l'espace politique national français.

Le cas « tire à conséquence »

Le cas invite enfin à produire une *explication par « rétrodiction »*, par laquelle on remonte empiriquement des conséquences connues (le cas lui-même) vers les causes à découvrir (Veyne, 1978, p. 194-231). Comme le montre l'exemple du *Village des Cannibales*, il invite à repenser l'explication historique linéaire et téléologique de l'événement considéré. La rétrodiction infère les raisons possibles de l'événement érigé en cas et s'apparente plus à une conjecture qu'à une explication causale par des lois. L'interprétation des indices présentés par un cas permet seulement d'établir des conjectures sur la nature et les causes du phénomène auquel ils renvoient et qui s'incarnent dans le cas en question : « Quand on ne peut pas reproduire les causes, il ne reste plus qu'à les inférer à partir des effets. » (Ginzburg, 1989, p. 169.) Marc Bloch défendait cette démarche consistant à partir du présent pour explorer le passé, à « dérouler, d'abord, la bobine [du film] en sens inverse des prises de vue » (Bloch, 1949, p. 65). Il avait illustré cette démarche en partant du parcellaire des campagnes françaises des années 1930 pour en retrouver la genèse médiévale.

Cette *progression régressive* encore minoritaire dans les pratiques de classe consiste à partir d'un événement pour en chercher les causes et elle restitue à l'événement sa totale dignité. Ce renversement de la logique cause/conséquence donne une tout autre valeur à la conséquence incarnée dans le cas : elle n'est plus seulement ce qui vient « après » dans l'ordre temporel, elle donne forme à la problématique, elle est « ce qui tire à conséquence » (Lautier, 1997b, p. 17-18). La « reconstruction rétrospective » permet davantage de poser des problématiques et d'émettre des hypothèses. Elle rejoint en outre les constats de J. Piaget (1946) pour qui la *réversibilité opératoire de l'ordre des événements* – à savoir la capacité à parcourir la chaîne du temps dans les deux sens – est la condition de la construction d'un temps objectivé et de la compréhension du temps historique. Par exemple, les élèves en classe de quatrième sont contraints de procéder par rétrodiction pour expliquer la chute de la monarchie, le 10 août 1792, entre la fuite à Varennes de juin 1791 et l'exécution de Louis XVI en janvier 1793. Outre la logique téléologique simpliste qu'elle introduit, l'explication linéaire ne permet pas d'établir un lien satisfaisant entre ces événements distants de plus d'un an. La rétrodiction conduit à sélectionner les faits historiques du printemps et de l'été 1792 – la déclaration de guerre, le Manifeste de Brunswick par exemple – qui accréditèrent au sein du peuple parisien le thème de la trahison du roi en juin 1791 et par lequel, rétrospectivement, les élèves peuvent finalement établir un lien entre la fuite à Varennes et la déchéance du roi (Doussot, 2011, p. 198-203).

Le tableau 10 vise à récapituler la transformation induite par l'étude de cas en histoire et par la centration nouvelle sur l'événement par rapport aux pratiques précédentes.

Tableau 10. – *Deux démarches pour envisager le temps historique*

Histoire sociale quantitative	Étude de cas
Longue durée (synchronie)	Temps de l'événement court (diachronie)
Des masses collectives et anonymes	Des individus nommés et identifiés
Séries statistiques homogènes et cohérentes	Un cas irréductiblement singulier
Une approche globale	Articulation du local et du global
L'exemple valide (illustre) la théorie	Le cas résiste et questionne la théorie
Recherche du représentatif et de la moyenne	Recherche de « l'exceptionnel normal »
Démarche déductive ou inductive	Démarche de singularisation
Viser le général à partir du singulier	Viser le général dans le singulier
Explication économique, sociale, politique	Compréhension herméneutique
Généralisation par addition et totalisation	Généralisation par analogie
Recherche de l'exhaustivité	Un cas suffit
Explication progressive (cause/conséquence)	Une explication régressive (rétrodiction)

Cette réflexion sur la construction du temps historique semble incontournable même si, en classe, elle donne rarement lieu à des exercices raisonnés. Elle renvoie pourtant à des questionnements épistémologiques qui se tiennent au cœur de toute situation d'enseignement/apprentissage de l'histoire et que chaque enseignant de la discipline manipule en permanence pour mettre en œuvre les programmes. Cet hiatus entre une préoccupation permanente mais implicite et la difficulté des élèves à construire le temps historique signale l'urgence d'un reperage des exercices explicites possibles qui mettrait cette construction à la portée des élèves et qui permettrait, là aussi, de « vendre la mèche » au sujet des opérations intellectuelles de la discipline.

En attendant mieux, il serait utile de s'appuyer sur des recherches en psychologie cognitive pour évoquer l'importance du langage et des matériaux narratifs dans le repérage par l'enfant d'une structure temporelle logique (Santisteban, 2006). Nous verrons, dans l'ultime chapitre de cet ouvrage, que le récit historique contribue par exemple à la construction du temps historique.

Chapitre VIII

RAISONNER PAR ANALOGIE POUR PENSER EN HISTOIRE

Au commencement de nos recherches en didactique de l'histoire surgirent dans des écrits d'élèves des raisonnements par analogie spontanés par lesquels ces élèves attribuaient du sens à des savoirs historiques. Par exemple, Ahmed comprenait la Résistance comme un combat pour la liberté analogue à celui de la guerre d'Algérie (chapitre III). En classe de sciences à l'école primaire, il a également été observé que, pour comprendre le fonctionnement des échanges sanguins placentaires entre la mère et son fœtus, les enfants établissaient spontanément un lien avec le fonctionnement plus familier de la pompe aspirante ou du filtre (Jaubert, 2007, p. 140-142). Cette analogie met de côté les conceptions initiales d'échanges passant par une simple tuyauterie pour conduire vers une signification nouvelle et plus scientifique. Enfin, une recherche antérieure utilisant une méthodologie différente, a montré l'importance du raisonnement par analogie dans le processus de conceptualisation de la causalité en classe d'histoire (Cavoura, 2003).

Les analyses des philosophes et des historiens sur les fonctions heuristiques de l'analogie fonderont notre investigation et nous éclaireront sur son fonctionnement en classe d'histoire. Nous allons montrer comment, par un travail sur l'analogie conçue comme un *instrument psychologique*, les élèves accèdent à l'apprentissage de l'histoire et de ses démarches (Cariou, 2003a, 2004). L'observation des modifications successives de quelques analogies mettra en évidence la dynamique du processus d'apprentissage de l'histoire.

Les caractéristiques du raisonnement par analogie

Raisonnement par analogie et raisonnement naturel

Le raisonnement par analogie relève de la tendance du raisonnement naturel à comparer sans cesse pour donner du sens à une situation pas encore connue. Il répond à la *pression à l'inférence* caractéristique de la vie quotidienne où les circonstances exigent que chacun réponde, agisse ou prenne position à tout instant avec une rapidité qui dépasse la vitesse du fonctionnement des lois internes de la logique (Moscovici, 1976, p. 250-274). Cette pression à l'inférence pousse à établir une relation de causalité entre deux faits ou à les grouper dans la même catégorie générale en fonction d'un *principe de compensation* qui résulte de la nécessité d'accorder les savoirs, les expériences et les points de vue divergents afin de réduire les dissonances et les conflits potentiels à l'intérieur d'un groupe social. La langue naturelle remplie de stéréotypes et d'expressions toutes faites favorise les raccourcis pour compenser, établir des régularités et faire du même avec du divers. Nous retrouvons ici la question centrale de la régularité des phénomènes en histoire ainsi que la question de la *polyphasie cognitive* et la pratique des élèves qui consiste à mettre en cohérence des savoirs de diverses origines pour donner du sens à un savoir historique.

Le raisonnement par analogie présente une modalité spécifique de généralisation, propre au raisonnement naturel des « sciences indiciaires » de C. Ginzburg (1989). Nous avons vu que ce dernier rejoint en réalité les analyses des historiens méthodiques de la fin du XIXe siècle qui affirmaient avec force que, à la différence du mode de connaissance des sciences de la nature, la connaissance historique est une connaissance médiate et indirecte (Langlois et Seignobos, 1898). Comme l'histoire est connaissance par traces, l'historien n'observe jamais directement le réel du passé, il accède au passé par les traces qui en subsistent et qu'il interprète. L'analogie intervient en effet à deux niveaux de l'opération historiographique : dans l'interprétation puis dans la construction du savoir historique.

Par la critique interne des sources, en se reportant à ce qu'il connaît déjà autour du document étudié, l'historien imagine ce que l'auteur a bien pu vouloir dire avec les mots qu'il avait utilisés : qu'a-t-il voulu dire, a-t-il cru ce qu'il a dit, était-il fondé à croire ce qu'il a dit (Langlois et Seignobos, 1898, p. 66-68) ? Par la critique externe des sources, il établit la valeur du document par comparaison avec des documents analogues qu'il connaît déjà.

À un second niveau de la critique, l'analogie intervient lors de l'établissement des faits et de leur interprétation, et cela concerne davantage la didactique de l'histoire. Cette interprétation est affaire d'imagination et de représentation. Comme le passé ne nous est pas directement accessible, l'historien peut seulement se représenter les coups de poignard portés à Jules César par exemple. L'intentionnalité à l'origine de ces coups est accessible par un rapprochement analogique entre l'expérience sociale de l'historien et celle des hommes du passé, que l'on suppose pouvoir être relativement semblables et articulés par la régularité de l'expérience humaine (Langlois et Seignobos, 1898, p. 175-189). Il s'agit d'une *analogie pratique* et jurisprudentielle par laquelle un individu analyse chaque situation nouvelle en fonction de ses expériences individuelles, sociales et professionnelles. Elle résulte d'un raisonnement du type : « ça ressemble à… », « ça me rappelle… » (Lahire, 1998, p. 81-82 ; Lahire, 2001). L'analogie pratique rapproche la situation du passé à connaître avec une situation du passé déjà connue, ou avec une situation de l'expérience sociale présente de l'historien, comme l'écrivait Marc Bloch :

> « À la vérité, consciemment ou non, c'est toujours à nos expériences quotidiennes que, pour les nuancer, là où il se doit de teintes nouvelles, nous empruntons, en dernière analyse, les éléments qui nous servent à reconstituer le passé. » (Bloch, 1949, p. 64.)

L'élargissement du champ d'expérience de l'historien est la condition de sa compréhension d'un grand nombre de situations historiques car « l'historien raisonne par analogie avec le présent, il transfère au passé des modes d'explication qui ont fait leurs preuves dans l'expérience sociale quotidienne de tout un chacun » (Prost, 1996, p. 159). L'analogie est une heuristique, à charge pour l'historien de contrôler son imagination analogique par la méthode historique (Veyne, 1971, p. 170).

Bien entendu, la critique historique n'opère en réalité pas aussi simplement et les historiens des *Annales* rappelèrent avec force que les sources ne parlent que si on les interroge, en initiant la recherche par un problème qui garantit la scientificité de la recherche historique (Bloch, 1949, p. 77 ; Febvre, 1941, p. 22).

Ce que les historiens méthodiques écrivirent à la fin du XIXe siècle retrouve une actualité depuis la fin du XXe siècle. En effet, l'analogie reprend toute sa place dans la démarche historienne depuis l'essoufflement du modèle historique énoncé par F. Braudel et surtout par C. E. Labrousse. Dans l'histoire quantitative ancrée dans la longue durée, la généralisation opérait par addition de séries statistiques hétérogènes (démographiques, économiques, sociales, etc.) de phénomènes observés à diverses échelles (locale, départementale, nationale, régionale). Cette historiographie était dominée par le modèle explicatif du triptyque économie/société/mentalités inspiré par une vision simpliste du marxisme où les infrastructures détermineraient les superstructures. D'ailleurs, ce modèle avait durablement modelé les pratiques enseignantes marquées par le modèle explicatif de la « fusée à trois étages », du moins quand les programmes scolaires le permettaient (Lautier, 1997b, p. 11-12). Par exemple, pour expliquer les causes de la Révolution française, on additionnait divers temps de l'histoire et divers domaines en fonction de ce modèle labroussien de la causalité. Sur le temps long, le blocage de la société rurale et la rivalité entre la noblesse et la bourgeoisie conduisaient à la réaction aristocratique des années 1780 qui aggrava le déficit budgétaire de la monarchie. L'étude de la conjoncture économique mobilisait le modèle de la crise économique d'Ancien Régime de Labrousse. Ce faisceau de causes rendait compte, sur le plan du temps de l'événement, de la crise politique de 1788 qui entraîna la convocation des États généraux en mai 1789. On ne procédait pas différemment pour expliquer les causes de la Première Guerre mondiale, dans la filiation des travaux de P. Renouvin qui avait renouvelé l'histoire diplomatique en articulant les causes profondes (l'essor du nationalisme, les rivalités impérialistes et l'émergence des nouvelles puissances au début du XXe siècle) aux causes directes du confit (l'attentat de Sarajevo et l'engrenage des alliances durant l'été 1914).

Une telle *généralisation par totalisation* escomptait la production d'une histoire globale par l'addition des résultats de monographies locales et par la combinaison les temporalités et les séries statistiques aux rythmes et aux échelles différenciés (Lepetit, 1996, p. 76 et p. 92). Le retour à la trace individuelle, au paradigme indiciaire et qualitatif, justifie davantage une *généralisation par analogie* supposant que ce qui est observé dans un cas précis vaut pour tous les cas analogues : on étend à une série d'objets ce qui est reconnu comme vrai pour l'un d'entre eux (Lepetit, 1996, p. 73). Cette logique fonde la démarche de la micro-histoire selon laquelle un cas individuel est jugé significatif quand il met en évidence des régularités dans le fonctionnement d'un groupe social. La validité de la démarche repose moins dans sa reproductibilité à l'infini que dans sa capacité à rendre compte du comportement régulier d'individus ou de groupes sociaux analogues (Revel, 1989, p. XXXI-XXXII). Ce type de généralisation n'opère pas verticalement, du singulier au général ou du général au singulier, mais horizontalement, en traversant un ensemble de faits analogues. L'étude d'un individu tel que Menocchio, meunier du Frioul (Ginzburg, 1976) ou d'une communauté villageoise du Piémont au XVIIe siècle telle que Santena (Levi, 1989) permet d'en dire autant que des analyses menées sur une plus large échelle car chaque cas cristallise les multiples phénomènes qui structurent des configurations sociales analogues.

Dans le premier cas, C. Ginzburg montre comment le meunier Menocchio construisit sa propre cosmogonie à partir d'une réinterprétation des ouvrages savants de son époque à l'aune d'un vieux fonds de religiosité paysanne très ancienne. Cet univers de pensée, connu par des registres d'inquisition, permettait d'atteindre plus largement l'univers mental des hommes du peuple au XVIe siècle accédant à l'univers de l'écrit. Dans le second cas, G. Levi étudie les conflits et les solidarités qui traversèrent le village de Santena, un village « normal » du Piémont au XVIIe siècle. Il se démarque de l'analyse classique selon laquelle la construction de l'État moderne se serait substituée à une structure sociale préexistante. Il montre au contraire que le changement social résulte de mécanismes complexes d'interactions entre l'État au sommet et la société rurale à la base, et d'interactions internes à cette société villageoise. Les acteurs mobilisèrent des stratégies originales et différenciées, s'adaptèrent ou s'opposèrent aux bouleversements de la grande histoire, des guerres ou des progrès de l'État moderne. Il apparaît ainsi que l'État moderne ne s'imposa pas d'en haut à cette communauté villageoise, il y fut introduit par les menées de quelques acteurs soucieux d'établir leur autorité et leur prestige social en intervenant dans les conflits internes au village en tant qu'agents de cet État. Selon G. Levi, l'étude d'un cas particulier dispense de l'étude des autres villages du Piémont car on peut étendre ses conclusions à tous les cas analogues.

Le raisonnement par analogie reste une démarche heuristique mobilisée au cours de la recherche dans le secret de l'atelier de l'historien et rares sont les historiens qui concèdent explicitement une valeur à l'analogie. Ils évoquent assez peu la méthode comparative par souci de conserver la dimension temporelle de leur discipline et par crainte de l'anachronisme, ce « pêché entre tous irrémissible » selon L. Febvre (1942, p. 15). Il convient en effet d'écarter les « analogies sommaires » (Moniot, 1993, p. 40) et l'abus d'analogies extrapolant la validité d'une analogie hors de son domaine d'application.

J. Bouveresse (1999), nous a alertés sur l'usage inconsidéré de l'analogie par des philosophes français ridiculisés en leur temps par Sokal et Bricmont. Ces philosophes prétendaient avoir découvert une analogie entre l'incomplétude des systèmes formels mis en évidence par le théorème de Gödel en mathématiques (aucun ensemble de relations d'un système n'est relatif à lui-même et ne peut se clore à l'aide des seuls éléments de ce système ; la fermeture de ce système suppose paradoxalement l'ouverture à un élément extérieur à ce système) et l'incomplétude des systèmes sociaux et politiques, afin de conclure à la nature fondamentalement religieuse du lien social. Ce pseudo-raisonnement par analogie valorise les ressemblances les plus superficielles entre des domaines dissemblables et néglige leurs différences profondes. En effet, le théorème de Gödel est démontré comme vrai par une démonstration mathématique mais ne s'applique qu'à des systèmes complètement formalisés. Comme le social ne répond aucunement à ces critères, un rapprochement avec le domaine mathématique reste hors de question.

Une définition du raisonnement par analogie

Contrairement à ce que laisse entendre la définition du sens commun, l'analogie ne désigne pas une vague ressemblance ou une équivalence partielle entre deux objets différents. On connaît certes la différence entre les montres digitales, qui affichent l'heure sous forme de chiffres, et les montres analogiques dont le mouvement des aiguilles sur le cadran figure le mouvement apparent du soleil dans le ciel. Mais l'analogie ne sert pas à débusquer les ressemblances ou les différences, elle produit d'abord un raisonnement.

La comparaison se borne à constater des ressemblances et des différences entre deux objets, tandis que le raisonnement par analogie produit une *inférence* décisive pour la construction du savoir historique. En histoire, il n'est pas toujours utile de comparer deux situations fondamentalement hétérogènes (Veyne, 1971, p. 173). L'analogie devient heuristique quand elle compare deux situations hétérogènes qui présentent des caractéristiques similaires. Il s'agit en effet de rechercher, par l'analogie, des régularités dans l'expérience des hommes du passé comme du présent qui confèrent de l'intelligibilité aux situations du passé (Koselleck, 1997, p. 224). Dans ce cas seulement, les différences deviennent vraiment significatives, elles signalent un phénomène caché jusque-là. Les deux extraits suivants des écrits de Rania, lors de la séquence sur « Naissance et diffusion du christianisme » en classe de seconde signalent cette distinction (Cariou, 2004, p. 64). Le premier écrit constate simplement la différence entre monothéisme et polythéisme, marquée par les expressions « ce qui est différent à présent » et « alors qu'avant ». En revanche, le second écrit, produit lors de l'évaluation à l'issue de la séquence, établit un réel raisonnement par analogie qui propose une explication sur les raisons de la conversion de l'Empire romain au christianisme :

Écrits de Rania :

Comparaison produite en cours	Analogie produite durant l'évaluation
« On peut dire que le christianisme remplace le culte impérial au IVe siècle quand il devient la religion officielle de l'Empire romain car ils sont toujours protégés, ce qui est différent à présent c'est qu'il y a un seul Dieu. Les Romains sont devenus monothéistes alors qu'avant ils étaient polythéistes .»	« Constantin remporta la victoire. Les Romains pensaient que c'était grâce à la croix qu'ils avaient gagné. Pour eux le christianisme était efficace. Tandis que les dieux des Romains n'étaient plus efficaces. Dans les Romains donnaient des offrandes (des bœufs, etc.), aux dieux, eux ils ne donnaient rien en échange. Quand les Romains demandaient quelque chose, ils refusaient. De toute façon, ils ne servaient plus à grand chose (les dieux des Romains) car au IIIe siècle, il y avait eu des crises économiques et sociales et des menaces d'invasion barbares. Voilà pourquoi les romains ont fait du christianisme la religion officielle. »

L'analogie du second écrit met en relation l'efficacité du Dieu des chrétiens qui donna la victoire à Constantin et l'inefficacité des dieux romains qui ne protégeaient plus l'Empire. À l'intérieur du domaine religieux, elle constate une fonction politique et militaire des différentes divinités. La rupture de contrat par les dieux romains – qui introduit précisément de la différence dans l'homogénéité du domaine – conduit à l'explication finale avec l'expression « voilà pourquoi » qui verbalise le raisonnement. Mais la recherche d'explication conduit également l'analogie à rapprocher le savoir historique de la pensée sociale de l'élève qui mobilise une psychologie et une sociologie naïves pour comprendre en quoi la religion romaine pouvait bien sembler désormais inefficace. Cet exemple signale les deux fonctions de l'analogie : rapprocher le savoir historique et la mémoire sociale de l'élève comme le stipule le modèle d'apprentissage de l'histoire, et inférer un raisonnement pour caractériser ou comprendre une situation historique complexe. Les moments où les élèves produisent des analogies constituent quasiment des situations expérimentales au cours desquelles se déploie le processus d'apprentissage de l'histoire.

Afin de comprendre le fonctionnement de l'analogie dans les développements qui suivent, nous suivons principalement les analyses de P. Ricœur (1975a).

Depuis Pythagore, le raisonnement par analogie réside non pas dans le rapport entre deux termes semblables, mais dans la répétition (*ana*) du même rapport (*logos*). L'analogie est une *ressemblance de rapports* et non pas un *rapport de ressemblance* entre deux termes, tel que l'entend le sens commun. On parle d'analogie quand le rapport entre deux termes est identique à un autre rapport entre deux autres termes. L'analogie désigne donc l'identité de deux rapports à quatre termes inégaux résumée par une formule du type : « Si le rapport A/B est identique au rapport C/D, alors A est à B ce que C est à D » (par exemple : 16 est à 8 ce que 4 est à 2, à savoir le double). Aristote a ainsi résumé ce rapport : « Par analogie, j'entends tous les cas où le second terme est au premier ce que le quatrième est au troisième. » (*La poétique*, 1457b, p. 16-33.)

Le raisonnement par analogie facilite la connaissance d'un mécanisme inconnu ou invisible à partir d'un mécanisme connu ou visible appartenant éventuellement à un autre domaine mais relevant de la même logique. L'analogie motiva ainsi des intuitions novatrices en rapprochant les éléments de deux domaines scientifiques distincts. Par exemple, en 1904, le physicien Ernst Rutherford compara l'atome au système solaire. Cela ne signifie pas que l'atome fonctionne comme un système solaire puisque les électrons parcourent autour du noyau des révolutions qui ne sont pas immuables. L'analogie signale simplement une identité de rapport entre quatre termes : le soleil est aux planètes ce que l'atome est aux électrons. D'autres scientifiques tels que Maxwell ou Mach discutèrent en leur temps de l'intérêt de l'analogie dans leur domaine scientifique : elle est féconde et heuristique à condition de respecter certaines précautions méthodologiques et de s'assurer que tous les termes de l'analogie entretiennent entre eux des rapports pertinents (Bouveresse, 1999, p. 35 et 67). Par exemple, le fonctionnement du flux visible du sang aide à comprendre le fonctionnement de l'influx nerveux invisible. En revanche, le modèle agricole de l'irrigation a longtemps empêché la compréhension de la circulation sanguine puisque cette analogie ne rend pas compte du retour du sang vers le cœur (Passeron, 2006, p. 244). Ce modèle hérité de Galien laissait penser que le sang véhiculait les aliments depuis les intestins vers le foie puis vers le cœur. Le sang alimentaire y était mélangé au sang pneumatisé puis envoyé vers le poumon et les divers organes. Il s'avère que les jeunes élèves aujourd'hui mobilisent spontanément ce modèle fondé sur l'analogie avec l'irrigation depuis un lieu ressource (l'air contenu dans les poumons par exemple) vers un lieu d'utilisation (les organes), du producteur au consommateur. Seule, la déconstruction de cette analogie abusive permet d'introduire le modèle de la double circulation sanguine mis en évidence par Harvey au XVIIe siècle (Orange-Ravachol, 2010, p. 112-114).

Kant reprit cette définition du raisonnement par analogie :

> « La connaissance par analogie, mot qui ne veut pas dire comme on l'entend communément, une ressemblance imparfaite entre deux choses, mais bien la ressemblance parfaite de deux rapports entre des choses tout à fait dissemblables. » (Kant, 1783, § 357, p. 137.)

Il explique en outre que la fonction du raisonnement par analogie est de produire une inférence : la connaissance d'un rapport entre deux termes permet d'inférer des conjectures sur un autre rapport entre deux autres termes (Kant, 1783, § 369, p. 151-152). Kant exclut ce raisonnement des mathématiques où tout jugement devrait prendre un caractère de nécessité, pour le réserver uniquement aux sciences empiriques tolérant les conjectures (Kant, 1783, § 310, p. 79-80).

Kant distingue en outre l'analogie mathématique et l'analogie philosophique. En mathématiques, le raisonnement par analogie énonce l'égalité de deux rapports quantitatifs de grandeurs. Il est ainsi constitutif d'un savoir car, lorsque l'on connaît trois termes de l'analogie, alors on peut connaître le quatrième. Par exemple, si l'on connaît le rapport de grandeur entre 16 et 8, ainsi que le troisième terme, 4, on peut en déduire le quatrième terme : 2. En revanche, en philosophie, l'analogie n'est pas constitutive car l'égalité entre deux rapports est d'ordre qualitatif et non pas quantitatif. Si l'on connaît les trois premiers termes de l'analogie, on peut indiquer le rapport au quatrième terme, mais on ne peut pas déduire le quatrième terme lui-même (Kant, 1787, p. 251). L'analogie en histoire relève bien entendu de l'analogie de type philosophique.

Pour résumer, l'analogie établit l'identité entre deux rapports unissant chacun deux termes appartenant à des domaines distincts selon la formule : « A est à B ce que C est à D. » Le rapport déjà connu (le *phore* : par exemple, le système solaire) permet de comprendre par inférence le rapport pas encore connu (le *thème* : l'atome). L'inférence est rendue possible parce que ces deux rapports obéissent à un principe identique.

Une reformalisation de l'analogie de Rania éclairera ce propos : cette analogie infère l'identité entre un premier rapport (dieux romains/inefficacité : « ils ne servaient plus à grand chose ») et un second rapport (Dieu des chrétien/efficacité : « Constantin remporta la victoire »). Remarquons que les deux premiers termes de chaque rapport appartiennent au domaine de la religion tandis que les deux derniers termes appartiennent à celui de l'efficacité. Comme le montre le schéma suivant, ce rapprochement produit une explication : « Voilà pourquoi les Romains ont fait du christianisme la religion officielle. »

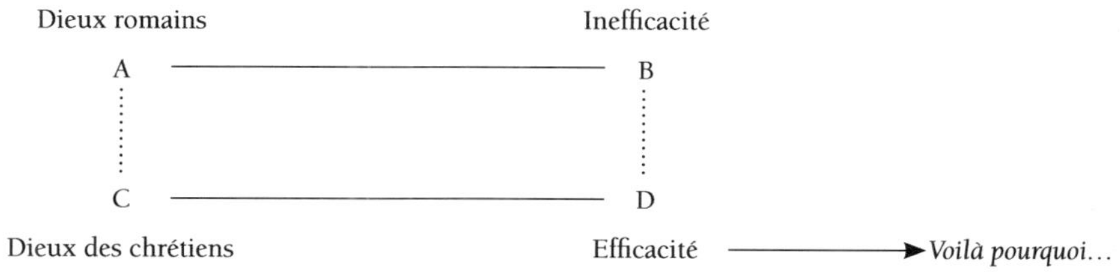

Le raisonnement par analogie opère parfois sous la forme d'un transfert métaphorique tel qu'Aristote le mit en évidence dans *La Poétique* et dans *La Rhétorique* (Ricœur, 1975 a, p. 18-58). La métaphore s'éloigne de l'analogie quand elle pointe l'identité entre deux termes différents, par exemple le courage commun à Achille et au lion (« Achille, ce lion »). Elle s'apparente à la comparaison dont elle a éludé le terme comparatif. Mais Aristote définit surtout la métaphore en terme de transfert de sens d'un mot vers un autre : « La métaphore est le transport d'un mot qui désigne autre chose, transport qui va soit du genre à l'espèce, soit de l'espèce au genre, soit de l'espèce à l'espèce, soit selon l'analogie » (*La poétique*, 1457b, p. 6-9). Ainsi, de même que la vieillesse est à la vie ce que le soir est à la journée, on dira que le soir est la vieillesse du jour ou bien que la vieillesse est le soir de la vie (*La poétique*, 1457b, p. 16-33). Le mot transféré dans un autre domaine que celui auquel il s'applique habituellement, produit un sens différent de celui auquel il se substitue. La métaphore transgresse le sens courant, à la différence de la comparaison qui compare ce qui est comparable. Cette transgression produit la dimension poétique de la métaphore et, en redécrivant la réalité, elle provoque une élévation de sens plus heuristique.

Certaines métaphores opèrent le transfert non plus seulement d'un mot vers un autre mais d'un rapport vers un autre et verbalisent ainsi un rapport analogique. Comme l'explique Aristote (*Rhétorique*, III, 11, 1412b-1413a), on dira que la coupe est le bouclier de Dionysos et le bouclier, la coupe d'Arès (métaphores) puisque la coupe est à Dionysos ce que le bouclier est à Arès (rapports analogiques). La désignation métaphorique du Roi Soleil repose sur le transfert métaphorique depuis Apollon vers le Dieu des chrétiens. Ce transfert verbalise l'identité du rapport entre le monarque de droit divin et Dieu d'une part, et d'autre part du rapport entre Louis XIV et Apollon, tel qu'il est mis en scène dans les jardins du château de Versailles : Dieu est au roi de droit divin ce qu'Apollon est à Louis XIV. Plus largement, le transfert métaphorique attribue le comportement et l'intentionnalité de personnages de chair et d'os au fonctionnement d'entités collectives du passé composées de nombreux individus, telles que des classes sociales, des nations, des civilisations, etc. Ce transfert métaphorique et analogique conduit les historiens à utiliser ces entités collectives comme des sujets de verbes d'action ou de passion (Ricœur, 1983, p. 346-351). Il nous renvoie à nouveau à la typologie des concepts de H.-I. Marrou (chapitre IV).

Mais la catégorie de l'analogue nous conduit plus loin encore dans la réflexion sur l'histoire. Selon P. Ricœur (1985, p. 252-283), la réalité du passé historique se présente sous le signe du même dans toute opération de réeffectuation du passé lorsque, par l'imagination, on revit le passé. Cependant, le passé relève également de la catégorie de l'autre : la réalité du passé est abolie dans le présent et la distance temporelle nous en sépare. En conséquence, la réalité du passé ne peut être pensée que par la catégorie de l'analogue qui recoupe les deux catégories du même et de l'autre. L'analogue réeffectue tout en mettant à distance quand l'historien affirme que « les choses ont dû se passer *comme* il est dit dans le récit que voici » (Ricœur, 1985, p. 279). C'est en ce sens que, pour P. Ricœur, l'écriture historique entretient un rapport analogique de *représentance* ou de *lieutenance* à la réalité passée, propre à une connaissance indirecte par traces.

L'analogie constitue donc sur le plan langagier une *formule* qui, au même titre que la liste ou le tableau structure la pensée par un procédé langagier (Goody, 1979, p. 198-213). Alors que la liste est verticale et discontinue, la formule est linéaire et horizontale. Elle énonce de manière stéréotypée une relation et pose une égalité à l'instar de l'équation mathématique, ou bien une opposition, afin de dégager du sens. À ce titre, l'analogie appartient bien à la catégorie des *instruments psychologiques* de Vygotski.

Le raisonnement par analogie en histoire

Le raisonnement par analogie est parfois mobilisé par les historiens dans le domaine peu fréquenté de l'histoire comparée. Un dossier de la revue des *Annales HES* lui fut consacré en 2002. À la suite de Langlois et Seignobos, Marc Bloch assignait pour sa part une véritable méthodologie au comparatisme historique. Lors de ses deux candidatures malheureuses au collège de France (Bloch, 1928 ; 1934 ; Detienne, 2000, p. 29-30), il avait émis le souhait de créer dans la vénérable institution une chaire d'histoire européenne comparée qui aurait contribué à « l'unification du questionnaire » de l'ensemble des historiens européens étudiant des objets analogues à partir de questionnements et de vocabulaires nationaux.

L'historien américain K. Pomeranz (2000 ; 2009) présente une réelle démarche de raisonnement par analogie que nous allons présenter pour une clarification de notre propos. Il s'agit d'une analogie entre l'Angleterre et le delta du Yangzi, autour de Shanghai, vers 1750-1800. Alors que l'histoire comparée procède bien souvent par monographies juxtaposées de situations d'emblée différentes, K. Pomeranz compare deux situations historiques très fortement semblables pour y chercher les facteurs de différenciation et de divergence qui permettent d'expliquer pourquoi l'Angleterre ne fut pas la Chine au XIXe siècle, et inversement. Le rapprochement entre ces deux situations est justifié par leurs très nombreuses ressemblances à la fin du XVIIIe siècle : les structures démographiques, les densités de population, le niveau de vie des habitants, la production de tissu de coton par habitant, la disponibilité en capitaux étaient identiques dans les deux espaces. L'Angleterre et le delta du Yangzi connaissaient une économie proto-industrielle associant une agriculture intensive, fortement consommatrice d'espace et de main-d'œuvre, à des activités de filage et de tissage. Les deux régions étaient insérées dans une économie monétaire où les investissements comme la propriété étaient garantis par les institutions politiques locales. On ne peut donc expliquer la situation ultérieure de la Chine par un supposé retard économique ou par un capitalisme insuffisamment développé. Il semblerait même que le retard se situait plutôt du côté du capitalisme occidental au XVIIIe siècle car les Compagnies des Indes orientales britannique et hollandaise versaient rarement à temps leurs dividendes aux actionnaires et semblaient bien moins efficaces que les compagnies commerciales chinoises.

Selon K. Pomeranz, ce n'est pas l'augmentation de la consommation et de la production textile qui entraîna l'industrialisation de l'Angleterre. Cette augmentation restait tout bonnement impossible car elle aurait aggravé la concurrence pour l'utilisation du sol entre la production de matières textiles (laine, chanvre, lin), la production de bois de chauffage et la production de nourriture. Le delta du Yangzi se maintint à l'intérieur de ce modèle de la proto-industrialisation par une intensification accrue du travail et une pression croissante sur les sols qui provoqua déforestation, érosion et inondations catastrophiques. En revanche, l'Angleterre parvint à rompre avec ce modèle dispendieux sur le plan humain et écologique pour produire des quantités extraordinaires de richesses. Son industrialisation passa tout d'abord par l'utilisation du charbon massivement présent dans le sous-sol britannique et par l'exploitation des ressources de l'Amérique du Nord esclavagiste encore liée à l'Empire britannique. L'exploitation du charbon alimenta une croissance de la production industrielle en fournissant une énergie considérable aux moyens de transports et à l'industrie tout en limitant la déforestation des îles britanniques. Elle épargna ainsi plusieurs millions d'hectares d'équivalent-forêts. D'autre part, l'apport des productions de l'Amérique esclavagiste (bois, coton, sucre, café...) représenta pour l'Angleterre l'équivalent de l'exploitation de 10 à 12 millions d'hectares, soit davantage que la surface agricole britannique. Ces « hectares fantômes » sauvegardèrent la verte campagne britannique et évitèrent la pénurie de terres qui frappa la Chine au même moment.

À titre de comparaison, le Danemark s'orienta tout comme la Chine vers l'intensification du travail et de l'agriculture, par l'amendement des sols notamment. Alors que le Danemark possédait une grosse quantité de capitaux, un réseau moderne de transports et participait à la recherche scientifique européenne, il ne s'industrialisa pas et le niveau de vie de la population stagna. D'une certaine manière, au XIXe siècle, le Danemark était la Chine de l'Europe occidentale. Ces différentes analogies éclairent le processus d'industrialisation qui suppose, à l'inverse de ce qui s'est passé en Chine et au Danemark, de déverrouiller le « blocage proto-industriel » dévoreur de main-d'œuvre et de terres, et qui ne conduit pas à un développement économique réel.

Par ses écrits, Marc Bloch favorise encore davantage la compréhension de la nature du raisonnement par analogie en histoire. Il s'agit selon lui d'éclairer une situation passée grâce à des expériences présente en se référant à une situation déjà connue pour en expliquer une autre. Marc Bloch (1921, 1949, p. 105-107) comparait la formation et la propagation des fausses nouvelles dans les tranchées de la Première Guerre mondiale avec la transmission des nouvelles dans l'Europe du Moyen Âge. Il avait observé que les poilus accordaient peu de foi aux informations délivrées par les lettres de leurs proches qui s'autocensuraient et par les journaux, instruments du bourrage de crânes. Paradoxalement, ils faisaient davantage confiance aux rumeurs nées quotidiennement auprès des « roulantes » où se croisaient les cuisiniers, les agents de liaisons, les conducteurs du train régimentaire passant régulièrement par l'État-major et les soldats venus des tranchées de première ligne pour la corvée de ravitaillement. Ces derniers colportaient ces rumeurs en première ligne où elles subissaient une nouvelle déformation. Fort de cette expérience d'ancien combattant, Marc Bloch observait des conditions analogues dans les sociétés médiévales de transmission orale où les nouvelles étaient véhiculées par les colporteurs, les jongleurs, les pèlerins ou les mendiants qui se croisaient sur les marchés, les foires et lors des fêtes religieuses. Et de conclure : « On comprendra toujours mieux un fait humain, quel qu'il soit, si on possède déjà l'intelligence d'autres faits du même genre. » (Bloch, 1949, p. 129.)

Par ailleurs, l'analogie entre des contextes éloignés présente également une forte valeur heuristique. Elle favorise l'émergence de principes explicatifs auxquels on n'aurait pas pensé autrement (Bloch, 1928). Il s'agirait alors de « comparer l'incomparable », pour paraphraser le titre de M. Detienne (2000). Ce dernier défend le comparatisme mettant aux prises des sociétés éloignées dans le temps et dans l'espace. Ce comparatisme, éloigné des ressemblances superficielles et des évidences naïves, fait surgir des « dissonances cognitives » porteuses d'intelligibilité. Ainsi, la pratique de la parole dans diverses sociétés configura des espaces spécifiques. L'agora d'Athènes, l'hémicycle de l'Assemblée législative de 1791, la salle des communes à Londres, les assemblées de certaines sociétés d'Éthiopie du sud, sont autant de lieux analogues où un groupe prend conscience de soi pour décider souverainement de ses affaires (Detienne, 2000, p 111-118).

Deux couples de raisonnements par analogie

Analogie conceptuelle et analogie explicative

Poursuivons notre tentative de définition. En référence aux démarches de pensée historiennes, nous distinguons un premier couple d'analogies, *l'analogie explicative* et *l'analogie conceptuelle*, à partir des analyses de P. Ricœur (1975a, p. 344-356).

Le raisonnement par *analogie explicative* découle de l'analogie mécanique qui, dans le domaine des sciences de la nature, rend compte du fonctionnement de mécanismes difficiles à connaître en les mettant en relation avec le fonctionnement de mécanismes déjà bien connus pour produire une explication fonctionnelle ou causale. Nous avons déjà cité l'exemple du système solaire et de l'atome, de l'influx électrique et de l'influx nerveux. Cette analogie mécanique est à l'origine de grandes découvertes scientifiques comme celle de la mécanique ondulatoire de Louis de Broglie : les ondes de matière sont aux corpuscules atomiques ce que les ondes de lumière sont aux photons. L'analogie explicative transfère un principe explicatif d'un rapport à un autre rapport afin d'établir une nouvelle relation de causalité. En histoire, l'analogie rapproche des principes explicatifs valables pour deux situations du passé ou bien pour une situation du présent et une situation du passé pour inférer des relations de causalité.

Par exemple, Rania nous a expliqué ce qui suit : de même que les dieux des Romains avaient pour fonction de protéger l'Empire, de même le Dieu des chrétiens donna la victoire à Constantin. Voilà pourquoi les Romains se convertirent au christianisme quand il s'avéra que les dieux traditionnels avaient rompu leur contrat. En termes didactiques, Rania transfère un *scénario logique* d'une situation à l'autre : *scénario* parce qu'il prend la forme d'une structure-récit (les Romains pensaient alors que leurs dieux romains protégeaient l'Empire), *logique* parce qu'il produit une explication (voilà pourquoi...). Nous verrons ultérieurement que ces scénarios sont à la fois *historiques* car ils conduisent les élèves à caractériser un fait historique, mais aussi *didactiques* car ils permettent aux élèves de répondre aux consignes scolaires (Sensevy et Rivenc, 2003, p. 77).

R. Chartier présente un exemple parlant d'analogie explicative. Recherchant les origines de la Révolution française, il compare les doléances des paysans du bailliage de Troyes, à l'occasion de deux situations historiques analogues que furent les États généraux de 1614 et de 1789 (Chartier, 1990, p. 207-215). En 1614, trois ensembles de plaintes cristallisaient les espérances paysannes : les réclamations sur le fonctionnement de la justice (22 % des doléances), l'attente d'une réforme religieuse (22 %), les protestations contre la fiscalité royale (28,5 %). En 1789, les plaintes avaient changé de nature : certes, elles concernaient toujours la fiscalité royale (33 % des doléances), mais les doléances contre la justice (10 %) et le clergé (6 %) avaient largement diminué. La nouveauté résidait dans les revendications anti-seigneuriales (12,5 %). Les ressemblances portent uniquement sur la plainte contre les impôts du roi. Les différences concernent surtout le recul de la plainte religieuse et la progression des revendications anti-seigneuriales. En 1614, les paroissiens exprimaient leur inquiétude devant le petit nombre et la médiocrité des membres du clergé qui engendrait un sentiment d'abandon moral et spirituel préjudiciable à leur salut. En 1789, la Réforme catholique avait réglé ce problème, d'où la baisse des plaintes contre le clergé. En revanche, alors que les paysans reconnaissaient en 1614 le bien-fondé de l'institution seigneuriale qui les avait protégés dans le contexte violent des guerres de religion, ils la critiquaient vertement en 1789 car ses prélèvements fiscaux ne semblaient plus justifiés dans une société désormais pacifiée par l'État monarchique et centralisateur. La comparaison entre deux situations historiques analogues, séparées par près de deux siècles mais comparables géographiquement et politiquement par le contexte des États généraux, permet d'établir que, dans le bailliage de Troyes en 1789, l'affermissement de l'État moderne, ayant pacifié la société et imposé une justice réglée à tous, faisait apparaître comme intolérable la dépendance seigneuriale qui était bien acceptée au début du siècle précédent.

L'identité de certains termes des rapports (entre les lieux, le contexte institutionnel) et l'identité des rapports à la revendication en général justifient l'établissement d'une analogie entre ces deux situations historiques : la plainte religieuse en 1614 dénotait un sentiment d'abandon spirituel et moral de la population et avait contribué à l'accélération de la réforme catholique dans les campagnes (relation de causalité connue) *tout comme* les revendications anti-seigneuriales en 1789 dénotaient le refus des prélèvements seigneuriaux – désormais injustifiés aux yeux de la population – et accélérèrent la Révolution française (relation de causalité à établir). C'est pourquoi les États généraux de 1789 conduisirent à un bouleversement de prime abord dans le domaine social et politique alors que les États généraux de 1614 produisirent un changement dans le domaine religieux. Nous pouvons résumer l'analogie sous la forme du schéma suivant :

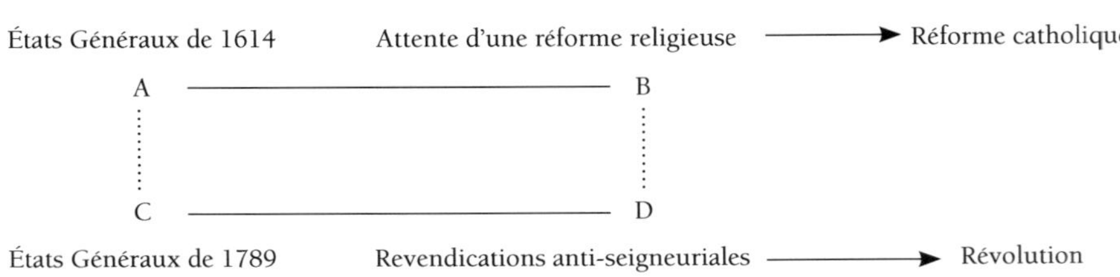

Le raisonnement par *analogie conceptuelle* découle pour sa part de la réflexion scolastique de la fin du Moyen Âge sur la question de *l'analogie de l'être* visant à la connaissance de l'Être divin par rapport aux êtres déjà connu. Il s'agissait d'établir l'analogie entre deux rapports pour saisir dans une même unité conceptuelle les termes de ces rapports pourtant fortement hétérogènes. Ainsi, l'existence increée était à Dieu ce que l'existence créée était à l'homme, l'homme et Dieu entretenant un rapport identique à des formes d'existence différentes. Il existe des analogies conceptuelles plus simples et plus scientifiques : l'œil est à la vision ce que l'oreille est à l'audition, car ces deux organes entretiennent un rapport identique à la sensation. Cette analogie attribue le même nom à des objets possédant des propriétés communes, tout en appartenant à des domaines bien différents.

L'analogie conceptuelle infère par exemple une identité de signification entre deux situations historiques entretenant un rapport identique au même concept : l'affrontement dans un match de rugby entre des équipes de joueurs semi-professionnels dirigées par un capitaine et portant les couleurs d'une ville au XXe siècle est analogue à l'affrontement lors de tournois entre des équipes de chevaliers professionnels dirigées par un capitaine et portant les couleurs d'une maisonnée au XIIe siècle. Dans les deux cas, *c'est du sport* (Duby,

1984, p. 111-136). L'analogie conceptuelle favorise cette modalité de la généralisation spécifique à l'histoire :

> « La généralisation n'est qu'un procédé constructif de simplification. Dès qu'on a aperçu dans un objet un certain caractère, on étend ce caractère à tous les autres objets un peu semblables. » (Langlois et Seignobos, 1898, p. 225.)

Analogie spontanée et analogie contrôlée

Ce premier couple d'analogies est recouvert par un second couple qui renvoie au modèle d'apprentissage de l'histoire de N. Lautier (1997a) ainsi qu'au modèle de la zone de développement potentiel de Vygotski : *l'analogie spontanée* et *l'analogie contrôlée*.

Nos travaux ont montré que les élèves en recherche de sens produisent spontanément des analogies incontrôlées, souvent anachroniques et fautives sur le plan de la science historique et toujours saturées de mémoire sociale. Qu'elles soient conceptuelles ou explicatives, ces analogies réalisent la première phase de *socialisation* du savoir historique : par les rapprochements qu'elles opèrent entre savoir scientifique et savoir du sens commun, les analogies spontanées contribuent à la transformation de l'un en l'autre :

> « Le principe d'analogie est un principe de médiation entre deux ou plusieurs univers dont il assure la perméabilité. Cette médiation assure la possibilité d'assimiler ce qui est extérieur en aménageant l'existant. Le passage de la théorie scientifique à la représentation sociale est impensable autrement. » (Moscovici, 1976, p. 265.)

L'analogie spontanée est un instrument de la *polyphasie cognitive* comme le montre la remarque sur les dieux romains qui « ne servaient plus à grand-chose » dans l'analogie de Rania abordée en ouverture de ce chapitre.

Dans un second temps, par l'étayage de l'enseignant et la mise en place de procédures de contrôle et d'historisation, ces analogies se transforment progressivement en analogies mieux formalisées et plus recevables sur le plan de la science historique. Cette transformation correspond à la phase de *rationalisation* du sens commun dans le second temps du modèle d'apprentissage de l'histoire.

Nous appelons *analogies spontanées* les analogies qui rapprochent des savoirs historiques et des éléments de la pensée sociale du sens commun et *analogies contrôlées* les analogies qui produisent un savoir historique valide, par un processus qui soumet une analogie spontanée « aux limitations et aux vérifications qui seules pourraient la reconstruire comme analogie contrôlée, c'est-à-dire comme principe d'interprétation comparative et d'exploration empirique » (Passeron, 2006, p. 245). Bien entendu, de même que la pensée sociale du sens commun ne disparaît jamais vraiment dans le processus d'apprentissage de l'histoire, de même la distinction entre analogie spontanée et analogie contrôlée ne relève pas d'une opposition irréductible entre deux modes de pensées hétérogènes. Ces deux modes de pensée ne se substituent jamais l'un à l'autre, ils entretiennent une étroite relation de transformation réciproque et forment les deux faces inséparables de la pensée historienne. Une analogie est plus ou moins spontanée ou plus ou moins contrôlée en fonction du degré respectif de pensée sociale et de pensée scientifique qu'elle donne à voir et en fonction du degré de maîtrise du raisonnement par analogie. En l'occurrence, ici aussi, c'est le contrôle méthodologique de l'analogie qui fait la science car « ce qui fait des sciences historiques des sciences au sens plein, ce n'est ni le formalisme ni la méthode expérimentale mais le contrôle méthodologique des raisonnements comparatifs » (Passeron, 2006, p. 246). C'est bien la raison pour laquelle le contrôle du raisonnement analogique – en d'autres termes, le contrôle du transfert du *scénario logique* d'une situation historique vers une autre – participe des procédés d'historisation et de construction du savoir historique scolaire (Lautier, 2001 a).

Sous la plume des élèves, l'analogie mobilise des ressources langagières pour rapprocher ensemble des savoirs d'origines diverses par un raisonnement qui construit du savoir historique. L'analogie deviendrait ainsi un outil privilégié de la polyphasie cognitive. Dans les écrits des élèves, le rapprochement analogique est repérable par un certain nombre de traces linguistiques soulignées par nous dans les écrits des élèves. Le tableau 11 résume la nature de ces indices qui indiquent l'établissement du lien entre deux rapports et, d'autre part, l'inférence du raisonnement qui produit soit de l'explication soit de la conceptualisation :

Tableau 11. – *Les indices de l'analogie dans les écrits des élèves*

Indices	Indices du rapprochement de deux rapports	Indices du raisonnement produit	
		Indices d'explication	Indices de conceptualisation
Conjonctions de coordination	Mais, et, or	Donc, car	
Conjonctions de subordination	Tandis que, alors que, comme		
Adverbes ou locutions adverbiales	Aussi, par contre, en revanche	Aussi, ainsi, c'est pourquoi	
Prépositions ou locutions prépositionnelles		Pour, afin de	
Verbe être			C'est

Raisonnement par analogie et apprentissage de l'histoire

Un dispositif pour le raisonnement par analogie

Des recherches ont montré que l'analogie intervient régulièrement dans les apprentissages, à quelque niveau d'enseignement que ce soit. Une étude réalisée en CM1 met en évidence *a contrario* le lien entre l'analogie et la catégorisation (Sensevy et Rivenc, 2003) : une maîtresse demande à ses élèves pourquoi ils ont rapproché les deux textes suivants, extraits du manuel scolaire en usage :

> « L'empereur a donné la citoyenneté aux fantassins et aux cavaliers qui se trouvent dans la province de Mésie et qui ont servi vingt-cinq ans ou plus… fantassin Héra, fils de Sarapion, né à Antioche, tablette de bronze, vers 75. »

> « Si sa fortune atteint un niveau suffisant, un citoyen autrefois pauvre peut devenir chevalier ou même sénateur si l'empereur le désire. Inversement, on peut devenir esclave ou perdre sa fortune par condamnation. »

Les élèves expliquent ensuite qu'ils ont rapproché ces deux textes « parce que ça parle de l'armée » puisque le premier texte évoque les cavaliers et les fantassins et le second les chevaliers. Toutefois ce processus de catégorisation ne s'appuie pas sur la « bonne » analogie dans la mesure où, dans le contexte de la Rome ancienne, le terme « chevalier » ne désigne pas un combattant à cheval comme au Moyen Âge. Il s'agit d'une catégorie juridique fondée sur un certain niveau de fortune et donnant accès à certaines magistratures. La maîtresse, de son côté, s'attendait à un rapprochement fondé sur la citoyenneté, car les mots « citoyenneté » et « citoyens » figuraient dans les deux extraits. Les termes davantage parlants pour les élèves firent écran et empêchèrent l'établissement de l'analogie pertinente.

Une autre recherche entreprise en CM2 montre que les élèves mobilisent des raisonnements par analogies, certes simplifiés et d'un niveau modeste. À l'occasion de la production de synthèses de quelques lignes reprenant des informations repérées dans quelques textes portant sur les croisades, les élèves parviennent par le raisonnement analogique à une production relativement autonome de savoir historique (Kessas, 2007 ; 2008).

Nous ferons surtout état, dans ce chapitre, d'une recherche sur l'analogie menée en classe de seconde dans un lycée de la proche banlieue parisienne particulièrement défavorisée lors de la mise en place des programmes de 2002 (Cariou, 2003a ; 2004). La méthodologie suivie pour cette recherche s'inspirait d'une « didactique expérimentale » déjà défendue en didactique du français (Fijalkow et Fijalkow, 1998, p. 72). Il s'agissait de se départir d'une posture du chercheur qui observe de l'extérieur et se garde d'intervenir sur le processus observé. Une *variable didactique* a donc été intégrée au cours de séances répétées, afin d'en observer les effets sur l'apprentissage des élèves. Cette variable, introduite par l'usage récurrent de consignes appelant à la comparaison, conduisait à un travail explicite sur l'analogie. Pour reprendre le langage de la didactique des mathématiques, on a *défini* des situations qui mettent l'élève en situation de produire lui-même du savoir afin de résoudre le problème dont le professeur lui fait *dévolution*. Interprétant les consignes comparatistes, qui constituent le *milieu* institué par le professeur comme cadre de l'apprentissage, l'élève opère des rapprochements avec des savoirs déjà là pour résoudre le problème. Dans un second temps, la *régulation* opérée par l'enseignant conduit l'élève à opérer une vérification et une formalisation de ses raisonnements par analogie produits par les élèves. Une fois validées et considérées comme des résultats pertinents, les analogies sont *institutionnalisées* dans la classe (Brousseau, 1998).

La pertinence de cette variable supposait une vérification par deux classes témoins où la mise en œuvre pédagogique s'est déroulée à l'identique mais dans lesquelles le raisonnement par analogie ne fut jamais évoqué. Il s'est avéré que, lors des évaluations communes aux trois classes à la fin de chaque séquence observée, les élèves des classes témoin ont produit très peu d'analogies, et surtout des analogies spontanées. Il s'avère donc que, en l'absence d'un travail explicite sur l'analogie, celle-ci ne constitue pas un outil d'appropriation du savoir.

L'analyse quantitative des analogies produites dans la classe expérimentale montre que tous les élèves produisent des analogies spontanées qui rapprochent un savoir historique nouveau avec des éléments de leur mémoire sociale pour lui donner du sens. Cela est conforme au modèle d'apprentissage de l'histoire qui postule la mobilisation de la pensée représentative du sens commun comme un préalable à toute construction du savoir historique. Une différenciation apparaît toutefois entre les élèves en réussite et les élèves en difficulté. Les premiers, s'ils produisent toutes les analogies possibles, se distinguent par la production très importante d'analogies explicatives contrôlées, les plus complexes. En revanche, les élèves plus en difficulté produisent surtout des d'analogies explicatives spontanées, celles qui engagent le plus d'anachronismes et de jugements de valeurs. Il apparaît ainsi que la principale différenciation entre les élèves tient à la capacité à contrôler ou non la mémoire sociale et donc à mener ou non à son terme le processus d'apprentissage.

La mise en évidence d'une différenciation scolaire dans la production d'analogies contrôlées s'inscrit dans le sens de diverses recherches en psychologie sociale selon lesquelles la perception qu'un individu peut avoir de sa position à l'intérieur d'un groupe ou d'une institution – perception favorable ou défavorable – intervient sur le déroulement de ses activités cognitives (Rouquette, 1998, p. 80-83 ; Monteil et Huguet, 2002). Les élèves en position favorable dans l'institution scolaire s'autorisent une production abondante d'analogies et notamment une production experte d'analogies contrôlées. En revanche, les élèves en position défavorable s'en tiennent à des analogies spontanées. Ils ne s'autorisent pas à mener jusqu'au bout le processus de leur contrôle et à achever le processus d'apprentissage de l'histoire. Nous retrouvons à nouveau la dimension identitaire des pratiques langagières.

Raisonner à partir d'analogies inverses

Passons maintenant à l'analyse de quelques analogies produites par des élèves à l'occasion du chapitre sur « Humanisme et Renaissance ». Il s'agit d'*analogies inverses* (Foucault, 1966, p. 36-38) associant des *concepts antonymes asymétriques* (Koselleck, 1979, p. 191-232) où le rapport déjà connu permet de comprendre son rapport inverse, comme le montre le texte de Yanis :

> Écrit de Yanis :
> « Seulement les catholiques considéraient le roi comme un intermédiaire entre eux et Dieu, car il était désigné par Dieu, *or* les protestants *eux* considéraient le roi comme un simple chef du pays donc ils pensaient qu'ils n'étaient pas obligés de respecter le roi *alors* les catholiques considéraient les protestants comme un danger pour le roi *ce qui explique* les guerres de religion. »

Cette analogie reprend une distinction d'ordre théologique entre les catholiques et les protestants. Pour les premiers, la Vierge, les saints, le clergé mais également le roi sacré de droit divin sont autant d'intermédiaires entre les hommes et Dieu. En revanche, selon les protestants, la relation entre les hommes et Dieu ne suppose pas ces intercesseurs, elle s'exerce directement par la prière et la lecture de la Bible notamment. La conséquence politique directe est la méfiance du roi de France envers les protestants qui ne reconnaissent pas le caractère sacré de son pouvoir. Nous tenons là une explication possible des guerres de religion dans la seconde moitié du XVIe siècle. Le schéma suivant résume ce raisonnement :

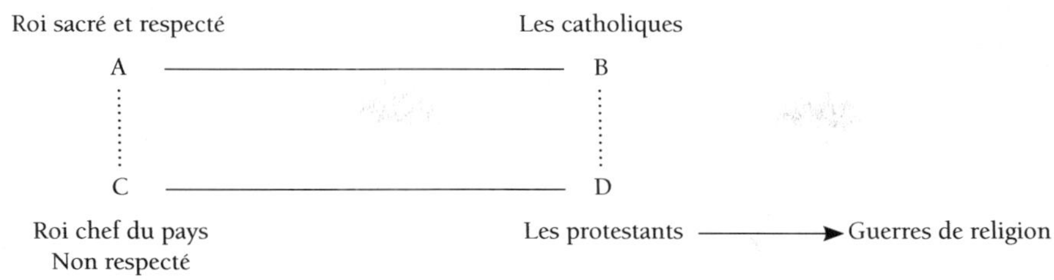

Nous allons maintenant chercher à comprendre en quoi le raisonnement par analogie est un instrument psychologique au service de l'apprentissage de l'histoire. Nous nous intéressons ici aux raisonnements par analogie portant sur les différences entre catholiques et protestants. Plus précisément, ces analogies montrent la construction progressive du concept d'intermédiaire selon les catholiques. Pour décrire ce processus, nous mobiliserons les catégories descriptives des situations didactiques (Brousseau, 1998). En effet, lors de la *définition* de la situation d'apprentissage, se construit la compréhension de la différence entre catholiques et protestants sur la question du salut. Cette question a donné lieu ensuite à la *dévolution,* par le professeur aux élèves, d'un problème portant sur les raisons pour lesquelles le roi de France persécuta les protestants afin d'introduire une explication possible de guerres de religion. Un tableau présentant les ressemblances et les différences entre catholiques et protestants avait été construit à l'issue de la séquence et avant l'évaluation finale, dans une logique de *régulation* du processus d'apprentissage et de vérification par les élèves de leurs analogies afin de parvenir à *l'institutionnalisation* des analogies pertinentes élaborées par les élèves durant la séquence.

Trois analogies de Linda :

Cours	Cours	Évaluation
« Les catholiques ont des intermédiaires entre les Hommes et Dieu *tandis que* les protestants n'en ont pas et communiquent avec Dieu grâce aux prières, aux messes (lecture de la Bible). »	« Le roi est catholique et sacré et il est un *élu de Dieu* pour les catholiques. *Alors que* les protestants *eux* pensent que le roi est un *homme ordinaire* et non sacré. *Le danger c'est qu'une* partie du peuple français ne respecte pas le roi. »	« Leur seule différence c'est que les catholiques ont des intermédiaires pour qu'ils prient pour eux et qu'ils aillent au paradis, *tandis que* les protestants n'ont pas d'intermédiaires *mais* lisent la bible pour aller au paradis, *c'est pour ça que* les Humanistes ont traduit la Bible pour que, entre autre, les protestants la comprennent pour aller au paradis. »
Analogie conceptuelle contrôlée	Analogie explicative spontanée	Analogie explicative contrôlée

Les analogies de Linda, une élève en réussite scolaire, signalent une compréhension immédiate du concept d'intermédiaire. Dans son cours, au moment de la définition de la situation d'apprentissage, Linda établit l'analogie suivante, peu éloignée de la paraphrase des documents étudiés en classe : les intermédiaires dans leur relation à Dieu sont aux catholiques *ce que* la lecture de Bible et les prières sont aux protestants : ils établissent un lien avec Dieu. Dans l'évaluation finale, cette analogie conceptuelle conduit à une analogie explicative plus complexe qui définit pour la première fois les intermédiaires (« les catholiques ont des intermédiaires pour qu'ils prient pour eux »). Entre ces deux analogies, Linda produit une analogie spontanée sur la personne du roi. La disparition du mot « intermédiaire », remplacé par la périphrase « élu de Dieu », signale vraisemblablement la compréhension encore hésitante du concept et l'entrée dans un processus de construction du savoir provoquée par la dévolution du problème concernant l'une des causes possibles des guerres de religion. Cette périphrase appartient certes au vocabulaire religieux, mais elle contribue surtout à se figurer le concept d'intermédiaire et relève à notre sens de la pensée représentative du sens commun. Il est possible que ce détour par la figuration ait ensuite permis l'enrichissement de l'analogie finale et une définition plus précise du concept.

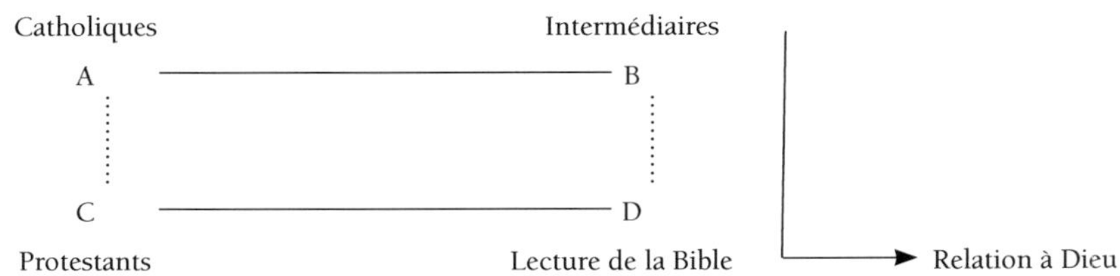

Les deux séries d'analogies qui suivent sont le fait d'élèves qui se situent en retrait dans le processus d'apprentissage et pour qui un détour par les processus des représentations sociales (en gras dans les textes) s'avéra nécessaire pour l'appropriation du concept.

Trois analogies d'Estelle :

Cours	Évaluation	Évaluation
« Pour les catholiques le roi est sacré c'est-à-dire qu'il se situe *au dessus* d'eux *mais* pour les protestants, le roi est *un homme comme les autres*. Cela pause problème *car* il est possible qu'il ne soit plus respecter et qu'il ne soit plus *au dessus* à cause des protestants. »	« Pour les catholiques le roi est sacré *alors que* pour les protestants le roi ne l'est pas donc pour les catholiques *Dieu a envoyer le roi* et *donc* protège leurs âmes. »	« Il existe des ressemblances et des différences entre les catholiques et les protestants tel que le "salut par la foi", il y a *aussi* des différences tels que les intermédiaire qui leurs permet de prier pour le salut de l'âme des fidèles (catholiques) *alors que* les protestants n'en ont pas qui communiquent grâce aux prières et aux messes. »
Analogie explicative spontanée	Analogie explicative spontanée	Analogie explicative contrôlée

Deux analogies d'Isabelle :

Cours	Évaluation
« Lorsqu'on regarde les différences entre catholiques et protestants au XVIe siècle on voit que pour les catholiques le roi est sacré *alors que* pour les protestants il est un *simple roi*. Pour les catholiques, *comme* le roi est sacré ils doivent lui obéir et *comme* les protestants ne sont pas de cet avis, ils sont craints, les catholiques voient en eux une menace. Ils pouvaient *laisser tomber* le roi. Les guerres de religion sont *en fait* des guerres politiques. »	« Le *but commun* est que l'âme des fidèles aillent au paradis. Les intermédiaires sont la vierge, les saints, le pape, les cardinaux, les évêques, le roi (pour les catholiques). Leur rôle est de *guider* l'âme des fidèles au paradis, les fidèles doivent aussi prier. *Par contre* les protestants n'ont pas d'intermédiaires *car* ils prient Dieu *directement* en lisant la Bible. »
Analogie explicative spontanée	Analogie conceptuelle contrôlée

Dans chaque analogie initiale, le mot « intermédiaire » n'est pas verbalisé car il n'est pas acquis, alors que ce mot figure dans les documents et dans les consignes. Il est remplacé par des périphrases relevant de leur pensée sociale qui signalent une entrée dans la démarche d'appropriation du savoir. Estelle mobilise une figuration spatiale (« au-dessus d'eux ») pour désigner la place du roi sacré. Comme Isabelle, elle caractérise l'image du roi selon les protestants par une expression du langage courant : « un homme comme les autres », « un simple roi ». Dans sa deuxième analogie, Estelle mobilise un nouveau processus de figuration (« Dieu a envoyer le roi ») pour se représenter cet intermédiaire selon les catholiques.

Dans la dernière analogie, les deux élèves utilisent enfin le mot « intermédiaire » en le définissant correctement. Ce terme se substitue aux périphrases naïves et signale la dynamique du niveau de formulation des concepts, depuis la formulation naïve jusqu'à la formulation experte. Cette occurrence est d'ailleurs précédée d'une phrase introductive qui signale un processus de généralisation (« le but commun »). Mais la compréhension de ce concept, désormais verbalisé et défini, conduit à un nouveau processus de figuration (« directement ») sur la relation entre les fidèles et Dieu dans l'analogie d'Estelle. Elle visualise également la fonction des intermédiaires par une action directe (« guider l'âme des fidèles au paradis »). D'une certaine manière, l'intrigue qui structure le *scénario logique* s'est enrichie au fil des analogies tant sur le plan conceptuel que sur le plan de la perception de l'action (Sensevy et Rivenc, 2003, p. 80).

Pour terminer, envisageons les analogies d'une élève en difficulté. Leur évolution contraste avec les analogies précédentes et nous éclaire sur les raisons pour lesquelles cette élève s'est progressivement découragée sur le plan scolaire.

Deux analogies de Rania :

Cours	Évaluation
« Les catholiques pensent que le roi est sacré *donc* ils le respectent énormément. *Tandis que* les protestants pensent que le roi est *comme un autre homme donc* ils le considèrent *comme quelqu'un de normal alors* ils vont le respecter *pas comme un roi.* »	« Pour les catholiques, le roi est sacré. *Tandis que* pour les protestants, il y a qu'une chose en commun avec les catholiques, c'est le salut par la foi. Sinon, *eux*, ils font 2 sacrements (baptême et communications), il faut obéir aux évêques, lire la Bible, faire des cérémonies très simples et les prêtres ont le droit de se marier. Pour les protestants, le roi n'est pas sacré, il est *normal*, il est respecté *comme un homme* et *pas comme un roi.* »
Analogie explicative spontanée	Analogie conceptuelle spontanée

La première analogie de Rania, à l'instar des analogies précédentes, remplace le mot attendu « intermédiaire » par des périphrases mobilisant une pensée sociale du sens commun : le roi est « comme un autre homme », « quelqu'un de normal ». L'analogie se résume en ces termes : le roi sacré pour les catholiques est un homme normal pour les protestants qui ne le respectent pas. L'analogie et les périphrases et la dimension sacrée du roi occultent le concept d'intermédiaire. Même si la seconde analogie est plus riche sur le plan du contenu factuel, elle n'aborde toujours pas la notion d'intermédiaire et s'en tient à des périphrases naïves qui ne passent pas de la simple comparaison à la généralisation évoquée dans les écrits précédents. Les phases de dévolution et de régulation n'ont pas opéré et l'incertitude sur l'objet d'apprentissage hypothèque le processus d'apprentissage lui-même.

Un scénario didactique

Ces exemples montrent que l'analogie, produite de manière consciente et délibérée, rapproche la pensée sociale de la pensée scientifique sur la base des régularités de l'expérience humaine et produit une inférence conduisant à une forme de généralisation car elle rend possibles la conceptualisation et l'explication. Les successions d'analogies donnent à voir la diversité des processus sous-jacents de l'apprentissage de l'histoire. Les écrits de Rania montrent toutefois que ce dispositif n'évite pas de laisser certains élèves sur le côté de la route.

Sur le plan pédagogique, l'analogie constitue un outil psychologique au sens de Vygotski quand il est provoqué par un dispositif susceptible de déclencher une activité cognitive des élèves étayée ou régulée par l'enseignant. Sur un plan didactique plus général, nous avons constaté que, pour expliquer une situation historique nouvelle à partir d'une situation déjà connue, les élèves opéraient un transfert de *scénario logique* qui relève de la structure du récit (« en ce temps-là, les hommes se sont conduits de telle manière ») pour produire de la causalité (« en se conduisant de telle manière, ils ont produit tel effet ») (Sensevy et Rivenc, 2003). Décrit en termes de transfert de scénario logique, le raisonnement par analogie prend valeur générale et peut être rapproché de situations d'apprentissage similaires dans d'autres disciplines, comme nous l'avions indiqué dans l'introduction de ce chapitre. L'ultime chapitre de cet ouvrage montre également la pertinence du concept de scénario didactique quand il est appliqué à la production de récits historiques.

Chapitre IX

LE RÉCIT HISTORIQUE POUR CONSTRUIRE DU SAVOIR

Le récit historique avait opéré un retour remarqué dans les précédents programmes du cycle 3 parus en 2002 et il occupe une large place dans les nouveaux programmes de collège parus en 2008. Il acquiert de ce fait un statut disciplinaire explicite même si, depuis longtemps, les pratiques de classe l'ont scolarisé (Reuter, 2007b). Pour l'envisager, nous suivrons les travaux des didacticiens de l'histoire qui, depuis plusieurs années, analysent la fonction du récit historique depuis l'école élémentaire jusqu'au lycée (Sérandour, 1998 ; Audigier 2001 et 2007 ; Falaize, 2005 ; Cariou, 2006c et 2006d ; Deleplace, 2007 ; Doussot, 2011) afin de montrer qu'il structure l'organisation des savoirs et contribue à l'engagement de l'élève dans la construction du savoir historique. Nous n'aborderons pas le récit assumé par l'enseignant mais le récit comme *instrument psychologique* au sens de Vygotski, ou comme *scénario logique* (Sensevy et Rivenc, 2003) pris en charge par les élèves, sous la conduite de leur enseignant qui favorise les trois grandes opérations historiques : la conceptualisation, l'explication et la périodisation.

Pour comprendre en quoi le récit historique est lui aussi un outil de construction du savoir historique, nous opérerons tout d'abord un détour par le récit vu du côté des historiens afin d'étudier ensuite les récits scolaires des élèves qui obéissent à des caractéristiques similaires. Une fois encore, les sciences sociales et l'épistémologie de l'histoire nous renseignent sur la nature d'un objet didactique pour comprendre la fonction du récit en général et du récit historique en particulier.

Les fonctions du récit historique

« L'éclipse » du récit historique ?

On connaît la longue défiance des historiens à l'égard du récit. Rappelons les propos éloquents tenus naguère par J. Le Goff :

> « Il reste que l'histoire-récit est à mes yeux un cadavre qu'il ne faut pas ressusciter car il faudrait le tuer une seconde fois […]. Il faut réduire l'histoire-récit à n'être qu'un moyen parmi d'autres de la pédagogie dans l'enseignement scolaire et de la vulgarisation. » (Le Goff, 1988b, p. 16.)

Les historiens des Annales assimilaient « l'histoire-récit » à « l'histoire-batailles » et à l'histoire politique pour lui opposer « l'histoire-problème » plus scientifique (Ricœur,

2000, p. 307-310 ; Noiriel, 2003, p. 99-117). L'histoire-récit attachée au politique, à l'individuel et au singulier semblait ne trouver son sens que dans la seule logique narrative. L'explication résultait de la disposition des faits historiques selon une succession temporelle : le fait précédent expliquait le fait suivant (*post hoc ergo propter hoc*) selon une logique téléologique, car la fin de l'histoire conduisait à sélectionner *a posteriori* les faits pertinents pour l'intrigue. Le récit appartenait donc à cette histoire qui, selon le mot d'Aristote, raconte ce qui est arrivé à Alcibiade. Pour se constituer comme science, l'histoire devait alors abandonner le récit, les événements et les personnages individuels au profit de la longue durée, des masses anonymes et de la quantification, afin de dégager des régularités et des lois historiques, pour suivre les injonctions formulées par F. Simiand (1903). L'histoire-science avait pour tâche d'expliquer un problème en rompant avec l'événement et la logique téléologique, afin de construire des concepts qui donnent par eux-mêmes du sens au passé (Furet, 1975). Cette orientation de l'historiographie correspondait à la démarche structuraliste qui appliquait aux récits un modèle linguistique systématique. Elle visait l'effacement des acteurs et la « déchronologisation » du récit afin de le « relogifier » par une description scientifique de structures narratives achroniques (Barthes, 1966 ; Ricœur, 1984, p. 60-66).

En conséquence, on a constaté que la suspicion perdurait à l'égard du récit historique à l'école (Audigier, 2001 ; Falaize, 2005). D'un point de vue historiographique, les critiques remettent en cause la vulgate scolaire du « récit national » exposant un point de vue unique et dispensant un discours de vérité à grands renforts d'effets de réel. D'un point de vue didactique, on accuse le récit d'empêcher l'exercice de l'esprit critique en suscitant une production stéréotypée. En outre, quand l'écriture est conçue comme un simple moyen d'enregistrement de la parole magistrale ou d'évaluation de l'acquisition des connaissances, la fonction cognitive propre au récit historique reste ignorée et ce dernier est souvent conçu comme le mode d'exposition d'un savoir déjà construit par ailleurs.

Nous montrerons donc dans ce chapitre en quoi l'introduction du récit historique dans les classes d'histoire découle au contraire de la prise en compte de la dimension heuristique de l'écriture du récit historique.

Récit et écriture de l'histoire

Depuis les travaux de P. Veyne (1971) et de M. de Certeau (1975), on sait que le récit constitue le mode d'exposition privilégié de l'histoire. C'est pourquoi il conviendrait non plus d'opposer mais d'articuler l'histoire et la science, la narration et l'explication, les faits et les événements, les masses et les individus. D'ailleurs, F. Braudel ne rejetait pas complètement la dimension narrative de l'histoire. S'il disqualifiait l'histoire événementielle et le récit traditionnel, il ne dédaignait pas « le récitatif de la conjoncture » (Braudel, 1958, p. 48) par quoi l'histoire se distinguait du structuralisme atemporel. P. Ricœur balaya les dernières réticences des historiens dans son grand ouvrage, *Temps et récit* (1983, 1984, 1985) qui répondait notamment à l'article de Lawrence Stone, « Revival of narrative » paru dans la revue *Past and Present* en 1979, traduit l'année suivante dans la revue *Le Débat* et qui introduisait les critiques du *Linguistic Turn* dans le champ historique français. L'ouvrage de P. Ricœur contribua au « tournant critique » des *Annales* de 1988 appelant la communauté des historiens à réfléchir aux modalités de l'écriture de l'histoire (Revel, 1995). Ce retour au récit bouleversa l'épistémologie de l'histoire en portant un coup décisif au positivisme.

Mais P. Ricœur aborde la question d'un point de vue philosophique car son intérêt pour l'histoire n'est qu'indirect. Il cherche à comprendre l'expérience humaine du temps selon la logique de la philosophie herméneutique. Le récit – fictionnel ou historique – ne devient son objet qu'en rapport à la problématique suivante : « Le temps devient humain dans la mesure où il est articulé sur un mode narratif. » (Ricœur, 1983, p. 105.) La forme du récit est le mode d'expression privilégié de l'expérience humaine qui se pense dans le temps.

Il montre d'abord que le récit structure les écrits des historiens en vertu du « caractère ultimement narratif de l'histoire » et de « la compétence de base que nous avons à suivre une histoire » (Ricœur, 1983, p. 165). Cette compétence à suivre des histoires est indissociable de la compétence à en produire. Suivre et produire une histoire, c'est comprendre ou articuler une succession d'actions, d'intentions mais aussi de hasards intervenant sur le cours de l'action décrite. Pour cette raison, la conclusion de l'histoire n'est jamais prédictible ou déductible du cours du récit et il est nécessaire de le suivre jusqu'à son dénouement pour l'appréhender (Ricœur, 1977, p. 200). Ajoutons que le caractère narratif de l'histoire vient également de ce qu'elle est connaissance par traces. Selon C. Ginzburg, les chasseurs de la préhistoire, interprétant des empreintes, des déjections ou des branches cassées, seraient vraisemblablement les premiers à avoir produit une histoire, à avoir raconté que « quelqu'un est passé par là ». Le récit est peut-être né du déchiffrement d'indices infimes pour leur conférer du sens (Ginzburg, 1989, p. 148-149).

En croisant les caractéristiques de la fiction et la visée de vérité de l'histoire, le récit historique développe la dimension temporelle de tout travail historique. C'est pourquoi le récit est davantage qu'un inventaire qui décrit un ensemble de faits car il y introduit la dimension temporelle constitutive de l'histoire (Veyne, 1976, p. 39). Dans des pages demeurées célèbres, P. Ricœur montre en effet que le récit se tient jusque dans les écrits de F. Braudel (Ricœur, 1983, p. 366-384). Son chef-d'œuvre, *La Méditerranée et le monde méditerranéen au temps de Philippe II*, est organisé selon une forme narrative : le personnage principal en est la Méditerranée dont F. Braudel montre la naissance comme centre de « l'économie monde », son apogée puis son déclin à la fin du XVIe siècle, au moment où le centre de l'économie monde s'est déplacé vers la mer du Nord et l'Atlantique. Bien plus, le destin de ce *quasi-personnage* rencontre celui du roi d'Espagne Philippe II qui meurt en 1598, quand la Méditerranée se voit supplantée par la mer du Nord en tant centre de l'économie-monde. C'est pourquoi, selon P. Ricœur, si le récit connut une « éclipse » avec le triomphe de la longue durée braudélienne, il ne disparut jamais réellement.

Le récit évoque des situations, des actions et des personnages réels mais il ne se confond évidemment pas avec la réalité qu'il rapporte. Le récit est une construction qui expose le discours de l'historien relatant lui-même le discours et les actes des hommes du passé (Ricœur, 1984, p. 166), une fois réalisé le travail de documentation à partir des sources puis celui de la construction et de l'interprétation des faits à partir d'une problématique. De fait, le récit historique procède d'une « inversion scripturale » de l'ordre de la recherche (de Certeau, 1975, p. 100-102). Alors que la recherche part du mieux connu pour remonter vers le moins connu, de la fin vers le commencement, le récit restaure l'ordre chronologique, du commencement à la fin. D'autre part, quand la recherche reste lacunaire et nécessairement interminable, le récit propose un texte clos, cohérent, complet et achevé. Enfin, le récit actualise l'objet de l'histoire, ce passé humain déjà advenu, absent pour nous aujourd'hui. Le récit représente le passé qui fait précisément défaut. C'est pourquoi M. de Certeau ajoute que le récit est tout à la fois *injonctif* – il parle au nom du réel, il fait parler le réel pour nous dicter ce qu'il faut en dire et en croire – et *performatif* – il fabrique du réel en en parlant car il rend croyable ce qu'il dit (de Certeau, 1987, p. 61-63).

Cette phase scripturale représente le passé tel qu'il s'est produit mais ne dit pas le réel du passé (Ricœur, 2000, p. 170). Le récit ne duplique pas la réalité du passé, il en est une représentation analogique, comme nous le savons. P. Ricœur nomme *représentance* cette fonction de représentation du réel passé qui n'est plus (Ricœur, 2000, p. 359-367). En ce sens, le récit historique se distingue de la simple chronique car le chroniqueur enregistre les faits dont il a été le témoin ou qu'il rapporte par ouï-dire. En revanche, l'auteur du récit fait *comme s'il* avait été le témoin des faits évoqués et il organise son récit comme une reconstruction *a posteriori* en un tout cohérent, fermé et signifiant. Comme le narrateur n'est ni acteur ni témoin de l'action, il vient après coup et connaît le déroulement et de dénouement de l'action. Il accélère le temps par des ellipses temporelles ou il ralentit le *tempo* du récit en s'appesantissant sur un déroulement chronologique jugé significatif, en fonction des détails qu'il souhaite fournir ou de ce qu'il souhaite dévoiler (Prost, 1996, p. 250-251). Le récit est le lieu de la *chronosophie* (Pomian, 1984, p. IV-V).

Il ressort de ces caractéristiques que le récit historique dissout l'opposition entre histoire-problème et histoire-récit, car il mêle la description du passé à l'intelligibilité des concepts et à la production d'explications. Il assure la continuité entre l'histoire et la science.

Récit et intentionnalité historique

Le récit historique se rattache par bien d'autres liens à l'épistémologie de l'histoire. Si le récit est le mode d'exposition privilégié de l'histoire, c'est parce qu'il rapporte les actions des hommes dans le passé et que ces dernières constituent précisément l'objet de l'histoire (Ricœur, 1977, p. 196). Ce faisant, le récit rend compte des intentions à l'origine de ces actions humaines. La psychologie culturelle de J. Bruner nous aide à le comprendre.

Dans n'importe quelle société humaine, la forme du récit permet de rendre compte de sa propre expérience et de celle d'autrui. De même, la capacité à suivre des histoires est universellement partagée. Paradoxalement, les humains manifestent une capacité à rendre compte de leur expérience dans le monde réel sous la forme d'un récit dont la structure se différencie peu du récit de fiction. En effet, une caractéristique de l'humain est la capacité de chaque individu à se considérer soi-même et à considérer autrui comme un agent libre, actif et apte à prendre l'initiative de certaines actions. Le récit expose justement les intentions des acteurs et l'interprétation que l'on fait de ces actions, en suivant les règles de la succession linéaire et chronologique des événements, au point que la construction narrative de la réalité est indissolublement liée à la fonction cognitive de la pensée narrative (Bruner, 1996, p. 120). D'ailleurs, les petits humains construisent cette capacité dès leur enfance par les interactions avec leur entourage, lorsqu'ils élaborent leur *théorie de l'esprit* au principe même du mode de pensée narratif. Très jeunes en effet, les enfants savent qu'ils doivent raconter aux adultes la « bonne histoire », celle qui sera la mieux attendue et la mieux entendue, pour parvenir à leurs fins. La compréhension des récits devient en même temps une source de savoir sur le monde social qui enrichit constamment la théorie de l'esprit de chacun, et inversement.

Le récit produit en outre de la signification puisqu'il ne dit pas le vrai du monde réel mais le *vraisemblable* qui appelle une interprétation de cette expérience (Bruner, 1996, p. 115). Nous tenons ici la fonction fondamentale du récit en histoire qui constitue le meilleur outil de l'explication historique : en rendant compte des agissements des hommes du passé, l'auteur d'un récit produit nécessairement des conjectures sur les intentions qui présidèrent à ces agissements. Ces conjectures trouvent leur place dans le récit car ce dernier mobilise nos représentations canoniques et partagées du fonctionnement du monde social. Ces représentations se nourrissent du stock de récits accumulés par l'ensemble d'une société, qui répertorient la régularité de l'expérience humaine et qui forment la culture partagée de cette société (Bruner, 1990, p. 80).

En conséquence, le récit est l'instrument langagier de l'intersubjectivité car il coule l'expérience humaine dans le moule des conventions narratives socialement construites et partagées. La traduction de l'expérience humaine par les conventions narratives du récit attribue à des expériences humaines singulières des significations collectives (Bruner, 2002, p. 18). L'échange et la transmission des récits construisent une culture dans laquelle chacun baigne et par laquelle nous attribuons en retour une signification partagée au monde réel pour nourrir nos conjectures. Les récits fabriquent de la signification, ils participent d'une attribution de sens aux agissements des hommes en société et ils relient les individus les uns aux autres au sein d'une culture rendue viable par cet échange de significations partagées (Bruner, 1990, p. 106-107 ; Bruner, 2002, p. 10-12). Pour ce faire, le récit indique ce qui est normal, habituel et régulier dans le fonctionnement d'une société, il façonne et détermine nos attentes. Mais, en même temps, un récit n'est produit que par le surgissement d'un événement inattendu. L'événement qui motive le récit bouleverse le cours normal des choses car la banalité du quotidien n'attend pas que l'on en fasse le récit. Devant la machine à café, on ne raconte jamais à ses collègues son trajet pour venir le matin au travail, sauf si un événement extraordinaire – fait divers, aléa climatique, grève des transports en commun, etc. – a bouleversé le cours normal de ce trajet. C'est pourquoi le récit est à la fois mémoire des normes sociales et contradiction à ces normes (Bruner, 1990, p. 26-28 ; Bruner, 2002, p. 17).

Nous constatons à nouveau que l'esprit humain n'est pas individuel, il est façonné par cette culture commune dont les récits constituent un outil essentiel (Bruner, 1990, p. 47-48). Nous retrouvons à nouveau l'interaction entre l'individuel et le collectif par ces *instruments psychologiques* au sens de Vygotski et au nombre desquels nous plaçons le récit. Au terme de ce développement, citons ces quelques lignes de J. Bruner qui résument parfaitement la fonction du récit dans toute société humaine :

> « Le don de raconter des histoires caractérise l'homme autant que la station debout ou l'opposition du pouce et de l'index. Tout indique que c'est notre manière naturelle d'utiliser le langage, dans le but de caractériser les déviations qui, sans cesse, viennent perturber le cours habituel des choses dans une culture donnée. Personne ne connaît exactement l'histoire de son évolution, comment ce don est né et a survécu. Nous savons seulement que c'est un outil irremplaçable qui donne sens à l'interaction humaine. » (Bruner, 2002, p. 76-77.)

Les caractéristiques du récit historique

Le récit est un genre discursif

Le récit est producteur de significations dans une société parce qu'il appartient aux formes langagières que M. Bakhtine (1953) nomme les genres du discours (Clot, 1999). Pour ce dernier, l'utilisation du langage passe par la forme de ces énoncés d'une infinie variété mais relativement stables. Les genres du discours se distinguent des genres littéraires ou rhétoriques en ce qu'ils recouvrent la totalité des énoncés humains, qu'ils soient savants, littéraires, artistiques ou quotidiens. Élaboré par les sociétés humaines au cours de leur histoire pour réguler les échanges et leurs activités, ils stabilisent et structurent le fonctionnement des pratiques langagières dans leur diversité, en fonction du contexte d'énonciation. Véritables *instruments psychologiques*, les genres sont des constructions sociales socialement transmises et partagées au même titre que notre langue maternelle et notre culture : « Les genres du discours nous sont quasiment donnés autant que nous est donnée la langue maternelle dont nous avons une maîtrise aisée avant même que nous en ayons étudié la grammaire. » (Bakhtine, 1953, p. 285.) De même que la pensée se coule dans les structures du langage, le langage se coule dans les caractéristiques des genres qui le réalisent. L'individu n'est donc pas seul face au langage, il n'en fixe pas les règles de fonctionnement car il mobilise des formes sociales et collectives d'organisation de la parole individuelle. Elles lui permettent de se faire comprendre tout en évitant les faux pas et les usages déplacés du langage. La connaissance des genres du discours est donc aussi importante que la maîtrise de la langue : quand un enfant apprend à parler, il apprend en même temps à structurer ses énoncés en fonction des genres de discours caractéristiques de ses divers espaces de socialisation. Il apprend bien vite que l'on ne s'adresse pas de la même manière à ses parents, à la maîtresse, à ses copains ou à des grandes personnes inconnues. Plus tard, il apprendra que l'on ne rédige pas de la même manière une lettre de motivation, une lettre à un supérieur hiérarchique ou une lettre d'amour. À l'opposé, l'ignorance du genre correspondant à une situation sociale précise d'interaction peut exclure un individu de cette interaction. Bakhtine cite l'exemple d'un scientifique de grande renommée, habitué à prononcer de brillantes conférences, gauche et quasiment muet dans les réceptions mondaines, par méconnaissance du genre adéquat.

Chaque domaine d'activité sociale produit ses propres formes de genres du discours (Bakhtine, 1953, p. 265-266). Selon la situation d'énonciation, chacun choisit le genre dans lequel il inscrit la forme et la nature de l'énoncé qu'il souhaite produire. De même, la reconnaissance par l'interlocuteur du genre de l'énoncé est une condition essentielle de sa bonne réception. En effet, un énoncé s'adresse toujours à quelqu'un, qu'il s'agisse du partenaire immédiat du dialogue quotidien, des *happy few* stendhaliens, des spécialistes d'un champ scientifique, ou de l'humanité tout entière. Sans interlocuteur, on ne saurait proférer un énoncé car il est toujours une forme d'action du locuteur dirigée vers son interlocuteur afin de provoquer de sa part une réaction qui signale sa compréhension de l'énoncé (Bakhtine, 1953, p. 274-275). Même si, dans le cas d'un genre discursif écrit, l'interlocuteur est physiquement absent, le locuteur doit l'imaginer car seule une visée intentionnelle en direction d'un interlocuteur permet d'organiser un énoncé. L'énoncé naît dans le dialogue avec un interlocuteur présent ou absent physiquement, dans une situation de communication orale ou écrite, quotidienne ou savante. L'intention de l'énoncé découle de cette « dialogisation intérieure » du discours (Bakhtine, 1975, p. 102-103) que nous avons déjà rencontrée avec Vygotski (chapitre III).

Pour rendre possible la reconnaissance du genre et la réponse active de l'interlocuteur, chaque genre est défini par des caractéristiques socialement partagées. Une caractéristique essentielle du genre tient à sa *visée* désignée par un verbe à l'infinitif (expliquer, raconter, décrire, définir, informer, argumenter, tromper, séduire, etc.) et que l'interlocuteur doit reconnaître. L'infinie variété des genres du discours découle de la variété des visées intentionnelles des locuteurs. Le locuteur n'attend pas de son interlocuteur une réception passive de son énoncé, il escompte une compréhension active de la visée de son énoncé et une réaction qui approuve ou désapprouve, complète, adapte, ou exécute cet énoncé : une ordonnance médicale doit conduire à une utilisation correcte des médicaments prescrits, un roman d'aventure doit faire voyager par l'imagination, un thriller doit faire peur, etc.

Pour que l'interlocuteur reconnaisse la visée ou le *vouloir-dire* du locuteur, ce dernier inscrit son énoncé dans un genre du discours – parfois stéréotypé, parfois créatif – et identifiable par tous dans l'infinie variété des genres (Bakhtine, 1953, p. 282-287). En fonction de la visée de son énoncé, de son objet, du contexte de l'interaction verbale, des interlocuteurs et de l'ensemble des énoncés déjà produits sur cet objet, le locuteur s'inscrit dans un genre qui structure la totalité de l'énoncé. Par exemple, un scientifique communique différemment le résultat de ses travaux dans une revue scientifique et dans une revue de vulgarisation destinée au grand public. Pour recevoir cet énoncé, l'interlocuteur doit pouvoir identifier d'emblée le genre dans lequel il s'inscrit. Il en reconnaît la visée intentionnelle ou le vouloir-dire, il en reconnaît la structure et l'organisation globale, il sait à quel moment l'énoncé s'achève et de quelle manière il doit réagir.

Sur le plan scolaire, on peut à bon droit supposer que les difficultés des élèves dans diverses situations d'écriture scolaire viennent moins d'un défaut de maîtrise de la langue que d'une méconnaissance du genre dans lequel s'inscrire. À l'opposé, la bonne maîtrise d'un genre dicte le choix des propositions dans un texte et Bakhtine va jusqu'à écrire que « nous sélectionnons les mots selon les spécificités d'un genre » (Bakhtine, 1953, p. 294). La visée qui préside à la production de l'énoncé détermine le choix intentionnel de divers traits de langage, qu'il s'agisse du lexique ou de la syntaxe (Bakhtine, 1975, p. 110). Nous vérifierons plus loin que, lorsque les élèves s'inscrivent dans le genre du récit historique, les dates – que l'on supposait impossibles pour eux à mémoriser – viennent scander les différents moments de l'intrigue, les personnages interviennent plus massivement, la production d'explication par les raisons ou les intentions devient plus aisée et le niveau de formulation des concepts se développe. Il semblerait même que l'orthographe s'améliore.

Il est alors probable que l'échec de certains élèves tienne davantage à la méconnaissance du genre attendu dans les différentes disciplines que de facteurs psychologiques ou sociaux. En effet, les différenciations sociales et culturelles ne conduisent pas à une maîtrise différenciée des genres du discours comme l'a montré une enquête réalisée dans plusieurs classes de CM2 socialement très différenciées (Terrail, 2002, p. 204-206). Trois situations d'énonciation étaient proposées aux élèves : un récit de vacances, un récit libre, un débat sur la peine de mort. La variable produisant la plus grande inégalité dans la complexité des phrases produites – mesurée par le nombre de propositions subordonnées – n'était pas sociale, elle était celle de la situation d'énonciation et donc du genre choisi. Dans chaque classe, le récit de vacances donnait lieu à une production de phrases peu complexes, alors que le débat en avait produit un grand nombre.

Connaître, dominer et utiliser ces genres est une condition nécessaire pour faire du langage un outil de communication dans un espace social donné mais aussi un outil de construction du savoir dans la mesure où l'usage des genres permet de jouer à sa guise des possibilités de création offertes par le langage. Une grande maîtrise des genres permet de jouer avec leurs ressources. Plus la palette des genres à la disposition d'un individu est riche, plus il est à l'aise dans un nombre élevé de situations d'interactions verbales. C'est seulement à cette condition que la maxime de Boileau devient opératoire : par l'insertion dans un genre connu et maîtrisé, « les mots pour le dire viennent aisément ».

Il paraît donc de la plus haute importance que l'école fasse entrer les élèves dans la maîtrise d'un grand nombre de genres, et surtout des genres susceptibles de développer leurs compétences cognitives et langagières. C'est pourquoi, en classe d'histoire, l'inscription des écrits des élèves dans les caractéristiques du genre du récit historique nous semble essentielle pour développer cette pédagogie rationnelle et démocratique qui « vend la mèche ». Mais cette inscription ne peut se réaliser sans précautions car, pour amener les élèves à produire un récit, il ne sert à rien de leur indiquer la première phrase de chaque paragraphe, comme on le voit dans certains manuels pour la classe de sixième, ou de leur imposer la trame du récit attendu. L'expérience prouve que ces carcans bloquent l'écriture des élèves. Il est plus pertinent d'enseigner aux élèves les caractéristiques du genre du récit historique telles que nous les connaissons grâce à l'épistémologie et à l'historiographie.

Récit et intrigue

Il convient maintenant de préciser notre propos et de dégager les principales caractéristiques du récit historique tel qu'il peut être scolarisé en classe d'histoire. Nous nous appuyons pour commencer sur le récit produit par Jenny, une élève de première littéraire, à l'issue d'un travail sur la Commune de Paris. Nous aurions pu choisir un récit plus conventionnel, mais le ton ironique et provocateur de cet écrit amusera peut-être le lecteur. En effet, depuis plusieurs semaines, Jenny refusait d'obéir aux injonctions d'écriture du professeur. Afin d'obtenir enfin un écrit de sa plume, ce dernier a accédé à sa demande de commencer son récit par « il était une fois » et d'y opposer les « gentils » et les « méchants ». La prise de conscience que l'écriture de l'histoire est parente de l'écriture de fiction a initié chez cette élève un processus d'écriture en histoire. La consigne était la suivante : « Montrez par un récit historique en quoi la lutte entre les Versaillais et la Commune de Paris illustre l'opposition entre les conservateurs et la république sociale. »

> Écrit de Jenny :
> « Il était une fois un débat sur le plan politique au cours des années 1970.
> En effet, nous avons les ouvriers d'un côté et Thiers de l'autre. Thiers est le chef de l'assemblée monarchiste et veut le retour du roi et garder donc la monarchie avec les inégalités. Alors que les ouvriers, eux, veulent une république sociale. Mais revenons au tout début de l'histoire, le 2 septembre 1870.
> En effet, ce 2 septembre, Napoléon III s'est fait capturé par les Prussiens car ils ne veulent plus de roi. C'est le 4 septembre 1870 que le gouvernement provisoire proclame la répu-

blique. Des réformes politiques sont alors immédiatement engagées posant les bases d'une république libérale. C'est ensuite le 8 février que l'assemblée est élue et qui a pour chef Thiers. Thiers, lui est du côté des conservateurs. Le 18 mars, les Parisiens empêchent l'armée de saisir les canons de la capitale donc Thiers fait évacuer le gouvernement de Paris. Le 26 mars, le conseil de la commune est élu, dirigé par les ouvriers. C'est ce que nous appelons alors la démocratie directe. Nous sommes dans une démocratie directe car au conseil de la commune, les ouvriers sont majoritaires face aux élus et c'est eux qui prennent les décisions. Les ouvriers occupent des usines que leurs patrons ont laissé tomber. Le 21 mai, Paris est investi par Thiers car Thiers est méchant car il ne veut pas que les ouvriers dirigent et veut garder les inégalités. C'est ce que l'on appellera la "semaine sanglante". Elle se passe du 21 au 28 mai. De violents combats se déroulent alors et la dernière barricade tombe. Cette semaine aura fait 25 000 morts dans les rangs communards.
Pour conclure, on peut dire que le parti conservateur est gagnant dans cette bataille puisqu'ils ont plongé la république sociale dans le sang.
THE END. »

La notation cinématographique finale, alliée au « Il était une fois… » initial, signale le dessein – le *vouloir-dire* – ambivalent de l'élève, entre la provocation qui construit cette situation d'énonciation et la volonté de s'inscrire explicitement dans le genre du récit de fiction. Le récit historique et le récit de fiction ont en commun d'être configurés par une « mise en intrigue », ce qui justifie d'une certaine manière cette inscription. Cependant, ces deux types de récit se différencient fortement par le rapport à la vérité et à la réalité puisque le récit historique est un « récit vrai » (Ricœur, 1984, p. 292-294).

Le texte de Jenny illustre les principales caractéristiques du récit historique que nous aborderons à partir des remarques de P. Ricœur et de J. Bruner (Bruner, 1990, p. 57-65 ; Bruner, 1996, p. 152-178). Le récit suppose une séquence d'événements vrais mais inattendus et en rupture avec la normalité. Ces derniers sont précisément situés dans un contexte historique particulier : ici, la naissance de la Commune en mars 1871 et sa disparition dans le sang. C'est en effet l'obstacle violant la norme – ou la *péripétie* selon Aristote – qui incite à raconter une histoire. Les événements se succèdent selon une logique temporelle et sont produits au fil du temps par des acteurs, des individus agissant selon des états intentionnels (désirs, croyance, craintes, calculs, savoirs, engagements, etc.). En histoire, l'événement est une variable de l'intrigue, il remplit une fonction narrative en tant qu'opérateur et accélérateur du changement (Ricœur, 1983, p. 383). Le récit produit par un narrateur à partir d'un point de vue spécifique propose une interprétation des intentions, parmi d'autres possibles, afin de rendre compte des raisons pour lesquels les hommes ont pu agir de telle ou telle manière au fil de ces événements car « les récits se saisissent à bras-le-corps des vicissitudes de l'intention » (Bruner, 1986, p. 34). La mise en évidence des intentions rend alors compréhensible la déviation décrite dans le récit par rapport à la norme. L'explication de la déviation permet de suivre l'histoire quand l'exceptionnel vient perturber le sens commun et rend inopérante la compréhension spontanée (Ricœur, 1986, p. 201). Or, le récit de Jenny restitue les intentions antagonistes signalées par les occurrences du verbe vouloir. D'un côté, Thiers « veut le retour du roi et garder donc la monarchie avec les inégalités », il « est méchant car il ne veut pas que les ouvriers dirigent et veut garder les inégalités ». De leur côté, « les ouvriers, eux, veulent une république sociale ». Cette opposition binaire était suggérée par la consigne de travail. Le récit propose au final un dénouement qui restaure la normalité en redressant le déséquilibre ou qui rend compte d'une transformation radicale en l'expliquant. Ici, le déséquilibre est « rétabli » par la Semaine sanglante qui se conclut par la chute de la « dernière barricade ». La logique du récit conduit nécessairement à proposer une conclusion qui tire la « morale » de l'histoire. Jenny conclut sur l'affrontement irréductible entre la république sociale et les conservateurs pour expliquer à rebours la violence de la répression de la Commune.

Selon P. Ricœur, à la suite d'Aristote, le récit est organisé par une mise en intrigue (*muthos*) et une mise en représentation (*mimèsis*) qu'il rassemble sous le seul vocable de *mimèsis* (Ricœur, 1983, p. 105-162). Il distingue trois types de *mimèsis*. La première enracine l'intrigue dans la compréhension de l'action décrite. Mobilisant le réseau conceptuel de l'action, elle décrit les *buts* qui engagent l'action et les *motifs* qui poussent des agents à faire quelque chose dans des *circonstances* données. Cette action connaît enfin une *issue*. La compréhension pratique de l'action est ainsi transformée en une compréhension narrative de l'agencement des faits selon une logique temporelle inscrite dans un discours. Cette *mimèsis* représente l'action, comme le récit de Jenny nous l'a montré.

La deuxième *mimèsis* rend précisément compte de la composition et de l'agencement des faits par laquelle la mise en intrigue opère une « synthèse de l'hétérogène » qui relève de la capacité à produire et à suivre une histoire (Ricœur, 1983, p. 128 et p. 339). Elle transforme l'énumération des faits en une histoire prise comme un tout cohérent et intelligible. Elle organise les composantes de l'action en fonction d'un but et d'une conclusion car elle conduit, selon une logique temporelle et narrative, une action complexe dans une action bornée chronologiquement en fonction de la problématique de l'historien, depuis une situation initiale jusqu'à une situation finale venant conclure une ou plusieurs transformations : « Suivre une histoire, c'est avancer au milieu de contingences et de péripéties sous la conduite d'une attente qui trouve son accomplissement dans la *conclusion*. » (Ricœur, 1983, p. 130.) L'intrigue est construite par l'historien. Par elle, il configure son objet en identifiant ses limites chronologiques par une opération de périodisation. Nous avons vu (chapitre VII) qu'une différenciation de la périodisation et des bornes chronologiques modifie l'appréhension de la Révolution française ou de la Première Guerre mondiale (Prost, 1996, p. 245-247). De cette manière, l'intrigue explique au lecteur ce qui est arrivé car elle agence tout ensemble les événements, les causes matérielles, les buts et les motifs qui poussent les acteurs à agir en fonction de leur appréciation du contexte et de leurs intentions, ainsi que l'évaluation et l'interprétation que le narrateur peut en proposer. Elle articule le monde de l'action (le contexte, les acteurs, les agissements) et le monde de la conscience (que savent les personnages ? que sentent-ils ? etc.). À cet effet, le narrateur mobilise sa théorie de l'esprit et sa mémoire sociale pour se représenter les intentions des acteurs du récit. L'expression « Thiers est méchant » nous rappelle que les processus de personnification et de figuration interviennent massivement dans ce type d'explication. L'intrigue solidarise en outre les trois temporalités de l'histoire au sens de F. Braudel, celle de la structure, celle de la conjoncture et celle de l'événement, par une forme de « narrativisation des jeux d'échelles temporelles » (Ricœur, 2000, p. 316).

La troisième *mimèsis* caractérise enfin l'interaction du monde du texte et du monde du lecteur que produit la capacité à suivre un récit fictif ou historique. En suivant une histoire, le lecteur ou l'auditeur comprend les actions et les intentions des acteurs. De cette compréhension narrative découle l'explication produite par la conclusion du récit.

Les caractéristiques de la mise en intrigue mises en évidence à partir des travaux de V. Propp (Ricœur, 1984, p. 67-77) sont enseignées en classe de français sous la forme du schéma narratif. Même s'il pose des problèmes d'ordre théorique, le schéma narratif est considéré en psychologie cognitive comme un modèle abstrait qui propose une organisation générale et stéréotypée du récit. Largement partagé, le schéma narratif guide la compréhension et la production des récits (Fayol, 1994). Ce schéma suppose une « situation initiale », une situation normale ancrée dans le temps et dans l'espace. Jenny débute ainsi son récit par « Il était une fois » puis comprend que cette provocation n'est pas opératoire. Elle se reprend : « Mais revenons au tout début de l'histoire, le 2 septembre 1870… » Un « élément déclencheur », à savoir l'opposition entre les conservateurs et les ouvriers, produit un « événement perturbateur » ou une « péripétie » qui vient alors bouleverser le cours normal des choses. Il s'agit ici de la proclamation de la Commune de Paris. L'« élément de résolution », la Semaine sanglante, conduit à une « situation finale » qui propose une morale de l'histoire. Le « *The End* » final de Jenny peut venir clore le récit puisque la conclusion de l'histoire a été énoncée dans la phrase finale. Le dessein provocateur de Jenny l'a inscrite dans le genre du récit et l'a contrainte à mobiliser des acteurs agissant et dotés d'intentions, et à scander les phases du schéma narratif par quelques dates. Le schéma narratif organise la mise en intrigue du récit. Il rend compte d'une série d'événements en énumérant les différents possibles qui s'offrent aux acteurs et en articulant entre eux plusieurs rythmes temporels.

Toutefois, ce premier exemple n'offre pas un récit historique scolairement recevable. Un récit suppose aussi une mise à distance pour atteindre la matière de l'histoire, comme l'expliquait Marc Bloch :

> « Les lecteurs d'Alexandre Dumas ne sont peut-être que des historiens en puissance, auxquels manque seulement d'avoir été dressés à se donner un plaisir pur et, à mon gré, plus aigu : celui de la couleur vraie. » (Bloch, 1949, p. 39.)

Récit de fiction et récit historique

Même si la production d'une explication par l'historien a beaucoup à voir avec le récit d'un fait divers par l'homme de la rue, le simple récit quotidien ne suffit pas à produire un discours historique valide (Prost, 1996, p. 237-262). Il en va de même pour le récit de fiction. Une enquête menée en classe de CM2 et de cinquième dans le cadre de la didactique du français montre pourtant à quel point il est difficile de différencier le récit historique du roman historique (Garcia-Debanc, 1991). L'hétérogénéité caractérise ces deux types de récit et, dans les deux cas, la narration enchâsse la description et l'explication. Cependant, le récit historique se distingue clairement du récit de fiction et du récit quotidien par les trois niveaux de la « coupure épistémologique » du récit historique selon P. Ricœur (1983, p. 311-322).

Au niveau des *procédures*, l'explication historique est validée et justifiée par l'administration de la preuve documentaire. Le récit historique se réfère à des faits vrais construits par la critique des sources et dont les références apparaissent en note de bas de page, car « l'histoire est un récit d'événements vrais » (Veyne, 1971, p. 23). En classe d'histoire, il ne s'agit évidemment pas de mobiliser ce type de preuve documentaire ni de transférer systématiquement les classes dans les fonds d'archives. Nous considérons que la référence aux dates, aux personnages et aux faits délivrés par l'enseignant ou relevés dans les documents remplit la fonction d'administration de la preuve. La procédure de l'explication historique consiste tout autant à rendre compte des événements qu'à s'appuyer sur eux pour produire finalement une argumentation (chapitre IV).

Au niveau des *entités*, alors que le récit de fiction rapporte une action à des agents individuels réels ou fictifs, le récit historique se distingue par la mobilisation comme sujets de l'action des personnages ayant réellement existé, qu'ils fussent individuels ou collectifs, et anonymes, tels des forces sociales ou des mentalités. Nous retrouvons ici l'un des procédés d'historisation mis en évidence par N. Lautier (2001a). Analogues aux personnages individuels, ces entités sont dotées d'intention et se révèlent être sujets de verbes d'action. Dans le texte de Jenny, les personnages collectifs (les ouvriers, les Prussiens, le gouvernement provisoire, les conservateurs, les Parisiens) subissent un traitement discursif équivalent à celui des personnages individuels (Thiers, Napoléon III).

Au niveau de la *temporalité*, l'historien articule les différents temps de l'histoire mis en évidence par F. Braudel : la longue durée quasiment immobile des structures et des civilisations, le temps long de la conjoncture économique et sociale ancrée dans les espaces des civilisations, et le temps court de l'événement politique et des actions humaines qui s'enracinent elles aussi dans les structures et les conjonctures (chapitre VII). Alors que le romancier enlace ces trois temps historiques dans un unique récit, l'historien les distingue analytiquement. Ces temps sont mis en cohérence par la mise en intrigue qui présente par exemple la Méditerranée comme un héros collectif. Son destin croise celui du roi Philippe II pour articuler les différents temps de l'histoire dans une intrigue commune.

Le récit historique en classe d'histoire

En classe, nous considérons que le récit historique, production écrite des élèves, est susceptible de conduire ces derniers à proposer une périodisation structurée par une intrigue, à produire des explications historiques par la figuration des intentions des acteurs intervenant dans le récit et à construire globalement du savoir par la conceptualisation. En effet, l'explication découle de la structuration des différentes composantes de l'intrigue (Veyne, 1971, p. 123). En expliquant le changement, le récit conduit à la recherche des causes et des conséquences car « raconter, c'est expliquer » (Prost, 1996, p. 249) et « raconter, c'est déjà "réfléchir sur" les événements racontés » (Ricœur, 1984, p. 115). La description d'un événement produit nécessairement son explication qui ne diffère pas fondamentalement de l'explication du quotidien. Lorsque l'on raconte un fait divers, on explique en même temps que la voiture roulait trop vite, avait franchi un feu rouge ou refusé une priorité avant de percuter une autre voiture. En outre, dans la mesure où l'écriture d'un récit appelle la désignation et la caractérisation des faits dont il est question, on suppose que le récit est un outil au service de la conceptualisation en histoire (Ricœur, 1983, p. 312 et p. 358-361). La narration combine des moments d'explication et des moments de description ou de tableaux qui identifient et qualifient le contexte de l'action, présentent des personnages, définissent un concept utile à la compréhension (Audigier, 2007, p. 77-78). Le récit historique introduit les élèves au discours de l'histoire et à son mode de pensée par le lien consubstantiel entre la pensée historienne et le récit historique évoqué par la théorie des pratiques langagières.

Bien plus, la mobilisation de la mémoire sociale ne peut être décrétée par l'enseignant et la complexité des processus d'historisation est telle que les élèves ne peuvent mobiliser ces derniers que dans une situation d'écriture pertinente. Comme le récit suppose la mobilisation par les élèves de leur pensée sociale représentative afin de se figurer les intentions des hommes du passé, ainsi que la mobilisation des procédures d'historisation qui ont à voir avec la coupure épistémologique du récit historique, on suppose que l'entrée des élèves dans le genre du récit historique favorise la maîtrise conjointe des différentes dimensions du processus d'apprentissage de l'histoire. La mobilisation de la mémoire sociale des élèves interagirait donc avec l'élaboration des *structures diachroniques* inhérentes au cours des événements et qui, à un certain niveau d'abstraction, sont communes à toutes les séquences de guerres, de révolution ou de certains épisodes de la vie politique ou sociale (Koselleck, 1979, p. 134-135). Elles permettent de comparer ces séquences dans leur régularité afin de les penser. Ces structures temporelles permettent d'établir la typologie formelle de tous les scénarios possibles du déroulement d'une histoire, indépendamment de toute interprétation et en vertu du caractère répétitif et normatif des histoires (Koselleck, 1979, p. 120-121 et p. 125). Ces structures diachroniques conduisent les élèves vers la production de *scénarios logiques* déjà évoqués (Sensevy et Rivenc, 2003). Ces *scénarios* sont structurés par un mode narratif (en ce temps-là, les hommes se sont conduits de telle manière) et ils sont *logiques* car ils produisent de la causalité et de l'explication (les hommes du passé se sont conduits de cette manière pour telle raison et leur conduite a produit tel effet). Pour produire un récit historique, les élèves mobilisent donc ces intrigues élémentaires et génériques renvoyant, comme nous le savons, aux manières habituelles d'agir dans une société donnée et sur la base desquelles repose l'explication historique. Cette hypothèse est vérifiée par une expérimentation dont nous allons retracer les grandes lignes (Cariou, 2006c et 2006d).

L'institutionnalisation du récit historique en classe d'histoire

L'expérimentation s'est déroulée dans trois classes de seconde (une classe expérimentale et deux classes témoins) d'un lycée classé « sensible » dans la proche région parisienne. Le jeu des options suivies fait que la classe expérimentale concentre les élèves les plus en difficulté scolaire puisqu'ils furent tous orientés l'année suivante en première technologique. Ces classes se sont vues dispenser le même type d'enseignement sur la partie du chapitre « La Méditerranée au XIIe siècle » concernant les relations entre chrétiens et musulmans dans l'Orient des croisades. La classe expérimentale et la classe témoin n° 1 avaient explicitement travaillé le récit historique lors d'une séquence préalable, à la différence de la classe témoin n° 2 où le récit ne fut jamais évoqué explicitement. Autrement dit, dans les deux premières classes, on a donné aux élèves l'occasion de mobiliser des *scénarios logiques* pour expliquer une situation historique complexe.

Cette « scolarisation du récit historique » (Serandour, 1998) conduit à souligner trois caractéristiques reprenant grossièrement les caractéristiques du récit historique évoquées plus haut. Le récit attendu en classe suppose :

– l'action de personnages historiques, individuels ou collectifs (nous retrouvons ici le schème de l'action et la coupure épistémologique des entités) ;
– la restitution de leurs intentions, de ce qu'ils pensaient, pour indiquer les raisons de leurs agissements (nous retrouvons ici la coupure épistémologique des procédures d'explication) ;
– un déroulement chronologique précisément daté, selon le modèle du « schéma narratif » sommairement inspiré des recherches en narratologie qui fondent certains objets étudiés en français et organisé par une intrigue (nous retrouvons ici la coupure épistémologique des temporalités qui recouvre elle-même le procédé d'historisation de la périodisation).

Ces caractéristiques avaient été travaillées avec les élèves à l'occasion de la production d'un écrit réflexif évoqué au chapitre VI. Ensuite, à l'issue de la séquence sur « La Méditerranée au XIIe siècle », deux sujets de composition ont été proposés aux élèves. Dans la classe expérimentale qui avait travaillé explicitement sur le récit historique, le terme « récit historique » figurait dans la consigne : « Rédigez un récit historique racontant l'évolution des relations entre chrétiens et musulmans au Proche Orient au XIIe siècle. » Dans les deux classes témoins, le terme « récit historique », ne figurait pas dans la consigne ainsi rédigée : « L'évolution de relations entre chrétiens musulmans au Proche Orient au XIIe siècle. »

Il était attendu que les élèves construisent à cette occasion le concept de *contact* (à la fois affrontement et échange sur un espace donné) pour caractériser les relations à la fois militaires (croisade et djihad) et commerciales entre chrétiens et musulmans en Terre sainte. Le tableau 12 résume la place du récit historique dans les séances et les évaluations des trois classes.

Tableau 12. – *Les caractéristiques des différentes classes de l'expérimentation sur le récit historique*

	Classe expérimentale	Classe témoin n° 1	Classe témoin n° 2
Travail explicite en classe sur le récit historique	Oui	Oui	Non
Mention explicite du récit historique dans la consigne de l'évaluation	Oui	Non	Non
Orientation des élèves en fin d'année	Première technologique	Première générale et technologique	Première générale

Pour une pédagogie explicite du récit historique

Les tableaux ci-dessous comparent les performances des élèves des trois classes. Ils indiquent un classement des classes exactement inverse à celui de la hiérarchie scolaire sanctionnée par les conseils de classe. Les performances des élèves de la classe expérimentale signalent un effet pédagogique indéniable du récit historique sur les processus cognitifs.

Dans le tableau 13, sont comptabilisés les concepts nommés et définis (en gras, les colonnes où les écarts entre les trois classes sont statistiquement significatifs) :

Tableau 13. – *Les occurrences en valeur absolue (et en moyenne par élève) des concepts dans les évaluations de la classe expérimentale et des classes témoins*

	Nombre d'élèves	Croisade	**Djihad**	Guerre sainte	Commerce	**Contact**
Classe expérimentale	28	18 *(0,64)*	**23 *(0,82)***	19 *(0,67)*	18 *(0,64)*	**18 *(0,64)***
Classe témoin n° 1	27	27 *(1)*	**27 *(1)***	22 *(0,81)*	13 *(0,48)*	**7 *(0,25)***
Classe témoin n° 2	26	9 *(0,34)*	**2 *(0,07)***	8 *(0,30)*	15 *(0,57)*	**4 *(0,15)***
Total	81	54 *(0,66)*	**52 *(0,64)***	49 *(0,60)*	46 *(0,56)*	**29 *(0,35)***

Un écart notable et significatif apparaît donc avec les concepts de djihad et de contact. Cet écart résulte de l'inégale maîtrise du récit historique entre les classes. Comme les élèves des deux premières classes ont raconté les croisades et le djihad, ils parviennent aisément à les conceptualiser. En revanche, les écrits des élèves de la classe témoin n° 2 sont essentiellement une restitution d'informations souvent riches qui illustre bien l'interprétation par les élèves en réussite des tâches demandées en classe d'histoire. Mais ils produisent comparativement peu de concepts dans leur évaluation.

En revanche, le concept de contact conduit au seul écart statistiquement significatif entre les élèves de la classe expérimentale et les élèves des deux classes témoins. Ce concept constituait l'objet réel de l'évaluation et restait le plus difficile à appréhender. Seuls les élèves de la classe expérimentale, qui avaient travaillé le récit historique et qui bénéficiaient d'une consigne où ce dernier figurait explicitement sont majoritairement parvenus à construire ce concept. En effet, ce concept paradoxal pour les élèves ne pouvait avoir été construit lors d'une séquence construite successivement et analytiquement. D'une certaine manière, seule la mise en intrigue du récit, susceptible de « rendre compatible les contraires » (de Certeau, 1975, p. 105), pouvait conduire les élèves à penser la dialectique des affrontements et des échanges au cœur du concept de contact.

Ce constat doit être mis en parallèle avec les indices textuels du processus d'apprentissage de l'histoire retenus dans le tableau 14. Rappelons que les processus d'objectivation relèvent de la pensée sociale représentative qui socialise le savoir scientifique en le transformant en un savoir du sens commun. On a retenu ici le processus de personnification qui associe un concept à un personnage de chair et d'os (le pape Urbain II et les chrétiens pour la croisade, Saladin et les musulmans pour le djihad) et le processus de figuration qui substitue des images aux concepts et permet de se figurer les intentions des hommes du passé afin d'expliquer ensuite leurs agissements. D'autre part, les procédés de mise à distance contrôlent les processus d'objectivation. Ils relèvent de la seconde étape de rationalisation du savoir de sens commun afin de produire un savoir valide et formalisé. La modalisation (*d'après les musulmans…, les chrétiens pensent que…*) contrôle le processus de figuration. La périodisation signalée par divers marqueurs temporels borne et scande la mise en intrigue du récit selon le modèle du schéma narratif (en gras, les colonnes signalant un écart significatif entre la classe expérimentale et les deux classes témoins).

Tableau 14. – *Les occurrences en valeur absolue (et en moyenne par élève) des processus d'objectivation et des procédés de mise à distance dans les évaluations de la classe expérimentale et des classes témoins*

	Nombre d'élèves	Processus d'objectivation		Procédés de mise à distance	
		Personnification	**Figuration**	**Modalisation**	**Périodisation**
Classe expérimentale	28	203 (*7,25*)	35 (*1,25*)	48 (*1,71*)	20 (*0,71*)
Classe témoin n° 1	27	192 (*7,1*)	8 (*0,29*)	20 (*0,74*)	4 (*0,14*)
Classe témoin n° 2	26	84 (*3,2*)	2 (*0,07*)	5 (*0,19*)	2 (*0,07*)
Total	81	479 (*5,9*)	45 (*0,55*)	73 (*0,90*)	26 (*0,32*)

L'écart marqué ici entre la classe expérimentale et les deux classes témoins signale à nouveau l'effet d'une pédagogie explicite du récit historique puisque la seule variable qui distinguait la classe expérimentale de la classe témoin n° 1 était la mention, explicite ou non, du récit historique dans la consigne d'évaluation. Ce tableau montre que l'absence de cette mention dans la consigne a contribué à dés-institutionnaliser le récit historique dans la classe témoin n° 1 et à priver de ses effets cognitifs les élèves qui le maîtrisaient par ailleurs.

Récit historique et construction du savoir historique

Ces chiffres bruts ne donnent qu'un vague aperçu des processus à l'œuvre dans la production écrite d'un récit historique. L'analyse d'une copie d'élève permettra d'envisager plus clairement le lien entre le récit historique et la construction du savoir historique par les élèves. Penchons-nous à cet effet sur le récit de Salima, élève de la classe expérimentale aux résultats scolaires très moyens et orientée en fin d'année scolaire en première STG (sciences et techniques de gestion), dont nous avons déjà cité l'écrit réflexif (chapitre VI). Avec ses réussites comme ses lacunes, cet écrit est exemplaire des récits produits par la classe expérimentale. Salima approche, sans toutefois le nommer, le concept de contact mais son écrit donne à voir le processus de construction du savoir à l'œuvre dans le récit historique.

Écrit de Salima :

« Depuis toujours, les chrétiens et les musulmans ne s'aiment pas : les chrétiens considèrent les musulmans comme des barbares et les musulmans considèrent les chrétiens comme des infidèles, des porcs…

Mais en 1095 les chrétiens lancent la *1re croisade* qui a **pour but** de prendre Jérusalem aux musulmans **car** c'est une *ville sainte* pour les chrétiens **car** il y a le tombeau du christ, la vraie croix où Jésus a été crucifié. Mais pour les musulmans aussi c'est une *ville sainte*, **car** c'est là où le prophète a fait son voyage nocturne et c'est là où tous les musulmans seront réunis pour le jugement dernier. Cette *croisade* aboutit à la prise de Jérusalem par les chrétiens en 1099. **Donc** il y a eu une *guerre sainte*.

Les chrétiens ont pris Jérusalem rapidement **car** les Vénitiens ont promis d'aider le roi de Jérusalem à assiégé un port appartenant aux musulmans en leur fournissant une aide militaire. En contre partie ils ont signé un traité garantissant que dans toutes les villes les italiens

posséderaient une rue entière, une église, des bains et un four. Les italiens possèdent des quartiers autour des ports à Saint-Jean-d'Acre, à la fin du XIIe siècle, de plus les douanes se trouvent dans chacun de ces quartiers. Ils possédaient le marché du commerce. Ceci c'est produit en 1123, au moment où les musulmans ne réagissent pas à l'invasion chrétienne.
En riposte, les musulmans lancent le *djihad* (pour les musulmans = *guerre sainte*). C'est l'appel de Saladin qui les a poussé à allé se battre, il les a qualifié de lâches **car** ils ne se sont pas défendu **donc** il les appelle à aller se battre pour reprendre Jérusalem aux chrétiens **car** c'est là où le prophète a fait son merveilleux voyage nocturne etc. (voir croisade 1). **Donc** en 1187, les musulmans prennent Jérusalem (*guerre sainte*). Après cette défaite, en Occident, le roi d'Angleterre Richard Cœur de Lion et le roi de France Philippe Auguste mettent en place la 3e croisade **pour** reprendre Jérusalem aux musulmans mais les attaques n'aboutissent pas **donc** à ce moment Jérusalem appartient aux musulmans.
Pendant *les croisades*, chrétiens et musulmans étaient en guerre militairement et il y a toujours des échanges entre ces peuples c'est **pour** cela que les musulmans ont mis du temps à reprendre leurs terres car ils avaient des bénéfices commerciales avec les chrétiens : s'enrichir.
Conclusion : Lors de *ces trois croisades* chrétiens et musulmans se livrent bataille **pour** savoir qui prendra Jérusalem mais en parallèle ils font du commerce entre eux. »

Le récit de Salima est caractéristique de la dialectique des genres du discours selon M. Bakhtine (1953, p. 267). Le premier paragraphe du texte, saturé de pensée sociale et de bon sens (« Depuis toujours… »), appartient à la catégorie des genres premiers, simples, constitué dans les circonstances immédiates d'un échange verbal plus ou moins spontané et en rapport direct avec le réel du quotidien. Comme nous l'avons déjà vu, elle transfère vers une situation du passé un *scénario logique* relevant du sens commun d'aujourd'hui. À partir du deuxième paragraphe, le texte bascule du récit quotidien au *genre second* plus complexe, caractéristique du langage écrit et des sphères culturelles où le langage est mis à distance et fait l'objet d'une réflexion du locuteur. Ce dernier intègre délibérément son énoncé dans un genre spécifique et bien maîtrisé, tel que le roman, le théâtre, le discours scientifique ou, ici, le récit historique :

> « Les genres seconds du discours – le roman, le théâtre, le discours scientifique, le discours idéologique, etc. – apparaissent dans la circonstance d'un échange culturel (principalement écrit) – artistique, scientifique, socio-politique – plus complexe et relativement plus évolué. Au cours du processus de leur formation, ces genres seconds absorbent et transmutent les genres premiers (simples) de toutes sortes, qui se sont constitués dans les circonstances d'un échange verbal spontané. Les genres premiers, en devenant composantes des genres seconds, s'y transforment et se dotent d'une caractéristique particulière : ils perdent leur rapport immédiat au réel existant et au réel des énoncés d'autrui. » (Bakhtine, 1953, p. 267.)

Il convient de ne pas opposer terme à terme les genres premiers et les genres seconds dans une dichotomie dualiste car ces derniers se constituent à partir des genres premiers, par leur mise à distance et leur formalisation. Les genres premiers ne disparaissent jamais tout à fait derrière les genres seconds puisqu'ils sont la condition de leur développement. Par exemple, dans le genre second du récit historique transparaissent toujours des éléments de la mémoire sociale qui devraient plutôt relever du genre premier du récit quotidien et par lesquels on cherche à se figurer les intentions des hommes du passé. La conclusion de l'avant-dernier paragraphe du texte de Salima (« s'enrichir ») relève de cette sociologie du sens commun qui expliquerait par une avidité matérielle la passivité initiale des musulmans face aux croisés. L'explication résulte de la production d'un scénario logique nourri de sens commun mais qui permet d'expliquer assez vraisemblablement une situation historique complexe.

Mais nous avons maintenant l'habitude de ces dialectiques complexes entre concept quotidien et concept scientifique, entre phase de socialisation du savoir scientifique et phase de rationalisation du sens commun dans le cadre de la polyphasie cognitive, où un mode de pensée ne se substitue jamais totalement à l'autre. Ces catégories constituent toujours les deux faces du même processus d'apprentissage de l'histoire. Toutes proportions gardées, ce processus est analogue à celui de la construction du savoir historique :

> « L'histoire, comme discours spécifique, particulier, régi par des règles propres, se dégage progressivement d'un ensemble de discours multiples qui ne sont pas de l'histoire mais où il y a de l'histoire. Il est trop facile de distinguer l'histoire des matériaux qu'elle utilise : l'opposition du témoin et de l'historien, du document et du texte historique, de l'établissement des faits par la critique et de leur explication fonde une épistémologie rassurante : elle assigne en effet une position éminente à l'historien, maître du sens, qui triomphe de la confusion des témoignages et des documents. Mais les choses ne sont pas si simples. » (Prost et Winter, 2004, p. 16.)

Récit historique, conceptualisation et explication

Examinons la manière dont Salima construit ici le concept de guerre sainte qui recouvre les concepts de croisade et de djihad (Flori, 2002). Ce récit mobilise l'ensemble des processus d'objectivation et des procédés d'historisation comptabilisés dans le tableau précédant. Sur le plan de la coupure épistémologique de la construction des entités, la personnification renvoie à des personnages historiques individuels (le roi de Jérusalem, Saladin, le Prophète, Richard Cœur de Lion, Philippe Auguste) et collectifs (les chrétiens, les musulmans, les Italiens, les Vénitiens). Ces personnages sont dotés d'intentions passant par la modalisation qui leur attribue précisément ces intentions (« les chrétiens considèrent », « les musulmans considèrent », « pour les chrétiens », « pour les musulmans ») et par le processus de la figuration lui-même contrôlé par la modalisation.

Naïfs ou élaborés, ces éléments de figuration sont nourris ici des textes étudiés en classe, par un procédé de *citation* (Cariou, 2003a, p. 394). Cette capacité à organiser la diversité des discours d'autrui – dont les documents étudiés en classe – dans un écrit original révèle un certain degré d'expertise. La comparaison avec les autres écrits de Salima montre que, seule, l'entrée dans le récit l'a conduite à tisser ensemble les discours d'autrui pour devenir auteur de son propre récit. De cette manière, le texte de Salima est articulé à l'extériorité des documents travaillés en classe. Ce procédé est caractéristique, chez les historiens, des « textes feuilletés » ou « clivés » (de Certeau, 1975, p. 11-113) dans lesquels la citation d'autrui, la référence, la note de bas de page articulent le texte à un référent extralinguistique et fondent la fiabilité du texte. À l'opposé, les écrits des élèves de la classe témoin n° 2 qui n'ont jamais travaillé le récit historique ressemblent à des patchworks et ne constituent nullement des textes convenablement tissés.

Ainsi, les premières lignes du texte de Salima paraphrasent l'appel d'Urbain II à la croisade où les musulmans étaient qualifiés de « barbares », ainsi que le texte d'Ibn Jubayr sur

Acre qui présente les chrétiens comme des « infidèles » et des « porcs » (Ibn Jubayr, 1995, p. 325-332). La référence à ce texte explique également l'évocation de la douane d'Acre dans le paragraphe consacré au commerce qui doit beaucoup au texte de l'accord passé entre les Vénitiens et les barons du royaume de Jérusalem en 1123.

Ce travail de citation caractérise l'expérience verbale individuelle du sujet et se réalise dans l'interaction permanente avec les énoncés d'autrui (Bakhtine, 1953, p. 296-298). Il signale un processus de développement d'un certain rapport au langage mais aussi de transformation et d'assimilation créative des *mots d'autrui* qui deviennent ainsi des *mots à soi* pour enrichir son propre discours. La mobilisation des mots d'autrui pour produire un texte réellement nouveau, y compris sans les marques textuelles attendues de la citation, signale la dextérité de l'élève dans l'utilisation du langage pour construire du savoir. Il en résulte que, pour Bakhtine, tout texte résonne des « harmoniques dialogiques » résultant du tissage d'une multiplicité de discours d'autrui, comme le remarquait également M. Foucault (1969, p. 130-131). Un texte est toujours une réponse plus ou moins implicite à des énoncés antérieurs et il appelle lui-même des réponses ultérieures. Mais ce procédé résulte également de ce que M. Bakhtine (1975, p. 112-113) nomme le *plurilinguisme*, terme renvoyant à la pluralité des discours, des langages et des genres mobilisés par « l'homme pluriel » (Lahire, 1998) dans ses divers espaces de socialisation. Dans le roman surtout mais aussi dans le récit, les langages coexistent, se complètent, entrent en résonance dans une logique qui ne va pas sans évoquer la polyphasie cognitive de S. Moscovici, au fondement du modèle d'apprentissage de l'histoire.

Dans le deuxième paragraphe du récit de Salima, personnification, figuration, modalisation et citation occupent une place essentielle. Ce paragraphe met en lumière un processus de conceptualisation intégré au récit (souligné par nous dans le texte de Salima). Il s'agit en effet d'un micro-récit centré autour d'un événement historique (la prise de Jérusalem) et borné chronologiquement par les dates de 1095 (situation initiale) et de 1099 (situation finale). Trois niveaux de généralisation et de formulation des concepts apparaissent ici. L'événement est désigné par l'expression « première croisade », qui relève d'une conceptualisation minimale puisqu'il désigne un événement historique précis et fortement contextualisé, défini en outre très sommairement comme la volonté de « prendre Jérusalem aux musulmans ». Mais la paraphrase de la correspondance de Richard Cœur de Lion et de Saladin explicite les intentions des chrétiens comme des musulmans. Elle alimente un processus expert de figuration des motivations religieuses de la conquête de Jérusalem considérée par les deux religions comme une « ville sainte ». Cette conceptualisation de Jérusalem nourrit un second niveau de généralisation et de formulation. Au final, l'entrecroisement de la croisade considérée comme une *guerre* et du statut de Jérusalem comme une ville sainte conduit à la désignation du concept en jeu, celui de guerre sainte : « Donc, il y a eu une guerre sainte. »

L'analyse de nombreux écrits d'élèves, produits dans diverses classes de seconde, au cours de plusieurs années, nous a montré que la conceptualisation de la « guerre sainte » opérait *toujours* ainsi, par contamination à la fois lexicale et sémantique entre la croisade comme expédition guerrière et la Jérusalem comme une ville sainte (Cariou, 2004). Observons également que le récit, en décrivant une action et en caractérisant les intentions des personnages, énumère d'une certaine manière les propriétés du concept de guerre sainte. En racontant, on conceptualise.

Ce constat sur le processus de conceptualisation pourrait être fait à partir de tous les écrits d'élèves cités dans cet ouvrage. Nous savons que, comme l'avait écrit Vygotski (1934, p. 276-280), les élèves partent d'une définition tellement vague et abstraite du concept à construire qu'ils ne parviennent pas à le nommer dans un premier temps. C'est par le récit historique, c'est-à-dire par la rééffectuation minutieuse des faits du passé, par l'attention portée aux détails du contexte et des actions des hommes du passé, par la plongée dans l'individuel et le concret qui permettent d'atteindre l'intentionnalité des hommes du passé, que le concept s'emplit de sens concret et qu'il peut alors être correctement nommé. En effet, le mot pertinent qui désigne le concept est en soi une généralité. Il ne peut être dit ou écrit qu'à partir du moment où l'on a énuméré l'ensemble des objets singuliers et concrets qu'il recouvre, c'est-à-dire à partir du moment où, par la narration, l'on a énuméré et défini les propriétés du concept désigné par le mot (Vygotski, 1926, p. 113-114). C'est pourquoi le mot qui désigne le concept apparaît toujours à la fin des écrits des élèves. L'énumération des propriétés du concept historique accompagnées d'exemples concrets et d'interprétations du sens commun se clôt par la désignation pertinente du concept.

Parallèlement à ce processus de conceptualisation, le récit produit des explications. Nous avons indiqué en gras dans le texte de Salima les connecteurs (*car, donc, pour*) qui signalent les segments explicatifs. Ces derniers relèvent de l'intentionnalité restituée par un processus de figuration, lui-même fondé sur la citation des documents étudiés en classe. Cependant, une explication plus globale court tout au long du récit. Il s'agit de résoudre un problème situé au cœur du concept de contact que Salima ne parvient pas tout à fait à construire car elle le définit en le nommant seulement par une périphrase dans la conclusion de son récit (« chrétiens et musulmans se livrent bataille [...] mais en parallèle ils font du commerce entre eux »). La mobilisation de sa pensée sociale par un *scénario logique* conduit Salima à formuler une explication plausible de ce paradoxe (« ils avaient des bénéfices commerciales avec les chrétiens : s'enrichir ») qui donne du sens à l'ensemble du récit. En racontant, on explique.

Une généralisation par détermination

Nous atteignons ici la modalité spécifique de la généralisation en histoire. Alors que les sciences de la nature viseraient une connaissance générale débarrassée de toute contingence concrète et singulière par une opération d'*abstraction généralisante* (Weber, 1904, p. 166), l'histoire scientifique et scolaire viserait une conceptualisation par *détermination*, vers toujours plus de singulier, de particulier et de concret, du haut vers le bas, de l'indifférencié au différencié (Vygotski, 1926, p. 262-264). Pour reprendre la belle et paradoxale formulation de Marx, la conceptualisation en histoire consiste à « s'élever de l'abstrait au concret » (Marx, 1857, p. 165). Annonçant le modèle de la conceptualisation de Vygotski, Marx insistait sur la nécessité de donner un sens concret aux généralités abstraites afin de les concevoir :

> « Ainsi, les abstractions les plus générales ne prennent somme toute naissance qu'avec le développement concret le plus riche, où un caractère apparaît comme commun à beaucoup, comme commun à tous. On cesse alors de pouvoir le penser sous une forme particulière seulement. » (Marx, 1857, p. 168.)

Le mouvement de la pensée vers le réel concret et singulier favorise la *généralisation par détermination*, une autre manière de désigner la conceptualisation historienne par « généralisations successives » (Prost, 1996, p. 129).

Ce mode de généralisation suppose une analyse des caractéristiques particulières à un objet singulier afin de retrouver le général qui se réalise dans cet objet, avant d'étendre les conclusions ainsi obtenues à tous les objets de la même classe, où à tous les objets analogues (chapitre VIII). Du côté des élèves, les modalités de la conceptualisation historique nous rappellent que tout concept historique est unité du concret et de l'abstrait, du singulier et du général. Pour leur part, les historiens ne construisent jamais des lois générales abstraites, ils vont plutôt chercher le général au cœur d'un fait singulier. Ce dernier est érigé en fait historique quand il développe le sens du concept qui le sous-tend implicitement : à travers le singulier de la bataille de Bouvines, on atteint le général de la société chevaleresque du début du XIIIe siècle (Duby, 1973a). Un fait historique est donc « significatif dans sa singularité » (Weber, 1904, p. 156). C'est en ce sens que la démarche scolaire de l'étude de cas se justifie pleinement sur le plan épistémologique. Nous retrouvons alors ce paradigme indiciaire des sciences sociales par lequel un détail anodin, une trace, un indice, un symptôme permettent au médecin, au policier ou à l'historien de diagnostiquer une affection ou une réalité sous-jacente (Ginzburg, 1989). Ce paradigme distinguerait les sciences de la nature « générales » des sciences humaines « empiriques » (Vygotski, 1926, p. 115-119). Toutefois, ces deux manières de faire de la science opèrent à partir de faits et de concepts, ce qui établit entre elles une profonde identité. Elles se différencient uniquement par la mise en œuvre de démarches opposées : les sciences de la nature utilisent les faits pour connaître et vérifier les concepts, tandis que les sciences humaines utilisent les concepts pour connaître les faits. Mais nous savons bien que cette distinction reste elle-même artificielle dans la mesure où la mobilisation d'un concept par les sciences humaines suppose par là même sa vérification expérimentale, sa validation ou son rejet éventuel, comme le font les sciences de la nature. De même que le diable se tient dans le détail, dans la science le concept gît dans le fait.

L'analyse didactique du processus de conceptualisation chez les élèves ne saurait donc faire l'économie d'une réflexion plus générale sur la nature du fait historique. Ce dernier n'est pas un fait distinct du concept, un singulier par opposition au général. Il est bien plutôt un fait qui contient un concept, un singulier qui est en même temps général, un *singulier général* ni tout à fait général ni tout à fait singulier, ce que P. Veyne appelle un *spécifique* (Veyne, 1971, p. 81-85). Le spécifique est une individualité singulière représentative de sa catégorie : quand un historien érige un événement en fait historique, c'est parce que cet événement recèle un certain degré de généralité et qu'il est représentatif de toute une classe d'événements analogues. C'est pourquoi on se représente concrètement un fait historique dans sa singularité en mobilisant sa mémoire sociale et sa pensée représentative, mais en même temps, on le pense, on le comprend et on l'explique grâce à son caractère général. De même pour les personnages historiques : tout en restant des individus singuliers, Brigitte Bardot et Georges Pompidou étaient représentatifs de leur catégorie, celle du *star system* et celle du chef d'État. Par la catégorie du spécifique, P. Veyne résout, tout en paraphrasant Marx, l'apparente aporie soulignée par Aristote et par laquelle nous avions ouvert notre ouvrage :

> « Savoir qu'il a existé un être singulier dénommé Georges Pompidou n'est pas de l'histoire, tant qu'on ne peut pas dire, selon les mots d'Aristote, "ce qu'il a fait et ce qui lui est arrivé" et, si on peut le dire, on s'élève par là même à la spécificité. » (Veyne, 1971, p. 85.)

Les termes de la citation d'Aristote renvoient finalement à la dimension narrative de la pensée historienne grâce à laquelle se déploie la *conceptualisation individualisante* par détermination (Delacroix, 2010b), ainsi que l'explication/compréhension et la périodisation subsumées par la catégorie du spécifique. Quand il leur permet de produire des *scénarios logiques*, le genre du récit historique place ces catégories à la portée des élèves.

CONCLUSION

En s'appuyant sur des recherches de terrain menées depuis plus de dix ans, cet ouvrage a souligné l'importance d'une prise en compte des processus liés à l'écriture dans la construction du savoir historique. Il semble bien que l'instauration dans les classes de séances d'écriture relativement longues, autonomes et structurées par les apports de l'épistémologie de l'histoire, favorise la construction du savoir historique par les élèves. Il paraît également assuré qu'une réelle activité d'apprentissage de l'histoire suppose la connaissance des processus d'apprentissage, des finalités de la discipline et de ses démarches de pensée. Quand ils sont ignorés par les élèves et les enseignants, elle génère des malentendus susceptibles d'accroître les différenciations scolaires, quel que soit le modèle d'enseignement retenu.

L'analyse des pratiques d'écriture en classe d'histoire donne à voir quelques points saillants sur le processus d'apprentissage de l'histoire.

Le premier point concerne le rôle du processus de *secondarisation* dans la construction du savoir historique (Bautier et Goigoux, 2004 ; Jaubert, 2007 ; Doussot, 2011). Ce terme renvoie à la distinction opérée par M. Bakhtine (1953) entre *genres premiers* et *genres seconds*. Comme nous l'avons vu (chapitre IX), les genres premiers recouvrent les écrits spontanés, inadéquats aux attentes scolaires, construits dans l'immédiateté de l'échange quotidien, où l'emporte l'expérience personnelle de l'élève, à l'instar des analogies non contrôlées ou des récits saturés de représentations sociales et de concepts quotidiens. Selon le modèle d'apprentissage de l'histoire construit par N. Lautier (chapitre V), les genres premiers caractérisent la phase de socialisation du savoir historique. Nous avons constaté que certains élèves en échec s'en tenaient à ce type d'écrits et n'accédaient pas à la construction d'un savoir historique valide. Le terme « secondarisation » désigne précisément ce processus de transmutation par lequel les élèves, tout en tâtonnant et en procédant à des ajustements successifs, mettent à distance les écrits relevant du genre premier pour les interroger, les reformuler, les historiciser et les transformer progressivement en genres seconds pertinents au regard des attentes scolaires. Selon le modèle d'apprentissage de l'histoire, les genres seconds résultent de la phase de rationalisation du sens commun. Cependant, ces derniers sont produits non pas *contre* les genres premiers pour s'y substituer et les disqualifier, mais *à partir* des genres premiers qu'ils retravaillent à des fins de construction du savoir historique. Au fil de ce processus, les élèves se positionnent pour assumer progressivement une posture énonciative grâce à laquelle ils s'instituent comme sujets et auteurs de leurs textes. Il est donc essentiel d'envisager dans leur ensemble les diverses dimensions de la dialectique des genres premiers et des genres seconds afin d'y engager tous les élèves.

Le processus de secondarisation suppose un processus d'écriture long, souvent difficile mais combien productif. Il recouvre plus généralement le processus d'apprentissage de l'histoire décrit dans cet ouvrage et par lequel les élèves transforment progressivement leurs écrits initiaux saturés de mémoire sociale, de concepts quotidiens et de comparaisons anachroniques, en écrits formalisés au regard des attentes scolaires, engageant les démarches de pensée de l'histoire, proposant des explications et des concepts historiquement recevables. Ce processus de secondarisation s'appuie nécessairement sur une « pédagogie visible », il suppose un étayage par l'enseignant et la mobilisation d'écrits intermédiaires pour guider les activités d'écriture des élèves (chapitre VI). Il engage un travail *sur* et *par* le langage historien dont nous avons vérifié l'effet sur les apprentissages à l'occasion de la production de textes successifs voire même d'un seul texte long, tel un récit historique (chapitre IX).

Un autre point en découle. Il signale la nécessité d'inventer des exercices d'historisation susceptibles d'étayer cette secondarisation, afin de suivre le programme énoncé par N. Lautier, pour que l'histoire scolaire devienne une discipline scolaire à part entière. Par exemple, elle a grand besoin d'écrits (et d'oraux) intermédiaires pour faire le lien entre le simple repérage d'informations dans les documents et la production finale de synthèses ou de récits historiques. Ces écrits doivent permettre la confrontation des informations et des documents afin de généraliser pour périodiser, construire des concepts et des explications (chapitre IV). Avec d'autres collègues, nous avons montré que les écrits réflexifs, la liste, l'index, le tableau et le récit historique favorisent la conceptualisation et/ou l'explication (chapitre VI). De nombreuses recherches en didactique de l'histoire restent nécessaires pour repérer, valider et formaliser un nombre plus important d'exercices d'historisation susceptibles d'entraîner les élèves aux démarches de pensée historienne. Plus généralement, il est nécessaire de multiplier les recherches empiriques de terrain afin de développer notre connaissance des dispositifs qui engagent chez les élèves un apprentissage de l'histoire.

La recension et le développement des écrits et des exercices d'historisation nous semblent constituer une condition nécessaire à la construction d'une « pédagogie rationnelle » appelée de leurs vœux par Langlois et Seignobos, susceptible de « vendre la mèche » au sens de Bourdieu et Passeron, et de lever les malentendus et l'opacité de la discipline aux yeux des élèves. Cette tâche nous semble constituer une ardente obligation pour tous ceux qui espèrent une réelle démocratisation de l'enseignement de l'histoire. Elle lèverait peut-être aussi le halo de mystère entourant souvent les obligations institutionnelles qui s'imposent aux enseignants souvent déstabilisés par des injonctions paradoxales et des débats pédagogiques stériles.

Nous avons évoqué les auteurs qui ont remis en cause le modèle positiviste de la science induisant une rupture radicale entre sciences « dures » et sciences « douces », entre la pensée scientifique et la pensée du sens commun. En effet, l'apprentissage de l'histoire procède non pas de la substitution de l'une à l'autre, mais d'une dialectique complexe supposant la porosité de la mémoire sociale et de la connaissance historique (chapitres V et VIII). Cette perspective suppose une orientation du modèle disciplinaire vers davantage de complexité et vers une réelle prise en compte de la dimension sociale et civique de l'enseignement de l'histoire, ainsi que des valeurs démocratiques qui le fondent (Audigier, 1995, p. 87). L'enseignement de l'histoire scolaire est fortement déstabilisé par les transformations des modes de socialisation que connaissent aujourd'hui les sociétés démocratiques (Audigier, 2005, p. 105). Il semble en effet difficile de s'en tenir au modèle républicain de l'histoire conçue comme un récit univoque nous assignant un passé commun garant d'une identité partagée et d'une adhésion à une communauté politique. Les finalités de l'histoire scolaire sont interrogées dans une société qui ne paraît plus monolithique et qui est constituée d'acteurs autonomes et aux identités multiples, comme le constate F. Audigier (2005, p. 115) :

> « Nous sommes passés d'un monde où les normes se diffusaient de manière verticale, un monde où l'ordre était pensé comme imposé de manière verticale, à un ordre et des normes négociés et débattus. Le rapport aux savoirs relatifs à notre monde social présent et passé ne peut plus se construire ni dans la seule adhésion, même critique, à un discours normé et conçu comme une vérité, ni dans des dispositifs qui ignorent les expériences que les élèves ont du monde. »

Cette mutation suppose une reconnaissance par l'école de la pluralité des mémoires sociales et des débats scientifiques comme autant de dimensions essentielles de la construction du savoir historique. L'histoire ne peut construire l'esprit critique des élèves garant de leur exercice futur d'une citoyenneté éclairée, si ces derniers ne peuvent s'emparer des pratiques d'analyse des sociétés du passé à des fins de compréhension du monde social présent. À cette condition, l'histoire scolaire contribuerait à la construction de la conscience historique (chapitre II) et à la prise de conscience de la dimension historique des sociétés comme de l'identité de chacun d'entre nous (Bonafoux *et al.*, 2007, p. 145-146). Nous revenons à nouveau sur l'importance des écrits et des exercices d'historisation car il s'agit ni plus ni moins que de reconstruire une forme scolaire de l'histoire en adéquation aux exigences démocratiques de ce début du XXIe siècle.

À une autre échelle, le refus de la rupture entre les différents types de science et la reformulation des critères de scientificité instaurant de la cohérence et de la familiarité entre toutes les activités rationnelles de l'esprit humain, devrait permettre de penser le lien avec les autres didactiques disciplinaires pour construire la science didactique. Si l'on considère toutes les didactiques disciplinaires comme autant d'approches plurielles des situations d'enseignement/apprentissage selon une égale dignité épistémologique, il devient alors possible de penser les liens entre les différentes didactiques selon une logique comparatiste et généralisante (Mercier, Schubauer-Leoni et Sensevy, 2002). Nous avons essayé de montrer que la didactique de l'histoire, riche de deux ou trois décennies de travaux de recherche, a produit des modèles pertinents pour penser les situations d'enseignement/apprentissage de l'histoire. Elle peut dialoguer avec les autres didactiques disciplinaires, dans une perspective d'enrichissement réciproque, afin de comprendre ce qui est commun et générique à toutes les situations d'enseignement/apprentissage et ce qui est spécifique à chaque discipline. Cette recherche de clarification et de cohérence par la didactique comparée nous semble plus que jamais d'actualité.

BIBLIOGRAPHIE

ALLIEU-MARY N., « Penser l'espace et le temps en cours d'histoire-géographie », *in* COQUIDÉ M. et PRIEUR M. (dir.), *Enseigner l'espace et le temps à l'école et au collège. Obstacles, pratiques, outils*, Lyon, INRP, 2010, p. 57-108.

ALLIEU-MARY N., BISAULT J., LE BOURGEOIS F. et VERILLON P., « Vers l'appréhension de postures disciplinaires. Étude de pratiques argumentatives en histoire-géographie, sciences et technologie », *in* DOUAIRE J. (dir.), *Argumentation et disciplines scolaires*, Saint-Fons, INRP, 2004, p. 113-199.

ALCORTA M., « Une approche vygotskienne du développement des capacités d'écrit : le brouillon, un outil pour écrire ? », *in* BROSSARD M. et FIJALKOW J. (dir.), *Apprendre à l'école : perspectives vygotskiennes et piagétiennes*, Pessac, Presses universitaires de Bordeaux, 2002, p. 123-151.

ASTOLFI J.-P., *L'erreur, un outil pour enseigner*, Paris, ESF, 1997.

ASTOLFI J.-P. et DEVELAY M., *La didactique des sciences*, Paris, PUF, coll. « Que sais-je ? », 1989.

ARISTOTE, *La rhétorique*, Paris, Livre de poche, 1991.

ARISTOTE, *La poétique*, Paris, Les Belles Lettres, 1997.

AUDIGIER F., « Histoire et géographie : des savoirs scolaires en question entre les définitions officielles et les constructions des élèves », *Spirales. Revue de recherche en éducation*, n° 15, 1995, p. 61-89.

AUDIGIER F., « Histoire, géographie, éducation civique : trois disciplines aux prises avec la diversité narrative », *Repères, recherches en didactique du français langue maternelle*, n° 21, INRP, 2001, p. 121-141.

AUDIGIER F., « Rien ne sert de nier les émotions, mais… », *Les émotions à l'école*, Presses de l'université du Québec, 2004, p. 74-99.

AUDIGIER F., « Les enseignements d'histoire et de géographie aux prises avec la forme scolaire », *in* MAULINI O. et MONTANDON C. (dir.), *Les formes de l'éducation : variétés et variations*, Bruxelles, De Boeck Université, 2005, p. 103-122.

AUDIGIER F., « De l'usage des récits pour dire l'histoire, la géographie, l'éducation citoyenne », *Pratiques*, n° 133-134, 2007, p. 77-100.

AUDIGIER F., « Retour à un passé de l'enseignement de l'histoire. Les "dispositions" qui introduisent les programmes de 1890, rédigées par Ernest Lavisse », *Le cartable de Clio* n° 8, 2008, p. 133-144.

AUDIGIER F., CRÉMIEUX C. et MOUSSEAU M.-J., *L'enseignement de l'histoire et de la géographie en troisième et en seconde. Étude descriptive et comparative*, Paris, INRP, 1996.

AUDIGIER F. et TUTIAUX-GUILLON N. (dir.), *Regards sur l'histoire, la géographie et l'éducation civique à l'école élémentaire*, Paris, INRP, 2004.

BACHELARD G., *La formation de l'esprit scientifique*, Paris, Vrin, 1938/1996.

BAKHTINE M. [V. N. VOLOCHINOV], *Le marxisme et la philosophie du langage. Essai d'application de la méthode sociologique en linguistique,* Paris, Les Éditions de Minuit, 1929/1977.

BAKHTINE M., *Esthétique de la création verbale*, Paris, Gallimard, 1953/1984.

BAKHTINE M., *Esthétique et théorie du roman*, Paris, Gallimard, coll. « Tel », 1975/1993.

BARTHES R., « Introduction à l'analyse structurale des récits », *L'aventure sémiologique*, Paris, Le Seuil, coll. « Points », 1966/1991, p. 167-206.

BARTHES R., « Le discours de l'histoire », *Le bruissement de la langue. Essais critiques IV*, Paris, Le Seuil, coll. « Points », 1967/1993, p. 163-177.

BARTHES R., « L'ancienne rhétorique. Aide-mémoire », *L'aventure sémiologique*, Paris, Le Seuil, coll. « Points », 1970/1991, p. 85-165.

BAUDRY M., BESSONAT D., LAPARRA M. et TOURIGNY F., *La maîtrise de la langue au collège*, Paris, MEN, CNDP, 1997.

BAUTIER É., *Pratiques langagières, pratiques sociales. De la sociolinguistique à la sociologie du langage*, Paris, L'Harmattan, 1995.

BAUTIER É., « Maîtriser la langue, oui, mais pourquoi (en) faire ? », *X. Y. Zep,* Bulletin du Centre Alain Savary, INRP, n° 2, 1998, p. 3-5.

BAUTIER É., « Pratiques langagières et scolarisation. Note de synthèse », *Revue française de pédagogie,* n° 137, 2001, p. 117-161.

BAUTIER É. (dir.), *Apprendre à l'école, apprendre l'école. Des risques de construction d'inégalités dès la maternelle*, Lyon, Chronique sociale, 2006.

BAUTIER É. et GOIGOUX R., « Difficultés d'apprentissage, processus de secondarisation et pratiques enseignantes : une hypothèse relationnelle », *Revue française de pédagogie,* n° 148, 2004, p. 89-100.

BAUTIER É. et RAYOU P., *Les inégalités d'apprentissage. Programme, pratiques et malentendus scolaires*, Paris, PUF, 2009.

BAUTIER É. et ROCHEX J.-Y., « Apprendre : des malentendus qui font la différence », *in* TERRAIL J.-P. (dir.), *La scolarisation de la France. Critique de l'état des lieux*, Paris, La Dispute, 1997.

BAUTIER É. et ROCHEX J.-Y., *L'expérience scolaire des nouveaux lycéens. Démocratisation ou massification ?,* Paris, Armand Colin, 1998.

BERNSTEIN B., « Classes et pédagogies : visibles et invisibles », *in* DEAUVIAU J. et TERRAIL J.-P. (dir.), *Les sociologues, l'école et la transmission des savoirs*, Paris, La Dispute, 1975/2007, p. 85-112.

BLOCH M., « Réflexions d'un historien sur les fausses nouvelles de la guerre », *Histoire et historiens*, Paris, Armand Colin, 1921/1995, p. 147-166.

BLOCH M., « Pour une histoire comparée des sociétés européennes », *Histoire et historiens*, Paris, Armand Colin, 1928/1995, p. 94-123.

BLOCH M., « Marc Bloch : l'historien comme il désirait être vu par les autres. Candidature au collège de France. Projet d'un enseignement d'histoire comparée des sociétés européennes », *Histoire et historiens*, Paris, Armand Colin, 1934/1995, p. 124-129.

BLOCH M., « Que demander à l'histoire ? » *Histoire et historiens*, Paris, Armand Colin, 1937/1995, p. 29-43.

Bloch M., *Apologie pour l'histoire ou Métier d'historien*, Paris, Armand Colin, 1949/1993.

Bloch M., *L'étrange défaite. Témoignage écrit en 1940*, Paris, Gallimard, coll. « Folio », 1946/1990.

Bonafoux C., Cock-Pierrepont L. de, Falaize B., *Mémoires et histoire à l'école de la République. Quels enjeux ?*, Paris, Armand Colin, 2007.

Bonnery S., « Le décrochage scolaire de l'intérieur : interaction de processus sociaux, cognitifs, subjectifs et langagiers », *Les sciences de l'éducation pour l'ère nouvelle*, vol. 36, n° 1, 2003, p. 39-58.

Borne D., « Où en est l'enseignement de l'histoire ?, *Le Débat*, n° 110, mai-août 2000, p. 167-176.

Borne D. et Garcia P., « Continuité et discontinuité chronologique dans l'enseignement de l'histoire », *Apprendre l'histoire et la géographie à l'école*, Les Actes de la DESCO, Sceren, CRDP de Versailles, 2004, p. 157-164.

Bourdieu P., « Sur les rapports entre la sociologie et l'histoire en Allemagne et en France », *Actes de la recherche en sciences sociales*, vol. 106-107, 1995, p. 108-122.

Bourdieu P., *Science de la science et réflexivité*, Paris, Raisons d'agir, 2001.

Bourdieu P. et Passeron J.-C., *Les héritiers. Les étudiants et la culture*, Paris, Les Éditions de Minuit, 1964.

Bourdieu P. et Passeron J.-C., *La reproduction. Éléments pour une théorie du système d'enseignement*, Paris, Les Éditions de Minuit, 1970.

Bouveresse J., *Prodiges et vertiges de l'analogie. De l'abus des belles-lettres dans la pensée*, Paris, Raisons d'agir, 1999.

Braudel F., « Histoire et sciences sociales. La longue durée », *Écrits sur l'histoire*, Paris, Flammarion, coll. « Champs », 1958/1996, p.41-83.

Braudel F., *Grammaire des civilisations*, Paris, Flammarion, coll. « Champs », 1963/1993.

Braudel F., « La Méditerranée et le monde méditerranéen au temps de Philippe II. Extraits de la préface », *Écrits sur l'histoire,* Paris, Flammarion, coll. « Champs », 1969/1996, p. 11-13.

Briffard C., « De l'usage des bilans de savoir dans la classe », *Le Français aujourd'hui*, n° 111, 1995, p. 82-84.

Brossard M., *Vygotski. Lectures et perspective de recherches en éducation,* Villeneuve d'Ascq, Presses universitaires du Septentrion, 2004.

Brousseau G., *Théorie des situations didactiques,* Grenoble, La pensée sauvage, 1998.

Bruner J. S., *Le développement de l'enfant. Savoir faire, savoir dire,* Paris, PUF, 1983.

Bruner J. S., *Culture et mode de pensée. L'esprit humain dans ses œuvres*, Paris, Retz, 1986/2000.

Bruner J. S., *… car la culture donne forme à l'esprit. De la révolution cognitive à la psychologie culturelle,* Genève, Georg Eshel, 1990/1997.

Bruner J. S., *L'éducation, entrée dans la culture. Les problèmes de l'école à la lumière de la psychologie culturelle*, Paris, Retz, 1996.

Bruner J. S., *Pourquoi nous racontons-nous des histoires ?,* Paris, Retz, 2002.

Brusa A., « Un recueil de stéréotypes autour du Moyen Âge », *Le cartable de Clio,* n° 4, 2004, p. 119-129.

Brusa A., « Un atelier sur les Croisades. Ou comment enseigner un "non évènement" », *Le cartable de Clio,* n° 9, 2009, p. 79-87.

BRUSA A., « David et l'homme de Neandertal. Les stéréotypes savants sur la Préhistoire », *Le cartable de Clio*, n° 10, 2010, p. 103-112.

BUCHETON D., *Écriture, réécritures. Récits d'adolescents*, Berne, Peter Lang, 1995.

BUCHETON D. et CHABANNE J.-C., « Aider les élèves de ZEP à développer des pratiques d'écriture proprement "scolaires" », *X. Y. Zep*, Bulletin du Centre Alain Savary, INRP, 2001, p. 3-6.

BUCHETON D. et CHABANNE J.-C., « L'activité réflexive dans les écrits intermédiaires : quels indicateurs ? », *in* BUCHETON D. et CHABANNE J.-C. (dir.). *Parler et écrire pour penser, apprendre et se construire. L'écrit et l'oral réflexifs*, Paris, PUF, 2002, p. 26-51.

CANGUILHEM G., *Le normal et le pathologique*, Paris, PUF, 1966/2007.

CARIOU D., *Le raisonnement par analogie : un outil au service de la construction du savoir en histoire par les élèves*, thèse pour le doctorat de sciences de l'éducation, sous la direction de Nicole Lautier, Lille, ANRT, thèses à la carte, 2003a.

CARIOU D., « Représentations sociales et didactiques de l'histoire » *Le cartable de Clio*, n° 3, 2003b, p. 169-178.

CARIOU D., « La conceptualisation en histoire au lycée : une approche par la mobilisation et le contrôle de la pensée sociale des élèves », *Revue française de pédagogie*, n° 147, 2004, p. 57-67.

CARIOU D., « Normannisch Könige von Sizilien im 12. Jahrundert und Arbeitsmigranten in heutigen Frankreich. Wandel einer sozialen Repräsentation im Verlauf eines historischen Lernprozsses » *Internationale Schulbuchforschung*, vol. 28, n° 1, Georg Eckert Instituts, Braunschweig, 2006a, p. 43-61.

CARIOU D., « Étudier les voies de la conceptualisation en histoire à partir des écrits des élèves », *in* PERRIN-GLORIAN M.-J. et REUTER Y. (dir.), *Les méthodes de recherche en didactique*, Villeneuve d'Ascq, Presses universitaires du Septentrion, 2006b, p. 124-138.

CARIOU D., « Le contrôle de la pensée naturelle en situation didactique », *in* HAAS V. (dir.), *Les savoirs du quotidien. Transmissions, appropriations, représentations*, Rennes, PUR, 2006c, p. 119-130.

CARIOU D., « Récit historique et construction du savoir en classe d'histoire au lycée », *Le cartable de Clio*, n° 6, 2006d, p. 174-184.

CARIOU D., « Une recherche sur la conceptualisation au lycée », *Historiens et géographes*, n° 396, 2006e, p. 245-249.

CARIOU D., « La Méditerranée au XIIe siècle en classe de seconde : quels apprentissages sur les relations entre chrétiens et musulmans ?, Rabat, revue de l'université Mohammed V-Souissi, *Horizons universitaires*, vol. 3, n° 5, 2007, p. 381-390.

CARIOU D., « Quels exercices pour apprendre l'histoire scolaire ?, *Cahiers pédagogiques*, n° 471, 2009, p. 37-38.

CARRARD P., *Poétique de la nouvelle histoire. Le discours historique en France de Braudel à Chartier*, Lausanne, Payot, 1998.

CAVOURA T., « Pensée analogique et conceptualisation en histoire », BAQUÈS M.-C., BRUTER A. et TUTIAUX-GUILLON N. (dir.). *Pistes didactiques et chemins d'historiens. Textes offerts à Henri Moniot*, Paris, L'Harmattan, 2003, p. 341-356.

CELLIER M. et DEMOUGIN P., « La liste, un écrit réflexif », BUCHETON D. et CHABANNE J.-C. (dir.), *Parler et écrire pour penser, apprendre et se construire. L'écrit et l'oral réflexifs*, Paris, PUF, 2002, p. 73-98.

Certeau M. de, *L'écriture de l'histoire*, Paris, Gallimard, 1975.

Certeau M. de, *Histoire et psychanalyse entre science et fiction*, Paris, Gallimard, coll. « Folio », 1987/2002.

Charaudeau P., *Grammaire du sens et de l'expression*, Paris, Hachette, 1992.

Charlot B., *Du rapport au savoir. Éléments pour une théorie*, Paris, Anthropos, 1997.

Charlot B., *Le rapport au savoir en milieu populaire. Une recherche dans les lycées professionnels de banlieue*, Paris, Anthropos, 1999.

Charlot B., Bautier É. et Rochex J.-Y., *École et savoir dans les banlieues… et ailleurs*, Paris, Armand Colin, 1992.

Chartier R., *Les origines intellectuelles de la Révolution française*, Paris, Le Seuil, coll. « Points », 1990/2000.

Chartier R., *Au bord de la falaise. L'histoire entre certitudes et inquiétude*, Paris, Albin Michel, 1998.

Chervel A., *La culture scolaire. Une approche historique*, Paris, Belin, 1998.

Chevallard Y., *La transposition didactique. Du savoir savant au savoir enseigné*, Grenoble, La pensée sauvage, 1985.

Clot Y., « De Vygotski à Léontiev *via* Bakhtine », *in* Clot Y. (dir.), *Avec Vygotski*, Paris, La Dispute, 1999, p. 165-187.

Corbin A., *Le territoire du vide. L'Occident et le désir du rivage*, Paris, Aubier, 1988.

Corbin A., *Le village des « cannibales »*, Paris, Aubier, 1990.

Coquery-Vidrovitch C., *Enjeux politiques de l'histoire coloniale*, Marseille, Agone, 2009.

Delacroix C., « Linguistic Turn », *in* Delacroix C., Dosse F., Garcia P. et Offenstadt N. (dir.), *Historiographies. Concepts et débats*, Paris, Gallimard, coll. « Folio », 2010a, p. 476-491.

Delacroix C., « Concept », *in* Delacroix C., Dosse F., Garcia P. et Offenstadt N. (dir.), *Historiographies. Concepts et débats*, Paris, Gallimard, coll. « Folio », 2010b, p. 693-704.

Deleplace M., « Les apprentissages conceptuels en histoire. La “Révolution” entre sens commun et sens scolaire », *in* Haas V. (dir.). *Les savoir du quotidien. Transmission appropriations, représentations*, Rennes, PUR, 2006, p. 91-103.

Deleplace M., « Le récit comme accès à la connaissance historique. Réflexions didactiques sur le récit historique », *Pratiques*, n° 133-134, 2007, p. 33-54.

Deleplace M. et Niclot D., *L'apprentissage des concepts en histoire et en géographie. Enquête au collège et au lycée*, Reims, SCEREN/CRDP Champagne-Ardenne, 2005.

DEPP, *Image de la discipline et pratiques d'enseignement en histoire-géographie et éducation civique au collège*, Paris. Les dossiers, ministère de l'Éducation nationale, n°183, 2007.

DEPP, *Histoire, géographie, instruction civique en fin de collège. Le bilan des compétences*, Futuroscope, Sceren-CNDP, 2011.

Detienne M., *Comparer l'incomparable*, Paris, Le Seuil, 2000.

Dewey J., *Logique. La théorie de l'enquête*, Paris, PUF, 1938/1967.

Dosse F., *Renaissance de l'évènement. Un défi pour l'historien : entre sphinx et phénix*, Paris, PUF, 2010.

Dosse F., « Histoire et psychanalyse », *in* Delacroix C., Dosse F., Garcia P. et Offenstadt N. (dir.), *Historiographies. Concepts et débats*, Paris, Gallimard, coll. « Folio », 2010b, p. 341-356.

DOUSSOT S., « Pratiques de savoir en classe et chez les historiens : une étude de cas au collège », *Revue française de pédagogie*, n° 173, 2010, p. 85-104.

DOUSSOT S., *Didactique de l'histoire. Outils et pratiques de l'enquête historienne en classe*, Rennes, PUR, 2011.

DUBET F., *L'expérience sociologique*, Paris, La Découverte, coll. « Repères », 2007.

DUBY G., *Le dimanche de Bouvines, 27 juillet 1214*, Paris, Gallimard, coll. « Folio », 1973a/1985.

DUBY G., *Guerriers et paysans. VIIe-XIIe siècle, premier essor de l'économie européenne*, Paris, Gallimard, TEL, 1973b/1978.

DUBY G., *Guillaume le Maréchal, ou le meilleur chevalier du monde*, Paris, Fayard, 1984.

DURKHEIM É., *Les règles de la méthode sociologique*, Paris, Flammarion, coll. « Champs », 1894/1988.

DURU-BELLAT M., *Les inégalités scolaires à l'école. Genèse et mythes*, Paris, PUF, 2002.

DUVAL R., « Comment analyser le fonctionnement représentationnel des tableaux et leur diversité ? », *Spirales. Revue de recherche en éducation*, n° 32, 2003, p. 7-31.

ENGELS F., *Ludwig Feuerbach et la fin de la philosophie classique allemande*, Paris, Les Éditions sociales, 1886/1976.

FALAIZE B., « La place du récit dans la didactique de l'histoire à l'école primaire », *Le cartable de Clio*, n° 5, 2005, p. 217-227.

FALAIZE B. et LAUBY J.-P., « Quels repères chronologiques, spatiaux et patrimoniaux doit-on retenir à l'école primaire et au collège ? », *Apprendre l'histoire et la géographie à l'école*, Les Actes de la DESCO, Sceren, CRDP de Versailles, 2004, p. 165-172.

FAYOL M., *Le récit et sa construction Une approche de psychologie cognitive*, Lausanne, Delachaux et Niestlé, 1994.

FEBVRE L, « Examen de conscience d'une histoire et d'un historien », *Combats pour l'histoire*, Paris, Pocket Agora, 1933/1992, p. 3-17.

FEBVRE L., « Vivre l'histoire. Propos d'initiation », *Combats pour l'histoire*, Paris, Pocket Agora, 1941/1992, p. 18-33.

FEBVRE L., *Le problème de l'incroyance au XVIe siècle. La religion de Rabelais*, Paris, Albin Michel, 1942/2003.

FEBVRE L., « Face au vent. Manifeste des annales nouvelles », *Combats pour l'histoire*, Paris, Pocket Agora, 1946/1992, p. 34-43.

FEBVRE L., « Vers une autre histoire », *Combats pour l'histoire*, Paris, Pocket Agora, 1949/2002, p. 419-438.

FIJALKOW J. et FIJALKOW E., « Facteurs pédagogiques et psychologiques de l'entrée dans l'écrit : problèmes méthodologiques », *in* BROSSARD M. et FIJALKOW J. (dir.). *Apprendre à l'école : perspectives vygotskiennes et piagétiennes*, Pessac, Presses universitaires de Bordeaux, 2002, p. 69-80.

FOUCAULT M., *Les mots et les choses. Une archéologie des sciences humaines*, Paris, Gallimard, 1966.

FOUCAULT M., *L'archéologie du savoir*, Paris, Gallimard, 1969.

FREUD S., *Introduction à la psychanalyse*, Paris, Payot, 1922/2001.

FREUD S., *L'homme Moïse et la religion monothéiste*, Paris, Gallimard, coll. « Folio », 1939/1993.

FURET F., « Le quantitatif en histoire », *in* LE GOFF J. et NORA. P. (dir.), *Faire de l'histoire*, t. 1, Paris, Gallimard, 1974, p. 42-61.

FURET F., « De l'histoire-récit à l'histoire-problème », *L'atelier de l'histoire*, Paris, Flammarion, coll. « Champs », 1975/2007, p. 73-90.

GADAMER H.-G., *Le problème de la conscience historique*, Paris, Le Seuil, 1958/1996.

GARCIA P. et LEDUC J., *L'enseignement de l'histoire en France de l'Ancien Régime à nos jours*, Paris, Armand Colin, 2003.

GARCIA-DEBANC C., « Lire le Moyen Âge ou quels critères pour différencier roman historique et écrit d'historien », *Pratiques*, n° 169, 1991.

GERIN-GRATALOUP A.-M. et TUTIAUX-GUILLON N., « La recherche en didactique de l'histoire et de la géographie depuis 1986. Essai d'analyse », INRP, *Perspectives documentaires en éducation*, n° 53, 2001, p. 5-11.

GINZBURG C., *Le fromage et les vers. L'univers d'un meunier au XVIe siècle*, Paris, Aubier, 1976/1980.

GINZBURG C., « Traces. Racines d'un paradigme indiciaire », *Mythes, emblèmes, traces. Morphologie et histoire*, Paris, Flammarion, 1989, p. 139-180.

GINZBURG C., *Le juge et l'historien. Consideration en marge du procès Sofri*, Lagrasse, Verdier, 1991/1997.

GINZBURG C., *À distance. Neuf essais sur le point de vue en histoire*, Paris, Gallimard, 1998/2001.

GINZBURG C., *Rapports de force. Histoire, rhétorique, preuve*, Paris, Gallimard/Le Seuil, 2000/2003.

GINZBURG C., *Le fil et les traces. Vrai, faux fictif*, Lagrasse, Verdier, 2006/2010.

GOODY J., *La raison graphique. La domestication de la pensée sauvage*, Paris, Les Éditions de Minuit, 1977/1979.

GRATALOUP C., *Faut-il penser autrement l'histoire du monde ?*, Paris, Armand Colin, 2011.

GUICHARD J., *L'école et les représentations d'avenir des adolescents*, Paris, PUF, 1993.

GUIGOU J.-M., « Autour de la Bible en sixième », *in* HATEM R. (dir.), *Écrire et réécrire dans toutes les disciplines*, Amiens, CRDP/SCEREN, 2005, p. 119-124.

HAEBERLI P. et HAMMER R., « Les élèves du cycle d'orientation, l'histoire et son enseignement », *Le cartable de Clio*, n° 3, 2003, p. 202-215.

HALBWACHS M., *Les cadres sociaux de la mémoire*, Paris, Albin Michel, 1925/1994.

HALBWACHS M., *La mémoire collective*,Paris, Albin Michel, 1950/1997.

HASSANI IDRISSI M., *Pensée historienne et apprentissage de l'histoire*, Paris, L'Harmattan, 2005.

HARTOG F., *Régimes d'historicité. Présentisme et expériences du temps*, Paris, Le Seuil, 2003.

HEIMBERG C., « Piaget, Vygotski et l'histoire enseignée : un rapport de Piaget et ses prolongements », *Le cartable de Clio*, n° 1, 2001, p. 78-83.

HEIMBERG C., *L'histoire à l'école. Modes de pensée et regards sur le monde*, Issy-les-Moulineaux, ESF, 2002.

HERY E., *Un siècle de leçons d'histoire. L'histoire enseignée au lycée, 1870-1970*, Rennes, PUR, 1999.

HOUDE O., *La psychologie de l'enfant*, Paris, PUF, coll. « Que sais-je ? », 2005.

IBN JUBAYR, « Relation de voyage 1184-1185 », *Voyageurs arabes*, texte traduit, présenté et annoté par CHARLES-DOMINIQUE P., Paris, Gallimard, coll. « La Pléiade », 1995, p. 71-368.

JAUBERT M., *Langage et construction de connaissances à l'école. Un exemple en sciences*, Pessac, Presses Universitaires de Bordeaux, 2007.

JODELET D., « Représentation sociale : phénomènes, concept et théorie », *in* MOSCOVICI S. (dir.), *Psychologie sociale*. Paris, PUF, 1984, p. 361-383.

JODELET D., « Représentations sociales : un domaine en expansion », *in* JODELET D. (dir.). *Les représentations sociales*, Paris, PUF, 1989, p. 47-78.

JONES G. S., « Repenser le chartisme », *Revue d'histoire moderne et contemporaine*, vol. 54, 1982/2007, p. 7-68.

JONES G. S., « De l'histoire sociale au tournant linguistique et au-delà. Où va l'historiographie britannique ? », *Revue d'histoire du XIXe siècle*, n° 33, 2006, p. 143-166.

JOSHUA S., « Les "obstacles épistémologiques" et le cadre Vygotskien », *in* BROSSARD M. et FIJALKOW J. (dir.), *Apprendre à l'école : perspectives vygotskiennes et piagétiennes*, Pessac, Presses universitaires de Bordeaux, 2002, p. 27-36.

JOUTARD P., « Mémoire collective », *in* DELACROIX C., DOSSE F., GARCIA P. et OFFENSTADT N. (dir.), *Historiographies. Concepts et débats*, Paris, Gallimard, coll. « Folio », 2010, p. 779-791.

KANT E., *Prolégomènes à toute métaphysique future*, Paris, Vrin, 1783/1996.

KANT E., *Critique de la raison pure*, Paris, Garnier Flammarion, 1787/2006.

KESSAS P., *Écriture autonome de la synthèse des informations du cours et construction du savoir historique en classe de cycle 3*, mémoire de master 2 sous la direction de N. Tutiaux-Guillon, université Paris 7-Denis Diderot, 2007.

KESSAS P., « Écriture, raisonnement et construction du concept de croisade à l'école élémentaire », *Le cartable de Clio*, n° 8, 2008, p. 170-181.

KOSELLECK R., *Le futur passé. Contribution à la sémantique des temps historiques*, Paris, Éditions de l'EHESS, 1979/1990.

KOSELLECK R., *L'expérience de l'histoire*, Paris, Gallimard/Le Seuil, 1997.

LAHIRE B., *Culture écrite et inégalités scolaires. Sociologie de « l'échec scolaire » à l'école primaire*, Lyon, PUL, 1993.

LAHIRE B., *Tableaux de familles. Heurs et malheurs scolaires en milieux populaires*, Paris, Gallimard/Le Seuil, 1995.

LAHIRE B., *L'homme pluriel. Les ressorts de l'action*, Paris, Nathan, 1998.

LAHIRE B., « Sociologie et analogie. Jean-Claude Passeron, la métaphore et l'analogie », *in* FABIANI J.-L. (dir.), *Le goût de l'enquête. Pour Jean-Claude Passeron*, Paris, L'Harmattan, 2001, p. 37-71.

LAHIRE B., *La culture des individus. Dissonances culturelles et distinction de soi*, Paris, La Découverte, 2004.

LAHIRE B., *La raison scolaire. École et pratiques d'écriture, entre savoir et pouvoir* Rennes, PUR, 2008.

LANGLOIS C.-V. et SEIGNOBOS C., *Introduction aux études historiques*, Paris, Kimé, 1898/1992.

LANZMANN C., *Le lièvre de Patagonie. Mémoire*, Paris, Gallimard, 2009.

LAUTIER N., « L'histoire appropriée par les élèves. Psychologie cognitive et didactique de l'histoire », *in* MONIOT H. et SERWANSKI M. (dir.). *L'histoire en partage*, t. 1 : *Le récit du vrai*, Paris, Nathan, 1994a, p. 45-55.

LAUTIER N., « La compréhension de l'histoire : un modèle spécifique », *Revue française de pédagogie*, n° 106, 1994b, p. 67-77.

LAUTIER N., *À la rencontre de l'histoire*, Villeneuve d'Ascq, Presses universitaires du Septentrion, 1997a.

LAUTIER N., *Enseigner l'histoire au lycée*, Paris, Armand Colin, 1997b.

LAUTIER N., « Les enjeux de l'apprentissage de l'histoire », INRP, *Perspectives documentaires en éducation,* n° 53, 2001a, p. 61-68.

LAUTIER N., *Psychosociologie de l'éducation. Regard sur les situations d'enseignement*, Paris, Armand Colin, 2001b.

LAUTIER N., « Histoire enseignée, histoire appropriée. Quelques éléments spécifiques d'une didactique de l'histoire », *in* BAQUÈS M.-C., BRUTER A. et TUTIAUX-GUILLON N. (dir.), *Pistes didactiques et chemins d'historiens. Textes offerts à Henri Moniot*, Paris, L'Harmattan, 2003, p. 357-380.

LAUTIER N., « Penser l'autre dans l'enseignement de l'histoire », *Le cartable de Clio,* n° 5, 2005, p. 56-66.

LAUTIER N., « L'histoire en situation didactique : une pluralité de registres de savoir », *in* HAAS V. (dir.). *Les savoirs du quotidien. Transmissions, appropriations, représentations*, Rennes, PUR, 2006a, p. 77-90.

LAUTIER N., « Un terrain pour la didactique : l'identité professionnelle des enseignants d'histoire », *Historiens et géographes,* n° 394, 2006b, p. 217-225.

LAUTIER N. et ALLIEU-MARY N., « La didactique de l'histoire. Note de synthèse », *Revue française de pédagogie,* n° 162, 2008, p. 95-131.

LAVILLE C., « Pour une éducation historique critique, qu'attendre du courant de la conscience historique ? », *in* TUTIAUX-GUILLON N. et NOURRISSON D. (dir.). *Identités, mémoires, conscience historique*, Publications de l'université de Saint-Étienne, 2003, p. 13-26.

LE GOFF J., *Histoire et mémoire*, Paris, Gallimard, coll. « Folio », 1988a.

LE GOFF J. (dir.), *La nouvelle histoire*, Bruxelles, Complexes, 1988b.

LE GOFF J., *Saint Louis*, Paris, Gallimard, 1996.

LEGARDEZ A., « L'enseignement des questions sociales et historiques, socialement vives », *Le cartable de Clio,* n° 3, 2003, p. 245-253.

LEGRIS P., « Les programmes d'histoire en France : la construction progressive d'une "citoyenneté plurielle" (1980-2010) », *Revue d'histoire de l'éducation*, n° 126, 2010.

LEDUC J., *Les historiens et le temps. Conceptions, problématiques, écritures*, Paris, Le Seuil, coll. « Points », 1999.

LEDUC J., MARCOS-ALAVEREZ V. et LEPELLEC J., *Construire l'histoire*, Toulouse, Bertrand Lacoste/CRDP Midi Pyrénées, 1994.

LEURIDAN B. and FROEYMAN A., « On lawfulness in history and historiography », *History and Theory,* 51, 2012, p. 172-192.

LE MAREC Y. et VÉZIER A., « Comment les soldats de la Grande Guerre ont-ils tenu ? Un débat d'histoire dans la classe », *Le cartable de Clio,* n° 6, 2006, p. 160-172.

LE MAREC Y., DOUSSOT S. et VÉZIER A., « Savoirs, problèmes et pratiques langagières en histoire, *Éducation et didactique*, vol. 3, n° 3, 2009, p. 7-27.

LEPETIT B., « Une logique du raisonnement historique (note critique) », *Annales ESC*, septembre-octobre 1993, n° 5, septembre-octobre 1993, p. 1209-1219.

LEPETIT B., « De l'échelle en histoire », *in* REVEL J. (dir.), *Jeux d'échelles. La micro-analyse à l'expérience*, Paris, Gallimard/Le Seuil, 1996, p. 71-94.

LEVI G., *Le pouvoir au village. Histoire d'un exorciste dans le Piémont du XVIIe siècle*, Paris, Gallimard, 1985/1989.

LEVI-STRAUSS C., *La pensée sauvage*, Paris, Pocket Agora, 1962/1990.

MAALOUF A., *Les croisades vues par les Arabes*, Paris, J.-C. Lattès, 1983.

MARROU H.-I., *De la connaissance historique*, Paris, Le Seuil, coll. « Points », 1953/1975.

MARTINEAU R., *L'histoire à l'école, matière à penser...* Paris/Montréal, L'Harmattan, 1999.

MARTINEAU R. et DERY C., « Regard sur les modulations de la pensée en classe d'histoire : à la recherche de modèles transposés de raisonnement historique », *Le cartable de Clio*, n° 2, 2002, p. 114-131.

MARTINEAU R. et PROVOST C., « La classe d'histoire et la construction de l'identité collective : entre raison et émotion », *Le cartable de Clio*, n° 4, 2004, p. 161-175.

MARX K., « Introduction à la critique de l'économie politique », *Contributions à la critique de l'économique politique*, Paris, Les Éditions sociales, 1857/1972, p. 147-175.

MERLE P., *La démocratisation de l'enseignement*, Paris, La Découverte, coll. « Repères », 2009.

MERCIER A., SCHUBAUER-LEONI M. L. et SENSEVY G., « Vers une didactique comparée », *Revue française de pédagogie* n° 141, 2002, p. 5-16.

MONIOT H., *Didactique de l'histoire*, Paris, Nathan, 1993.

MONIOT H., « La question de la référence en didactique de l'histoire », *in* TERRISSE A. (dir.), *Didactique des disciplines. Les références au savoir*, Bruxelles, De Boeck, 2001, p. 65-75.

MONTEIL J.-M. et HUGUET P., *Réussir ou échouer à l'école : une question de contexte ?,* Grenoble, PUG, 2002.

MOSCOVICI S., *La psychanalyse, son image et son public*, Paris, PUF, 1976.

MOSCOVICI S., « Des représentations collectives aux représentations sociales : éléments pour une histoire », *in* JODELET D. (dir.), *Les représentations sociales*, Paris, PUF, 1989, p. 79-103.

MOSCOVICI S. et HEWSTONE M., « De la science au sens commun », *in* MOSCOVICI S. (dir.), *Psychologie sociale,* Paris, PUF, 1984, p. 547-574.

NOIRIEL G., *Sur la « crise » de l'histoire*, Paris, Belin, 1996.

NOIRIEL G., *Les origines républicaines de Vichy*, Paris, Hachette, 1999.

NOIRIEL G., *Penser avec, penser contre. Itinéraire d'un historien*, Paris, Belin, 2003.

NORA P., « Le retour de l'événement », *in* LE GOFF J. et NORA. P. (dir.). *Faire de l'histoire*, t. 1, Paris, Gallimard, 1974, p. 210-229.

NORA P., « Entre mémoire et histoire. La problématique des lieux », *in* NORA P. (dir.), *Les lieux de mémoire*, t. 1, Paris, Gallimard, coll. « Quarto », 1984/1997, p. 23-43.

ORANGE-RAVACHOL D., « Temps et construction de savoirs scientifiques en SVT », COQUIDÉ M. et PRIEUR M. (dir.), *Enseigner l'espace et le temps à l'école et au collège. Obstacles, pratiques, outils*, Lyon, INRP, 2010, p. 109-139.

PASSERON J.-C., « Logique formelle, schématique et rhétorique », *in* FORNEL M. de et PASSERON J.-C. (dir.). *L'argumentation, preuve et persuasion*, Paris, Éditions de l'EHESS, 2002, p. 149-181.

PASSERON J.-C. *Le raisonnement sociologique. Un espace non poppérien de l'argumentation,* Paris, Albin Michel, 2006.

PASSERON J.-C. et REVEL J., « Penser par cas. Raisonner à partir de singularités », *in* PASSERON J.-C. et REVEL J. (dir.), *Penser par cas*, Paris, Éditions de l'EHESS, 2005, p. 9-44.

Piaget J., « Psychologie de l'enfant et enseignement de l'histoire », *De la pédagogie*, Paris, Odile Jacob, 1933/1998, p. 97-104.

Piaget J., *Le développement de la notion de temps chez l'enfant*, Paris, PUF, 1946/1981.

Pinson G., *Enseigner l'histoire : un métier, des enjeux. Collège, lycée*, Paris, Hachette/CRDP Basse Normandie, 2007.

Plá S., *Aprender a pensar históricamente. La escritura de la historia en el bachillerato*, México, Plaza y Valdes Editores, 2005.

Pomeranz K., *La force de l'Empire. Révolution industrielle et écologie, ou pourquoi l'Angleterre a fait mieux que la Chine*, Alfortville, ERE, 2009.

Pomeranz K., *Une grande divergence. La Chine, l'Europe et la construction de l'économie mondiale*, Paris, Albin Michel/Éditions de la Maison des sciences de l'homme, 2000/2010.

Pomian K., *L'ordre du temps*, Paris, Gallimard, 1984.

Prost A., « Une sociologie stérile : *la reproduction* », *Esprit*, n° 12, 1970, p. 851-861.

Prost A., *Éducation, société et politiques. Une histoire de l'enseignement de 1945 à nos jours*, Paris, Le Seuil, coll. « Points », 1992/1997.

Prost A., « Seignobos revisité », *Vingtième siècle. Revue d'histoire*, n° 43, 1994, p. 100-117.

Prost A., *Douze leçons sur l'histoire*. Paris, Le Seuil, coll. « Points », 1996.

Prost A., « Comment l'histoire fait-elle l'historien ? », *Vingtième siècle. Revue d'histoire*, n° 65, 2010, p. 3-12.

Prost A., « Argumentation historique et argumentation judiciaire », *in* Fornel M. de et Passeron J.-C. (dir.), *L'argumentation, preuve et persuasion*, Paris, Éditions de l'EHESS, 2002a, p. 29-47.

Prost A., « Les grèves de mai-juin 1936 revisitées », *Le mouvement social*, n° 200, 2002b, p. 33-54.

Prost A., « Les dates, les notes et le sens », *in* Corbin A. (dir.), *1515 et les grandes dates de l'histoire de France. Revisitées par les grands historiens d'aujourd'hui*, Paris, Flammarion, coll. « Champs », 2005/2008, p. 523-530.

Prost A., « Comment a évolué l'histoire de la Grande guerre », *Le cartable de Clio*, n° 6, 2006, p. 11-21.

Prost A., *Regards historiques sur l'éducation en France, XIXe-XXe siècle*. Paris, Belin, 2007.

Prost A. et Winter J., *Penser la Grande guerre. Un essai d'historiographie*, Paris, Le Seuil, coll. « Points », 2004.

Rabardel P., « Le langage comme instrument ? Éléments pour une théorie instrumentale étendue », *in* Clot Y. (dir.), *Avec Vygotski*, Paris, La Dispute, p. 241-265.

Rancière J., *Les noms de l'histoire. Essai de poétique du savoir*, Paris, Le Seuil, 1992.

René D., « Apprendre à écrire un devoir d'histoire », *Pratiques* n° 69, 1991, p. 71-95.

Reuter Y., *Enseigner et apprendre à écrire. Construire une didactique de l'écriture*, Paris, ESF, 1996.

Reuter Y., « À propos de quelques usages de Goody en didactique. Éléments d'analyse et de discussion », *Pratiques*, n° 131-132, 2006, p. 131-154.

Reuter Y. (dir.), *Dictionnaire des concepts fondamentaux des didactiques*, Bruxelles, De Boeck, 2007a.

Reuter Y., « Récits et disciplines scolaires », *Pratiques*, n° 133-134, 2007b, p. 3-12.

Revel J., « L'histoire au ras du sol », préface à : Levi G., *Le pouvoir au village. Histoire d'un exorciste dans le Piémont du XVIIIe siècle*, Paris, Gallimard, 1989.

REVEL J., « Ressources narratives et connaissance historique », *Enquête*, 1995, p. 43-70.

REVEL J., « Micro-analyse et construction du social », *in* REVEL J. (dir.), *Jeux d'échelles. La micro-analyse à l'expérience*, Paris, Gallimard/Le Seuil, 1996, p. 15-36.

RICHARD J.-F., *Les activités mentales. Comprendre, raisonner, trouver des solutions*, Paris, Armand Colin, 1990.

RICŒUR P., *La métaphore vive*, Paris, Le Seuil, coll. « Points », 1975a/1997.

RICŒUR P., « La tâche de l'herméneutique », *Du texte à l'action. Essais d'herméneutique II*, Paris, Le Seuil, coll. « Points », 1975b/1998, p. 84-111.

RICŒUR P., « Expliquer et comprendre. Sur quelques connexions remarquables entre la théorie du texte, la théorie de l'action et la théorie de l'histoire », *Du texte à l'action. Essais d'herméneutique II*, Paris, Le Seuil, coll. « Points », 1977/1998 , p. 179-203.

RICŒUR P., *Temps et récit*, t. 1 : *L'intrigue et le récit historique*, Paris, Le Seuil, coll. « Points », 1983/1991.

RICŒUR P., *Temps et récit*, t. 2 : *La configuration dans le récit de fiction*, Paris, Le Seuil, coll. « Points », 1984/1991.

RICŒUR P., *Temps et récit*, t. 3 : *Le temps raconté*, Paris, Le Seuil, coll. « Points », 1985/1991.

RICŒUR P., *La mémoire, l'histoire, l'oubli*, Paris, Le Seuil, 2000.

ROCHEX J.-Y., *Le sens de l'expérience scolaire*, Paris, PUF, 1995.

ROCHEX J.-Y., « L'œuvre de Vygotski : fondements pour une psychologie historico-culturelle. Note de synthèse », *Revue française de pédagogie*, n° 120, 1997, p. 105-147.

ROUQUETTE M.-L., *La communication sociale*, Paris, Dunod, 1998.

ROUSSO H., *Le syndrome de Vichy 1944-19…*, Paris, Le Seuil, 1987.

SANTISTEBAN FERNANDEZ A., « Une proposition conceptuelle pour la recherche et l'enseignement du temps historique », *Le cartable de Clio*, n° 6, 2006, p. 77-90.

SAVIER S., « Un écrit réflexif pour construire son savoir en histoire », *in* HATEM R. (dir.), *Écrire et réécrire dans toutes les disciplines*, Amiens, CRDP/SCEREN, 2005, p. 111-118.

SENSEVY G., « Représentations et action didactique », *L'année de la recherche en sciences de l'éducation*, AFIRSE, 2002, p. 69-90.

SENSEVY G. et RIVENC J.-P., « Un enseignement au cours moyen : questions didactiques », *Revue française de pédagogie*, n° 144, 2003, p. 69-83.

SERANDOUR J., « La mise en activité sur document et la recherche du sens dans les productions des élèves en histoire. De l'analyse des pratiques canoniques à l'expérimentation du récit », *in* AUDIGIER F. (dir.), *Contributions à l'étude de la causalité et des productions des élèves dans l'enseignement de l'histoire et de la géographie*, Paris, INRP, 1998, p. 265-304.

SOLONEL M., « L'enseignement–apprentissage des règles d'écriture de la dissertation d'histoire en classe de seconde », *in* AUDIGIER F. (dir.), *Contributions à l'étude de la causalité et des productions des élèves dans l'enseignement de l'histoire et de la géographie*, Paris, INRP, 1998, p. 353-382.

STORA B., *La gangrène et l'oubli. La mémoire de la guerre d'Algérie*, Paris, La Découverte, 1992.

TUTIAUX-GUILLON N., « Emprunts, recompositions… Les concepts et modèles des didactiques de l'histoire et de la géographie à la croisée des chemins », INRP, *Perspectives documentaires en éducation*, n° 53, 2001, p. 83-90.

TUTIAUX-GUILLON N., « L'histoire scolaire en France. Un modèle résistant aux débats et aux controverses », *in* BAQUÈS M.-C., BRUTER A. et TUTIAUX-GUILLON N. (dir.), *Pistes didactiques et chemins d'historiens. Textes offerts à Henri Moniot*, Paris, L'Harmattan, 2003a, p. 276-283.

Tutiaux-Guillon N., « L'histoire enseignée entre coutume disciplinaire et formation de la conscience historique », *in* Tutiaux-Guillon N. et Nourrisson D. (dir.), *Identités, mémoires, conscience historique*, Publications de l'université de Saint-Étienne, 2003b, p. 27-42.

Tutiaux-Guillon N., « La didactique de l'histoire en France, quel(s) horizon(s) d'attente ? », *Le cartable de Clio*, n° 7, 2007, p. 185-195.

Tutiaux-Guillon N., « Interpréter la stabilité d'une discipline scolaire : l'histoire-géographie dans le secondaire français », *in* Audigier F. et Tutiaux-Guillon N. (dir.), *Compétences et contenus. Les curriculum en questions*, Bruxelles, De Boeck, 2008, p. 117-146.

Tutiaux-Guillon N., « L'histoire scolaire française entre deux modèles : contenus, pratiques et finalités », Paris, L'Harmattan, *Éducation comparée. Raisons, comparaisons, éducations*, n° 4, 2009, p. 105-116.

Tutiaux-Guillon N. et Fourmond T., « Du côté des élèves : apprendre, expliquer, rédiger », *in* Audigier F. (dir.), *Contributions à l'étude de la causalité et des productions des élèves dans l'enseignement de l'histoire et de la géographie*, Paris, INRP, 1998, p. 69-109.

Tutiaux-Guillon N. et Jacquet-Francillon F. (dir.), « Dossier : L'éducation et les politiques de la mémoire », *Revue française de pédagogie,* n° 165, 2008.

Tutiaux-Guillon N. et Mousseau M.-J., « Dans la classe : l'influence du modèle pédagogique sur l'explicatif », *in* Audigier F. (dir.), *Contributions à l'étude de la causalité et des productions des élèves dans l'enseignement de l'histoire et de la géographie*, Paris, INRP, 1998a, p. 33-67.

Tutiaux-Guillon N. et Mousseau M.-J., *Les jeunes et l'histoire. Identités, valeurs, conscience historique. Enquête européenne « Youth and history »*, Paris, INRP, 1998b.

Tutiaux-Guillon N., Guyon S. et Mousseau M.-J., *Des nations à la Nation. Apprendre et conceptualiser,* Paris, INRP, 1993.

Veyne P., *Comment on écrit l'histoire*, Paris, Le Seuil, coll. « Points », 1971/1996.

Veyne P., « L'histoire conceptualisante », *in* Le Goff J. et Nora P. (dir.), *Faire de l'histoire,* t. 1 : *Nouveaux problèmes*, Paris, Gallimard, 1974, p. 62-91.

Veyne P., *L'inventaire des différences. Leçon inaugurale au collège de France*, Paris, Le Seuil, 1976.

Vieuxloup J., « Enseigner les concepts d'État et de pouvoir en classe de quatrième et troisième de collège », *in* Tutiaux-Guillon N. et Nourrisson D. (dir.), *Identités, mémoires, conscience historique*, Presses de l'université de Saint-Étienne, 2001, p. 139-155.

Vygotski L. S., « La conscience comme problème de la psychologie du comportement », *in* Clot Y. (dir.), *Conscience, inconscient, émotions,* Paris, La Dispute, 1925/2003, p. 61-94.

Vygotski L. S., *La signification historique de la crise en psychologie*, Lausanne, Delachaux et Niestlé, 1926/1999.

Vygotski L. S., « Psychologie concrète de l'homme, *in* Brossard M., *Vygotski. Lectures et perspective de recherches en éducation,* Villeneuve d'Ascq, Presses universitaires du Septentrion, 1929/2004, p. 231-255.

Vygotski L. S., « La méthode instrumentale en psychologie », *in* Schneuwly B. et Bronkaert J.-P. (dir.), *Vygotsky aujourd'hui*, Lausanne, Delachaux et Niestlé, 1930/1985, p. 39-47.

Vygotski L. S., *Pensée et langage*, Paris, La Dispute, 1934/1997.

Vygotski L. S., « Le problème de l'enseignement et du développement mental à l'âge scolaire », *in* Schneuwly B. et Bronkaert J.-P. (dir.), *Vygotsky aujourd'hui*, Lausanne, Delachaux et Niestlé, 1935/1985, p. 95-117.

WEBER M., « L'objectivité de la connaissance dans les sciences et la politique sociales », *Essais sur la théorie de la science*, Paris, Pocket Agora, 1904/1992, p. 117-201.

WEBER M., « Études critiques de logique des sciences de la culture », *Essais sur la théorie de la science,* Paris, Pocket Agora, 1906/1992, p. 202-299.

WEBER M., « Essai sur quelques catégories de la sociologie compréhensive », *Essais sur la théorie de la science*, Paris, Pocket Agora, 1913/1992, p. 301-364.

WEBER M., *Économie et société*, t. 1 : *Les catégories de la sociologie*, Paris, Pocket Agora, 1971/1995.

WERTSCH J. W., « La médiation sémiotique de la vie mentale : L. S. Vygotsky et M. M. Bakhtine », *in* SCHNEUWLY B. et BRONKAERT J.-P. (dir.), *Vygotsky aujourd'hui*, Lausanne, Delachaux et Niestlé, 1985, p. 139-168.

WHITE H., « Postmodernisme et histoire », *in* DELACROIX C., DOSSE F., GARCIA P. et OFFENSTADT N. (dir.), *Historiographies. Concepts et débats*, Paris, Gallimard, coll. « Folio », 2010, p. 839-844.

WIEVIORKA A., *Déportation et génocide. Entre la mémoire et l'oubli*, Paris, Plon, 1992.

INDEX

LES TABLEAUX

TABLE DES MATIÈRES

ENVOI

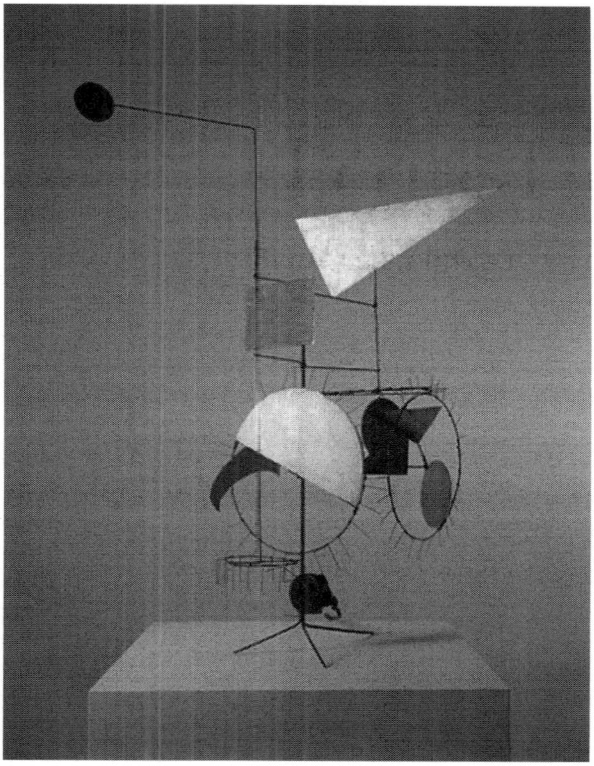

Jean Tinguely, *Méta-mecanique*, 89 x 82 x 65 cm, 1955.
Matériel/technique : trépied en fer, tiges et fils métalliques,
9 éléments métalliques de différentes couleurs, moteur électrique.
Musée Tinguely, Bâle.

Jean Tinguely utilisait des objets de récupération pour fabriquer des œuvres transformables et mises en mouvement par un moteur électrique. Cette démarche de l'art cinétique n'est pas sans rappeler le mouvement continu par lequel les élèves, guidés par leur enseignant, bricolent le savoir historique à partir d'éléments disparates piochés ici et là pour parvenir finalement à la connaissance.

Achevé d'imprimer
sur les presses du service reprographie
de l'université Rennes 2
en janvier 2020

Imprimé en France